Les Manuscrits d'Edward Derby
1

Le Code de la propriété intellectuelle n'autorisant, aux termes de l'article L. 122-5, 2° et 3° a), d'une part, que les "copies de reproductions strictement réservées à l'usage privé du copiste et non destinées à une utilisation collective" et, d'autre part, que les analyses et les courtes citations, dans un but d'exemple ou d'illustration, "toute représentation ou reproduction intégrale ou partielle faite sans le consentement de l'auteur ou de ses ayants droit ou ayants cause, est illicite" (art. L. 122-4). Toute représentation ou reproduction, par quelque procédé que ce soit, constituerait donc une contrefaçon sanctionnée par les articles L. 335-2 et suivants du Code de la propriété intellectuelle.

© 2000 LES ÉDITIONS DE L'OEIL DU SPHINX ET LES AUTEURS DE LA PRÉSENTE ANTHOLOGIE.

ISBN : 2-914405-00-6
EAN : 9782914405003
ISSN de la collection : 1623-1074
Dépôt Légal : Septembre 2000

Illustration de couverture : "Arghones Bay" © El Jice
Mise en page : Sabrina Pamies

Philippe **HEURTEL** présente :

Rêves d'Altaïr

17 Récits de Science-Fiction

Le Mot de l'Éditeur

Le retirage de ce premier volume publié par *les Editions de l'Œil du Sphinx* (EODS) nous donne l'occasion de mesurer le chemin parcouru depuis 2000. Notre maison d'éditions a été créée pour prolonger le travail de notre vénérable association (*L'Association l'œil du Sphinx,* AODS) qui défrichait les terres de l'imaginaire avec passion, multipliant les publications sous forme de fanzines. *Les Editions de l'Œil du Sphinx* ont désormais 16 ans d'existence, et malgré vents et marées, elles sont toujours en vie. A la minute où j'écris, nous avons en effet 130 titres en catalogue, sans compter les 200 titres que nous avons repris du catalogue *Edite/Editions*, éditeur parisien ami dont nous avons racheté la marque et les contrats début 2014. Alors que nous venons d'apprendre que *les Editions de l'Œil du Sphinx* ne seraient plus invitées au *Rencontres de l'Imaginaire de Sèvres*, parce que notre ligne éditoriale ne correspond plus aux canons du dirigeant de cette manifestation, il nous paraît opportun de nous interroger sur ce que nous avons publié.

Pour rester sur les seuls 130 titres des *Editions de l'Œil du Sphinx*, notre production est équilibrée et se répartit harmonieusement entre nos deux pôles d'intérêt :

- 62 titres ressortent du domaine des littératures de l'Imaginaire (Science-Fiction, Fantastique, Lovecraft etc…)

- 68 titres relèvent du domaine des « sciences secrètes », domaine que nous abordons toujours dans un esprit fortéen (pas de croyances farfelues, mais des analyses rigoureuses qui peuvent conduire à la conclusion que « la science, en l'état actuel, ne peut expliquer les phénomènes concernés »). Deux remarques concernant cette rubrique :

- L'entrée des *Editions de l'Œil du Sphinx* dans le domaine des « sciences secrètes » est une initiative de notre collaborateur de l'époque, Jean-Luc Rivera, versé dans le fortéanisme, l'ufologie et la cryptozoologie.

- 40 titres sur les 68 relèvent de la catégorie « Mystère de Rennes-le-Château », ce qui s'explique par le fait que nous avons longtemps géré deux librairies en ce lieu. Ce créneau, très spécifique, a été un véritable « booster » pour *les Editions de l'Œil du Sphinx*.

La fermeture de nos librairies à Rennes-le-Château et le départ de Jean-Luc Rivera de nos équipes devraient progressivement entraîner une modification de la tendance. Sur l'année en cours, nous avons ou allons publier :

- 8 titres relevant de l'imaginaire (*Wendigo 3, le Polar Esotérique, Imaginaire et Maçonnerie, Les Témoins de l'Apocalypse* et nous avons sous presse *L'Encyclopédie Arsène Lupin, Les 9 Inconnus* et deux titres sur *Lovecraft*),

- 3 titres relevant des « sciences secrètes (*Historia Occulate 7, Les Actes du Colloque Rennes-le-Château 2015, Fulcanelli et les Alchimistes Rouges*).

Une dernière chose dont le présent ouvrage témoigne : suivez bien notre catalogue, nous retirons régulièrement nos premiers titres sous un nouveau visuel (*Rêves d'Ultar, Rêves d'Absinthe, d'Arkham à Malpertuis, Admiration*s et bien d'autres titres à venir). Continuer à semer du rêve, par les littératures de l'Imaginaire et du Mystère, c'est aussi cela « être en bonne santé » !

Philippe Marlin

Gérant

Paris, août 2016

Préface

Préface 9

LE GRAIN DE SEL DE L'ANTHOLOGISTE
par Philippe HEURTEL

Souvent, il est de bon ton pour les préfaciers d'anthologies de science-fiction de se livrer à un historique, un panorama, ou une fine analyse de notre genre préféré. Ceci afin de l'éclairer d'un jour nouveau aux yeux des amateurs, voire de l'éclairer tout court pour les néophytes.

Mais d'autres avant moi, et de plus érudits, sont déjà passés par-là avec succès, et bien mieux que je ne saurai le faire.

Il arrive aussi que le préfacier, lorsqu'il n'est pas l'anthologiste, explique pourquoi il a accepté de rédiger la préface : l'anthologiste est un ami, il ne peut rien lui refuser, en plus il lui doit beaucoup d'argent, etc. Et s'il est lui-même l'anthologiste, il expliquera pourquoi l'envie lui a pris de réunir ces textes et de les publier : par exemple, outre l'ambition évidente de se couvrir d'or et de gloire, le souci d'offrir au lecteur d'agréables heures de détente, ou l'envie d'offrir à des auteurs, surtout s'ils ont été peu ou pas du tout publiés, l'occasion d'exprimer leur talent et leur imagination.

Mais sincèrement, le lecteur s'intéresse-t-il le moins du monde à ces considérations nombrilistes ?

Alors, le préfacier entreprendra d'expliquer au lecteur ce que ce dernier trouvera dans l'ouvrage qu'il tient entre ses mains. Des voyages dans les étoiles, d'autres sur notre bonne vieille Terre, et d'autres encore dans des topographies si étrangères que pour l'explorer et en tracer les cartes, l'imagination s'avère mieux outillée que les meilleurs arpenteurs et les plus hardis géographes. Des histoires se déroulant à des époques si éloignées de la notre que nos repères s'en trouvent bouleversés, ou bien si proches qu'il pourrait s'agir de notre propre présent, et cela n'est guère plus rassurant. Et encore des personnages qui, bien qu'humains, nous paraissent des extraterrestres tant ils diffèrent de nous, ou au contraire des créatures extraordinaires qui par un étrange paradoxe nous sont bien plus proches.

Mais à quoi bon ces explications, puisque le lecteur constatera tout cela lui-même en parcourant les textes ?

En désespoir de cause, le préfacier pourrait se contenter d'exprimer le réel plaisir qu'il a éprouvé, pendant un an, à sélectionner les textes de cet ouvrage, et son espoir d'en retrouver les auteurs, plus tard, dans d'autres pages. Il pourrait aussi remercier les personnes qui ont eu la gentillesse de l'aider dans son travail, à commencer par Philippe Marlin qui n'a pas hésité à lui confier les clés de L'Œil Du Sphinx pour composer ce recueil.

Mais, n'appartenant à aucunes de ces catégories, le lecteur aura tôt fait de sauter la préface, et d'entamer sa lecture avec une impatience légitime.

D'ailleurs, le lecteur a toujours raison, alors suivez son exemple. Installez-vous confortablement. Vous y êtes ? Maintenant, bouclez votre ceinture, nous passons en vitesse hyperluminique...

L'illustrateur : Né en 1955 à Bruxelles, El Jice commence très tôt son parcours artistique par le dessin. Complet autodidacte, il se perfectionne dans les différentes techniques des arts graphiques. Aujourd'hui, il revisite les techniques anciennes au moyen d'une tablette graphique adjointe à des logiciels de modélisation informatique tridimensionnelle.

Il est, depuis son plus jeune âge, un grand fan de science-fiction, d'ésotérisme, d'archéologie romantique et de tout ce qui touche au fantastique. Son roman onirico-fantastique, *Le tombeau des étoiles* (aux Editions des Ecrivains), est pour lui une source intarissable d'inspiration. Il est aussi chroniqueur rock pour la revue belge *Prog-Résiste*. Musicien à ses heures, en collaboration avec le claviériste Zen's, il a composé *Chrysaldor the Legend*, le concept musical du roman. L'album, illustré par ses soins, est sorti en 2000 chez Musea, label français de musiques progressives.

Outre les pochettes de CDs qu'il a illustrées dans le domaine international du rock, ses illustrations sont publiées dans différents fanzines français (*White & Black Galerie, Scratch, Dragon & Microchips, Proscrit*) Il dirige depuis plusieurs années la revue La fenêtre ouverte. On y retrouve tant ses illustrations que des textes personnels inédits, sans compter l'étroite collaboration des auteurs des fanzines cités ci-dessus.

L'illustration : Arghones Bay est l'un des points de jonction des portes dimensionnelles sur l'île d'Emeryade à Chrysaldor. Y admirer la nébuleuse d'Orion dont les mille soleils éclairent la nuit tiède est l'un des passe-temps favoris des habitants de l'Eden.

Continuité
de Fabrice Neyret

> **L'auteur** : Fabrice Neyret, né le 1er janvier 1967, est chargé de recherches au CNRS dans le domaine de la synthèse d'images, après un parcours en zigzag qui l'a mené de la fac à la thèse en passant par une école d'ingénieurs, l'industrie et le chômage. Il fréquente les ordinateurs et la science-fiction depuis le collège, et depuis qu'il est tout petit il est passionné par les sciences, veut refaire le monde, dessine, programme et imagine. Maintenant que c'est son métier, il est juste frustré qu'il y ait aussi peu d'heures dans une journée. Ses premiers nouvelles de science-fiction ont été publiées cette année dans la revue d'informatique Login.

Nous sommes tous sur la brèche depuis le choc de cette nuit, et tous nous commençons à accuser le coup. Il est temps que ce conseil de crise se termine et que j'aille dormir un peu.

Nous avons maintenant une vision plus claire de la situation, dix heures après le choc. A trois heures du matin, tout le monde a entendu le même bruit sourd ; ceux qui dormaient le plus près du site ont ressenti la vibration, amortie par la structure souple du vaisseau. C'est vraisemblablement une météorite de taille importante qui est entrée en collision avec nous. Des collisions se produisent effectivement de temps en temps, notamment dans la ceinture de débris que nous traversons depuis quelques mois. Mais il est assez rare qu'un corps étranger pénètre aussi profondément à l'intérieur ; la plupart ne parviennent même pas à traverser le derme épais du vaisseau. Les dégâts doivent être importants puisque tout un quartier se trouve obturé, en tout une dizaine de pièces.

Je me trouvais sur place une demi-heure après le choc, probablement assez proche du lieu le plus interne de la déchirure. Mais le tissu conjonctif des parois était déjà très dilaté tout autour de cette zone ; je tenais à peine debout dans les salles qui ne ressemblaient plus qu'à des poches nervurées emplies d'air, et les couloirs étaient presque refermés. Je n'avais pas l'intention de me laisser emprisonner dans ce genre d'endroit, comme ça avait déjà failli arriver à plusieurs d'entre nous lors de précédents incidents. J'étais d'ailleurs déjà passé par cette épreuve il y a quelques temps, même si je n'en ai gardé aucun souvenir précis. Je me rappelais par contre très bien le récit de Frédérik : suite à une légère avarie dans l'un des moteurs, il s'était trouvé pris au piège et il avait dû ramper dans l'étroit boyau qu'était devenu le couloir antérieur. Et je dois avouer que dans les circonstances où je me trouvais, je visualisais assez facilement la chair tiède et humide des parois vivantes se refermant sur moi. J'ai donc dû rebrousser chemin quand le rétrécissement est devenu menaçant, sans avoir pu me faire une idée précise de l'étendue des dégâts. Il m'a fallu effectuer un grand détour pour revenir à l'arrière du vaisseau, la voie par laquelle j'étais arrivé s'étant totalement refermée. Impossible d'en savoir plus pour le moment ; il fallait attendre que le vaisseau cicatrise.

En tout cas, une chose est sûre, Tristan manque à l'appel. Nous l'avons cherché en vain dans toute la partie saine du vaisseau, tout en sachant qu'à l'heure du choc il était vraisemblablement en train de dormir dans sa cabine, voisine de la zone atteinte. Il n'a donc en principe que peu de chances d'être encore en vie, soit qu'il ait été tué dans la collision, soit qu'il soit resté enfermé dans l'œdème. Mais les principes logiques ont toujours été très tolérants à bord, et personne n'imagine vraiment que l'un d'entre nous puisse réellement disparaître. Certes, c'est une impression tout à fait irrationnelle, mais bien partagée par tous, et qui finalement confère une certaine légèreté à toute situation grave. Sans doute peut-on l'attribuer à un simple réflexe de défense psychologique, tant la disparition de l'un des dix membres de l'équipage, au cours de ce voyage de plusieurs décennies, serait à ce point catastrophique que l'idée même en devient inacceptable.

Mais il y a plus que cela. En fait, nous nous sentons dans le vaisseau comme au sein d'une gigantesque mère qui veille sur ses fœtus. En vérité l'image n'est pas totalement injustifiée, dans la mesure où le vaisseau est objectivement vivant, constitué de tissus organiques génétiquement conçus pour s'auto-réparer et protéger l'équipage. Bien sûr, il ne faut pas se mettre directement en danger, car les perceptions limitées du macro-organisme peuvent rendre dangereuses ses réactions, lentes mais amples, surtout en cas de lésion. Les incidents ont d'ailleurs été relativement fréquents, dans

Continuité   13

la mesure où ce long voyage n'a rien d'une simple promenade en territoire balisé. Mais malgré tout, rien de grave n'est jamais arrivé à quiconque en huit ans. Il est donc tentant de croire que le vaisseau est à même d'affronter toutes les situations, et de protéger son équipage en toutes circonstances. Mais dix heures après l'incident, Tristan demeure introuvable, et nous ne pouvons guère forer la zone condamnée sans nous mettre en danger.

Au cours de ce conseil de crise, nous avons examiné tout ce qu'il nous est actuellement possible de connaître de la collision. En fait, juste assez pour nous assurer que la sécurité du vaisseau n'est pas menacée. Personne n'en doutait vraiment, tant nous avons confiance en lui ; mais au milieu du vide et des radiations, peut-on penser autrement sans devenir immédiatement schizophrène ? Cependant, nous avons peu d'expérience d'incidents de cette magnitude. Comme prévu, les membranes de la structure se sont immédiatement contractées sous le choc, puis les tissus ont fusionné de manière à éviter toute perte d'oxygène. Les salles se reformeront ensuite, une fois que la déchirure se sera réparée. Un équipement important se trouve prisonnier de la gangue ; nous nous attendons à ce que les tissus de la structure restituent l'essentiel du matériel pris dans la masse. Nous avons conclu ce bilan par le constat officiel de la disparition de l'un des dix membres d'équipage, tout en espérant encore le retrouver. L'état de crise se termine avec le conseil ; tout le monde a maintenant gagné le droit de retourner se coucher. Il ne sera pas possible d'en savoir plus avant deux ou trois jours, le temps que l'œdème se résorbe.

Ce matin, c'est l'effervescence : en venant prendre son café à l'office, Gwen a croisé Tristan errant dans les couloirs. Nous nous sommes tous retrouvés autour de lui, soulagés de le revoir et le pressant de questions, mais il était complètement hébété et n'avait que des souvenirs confus des derniers événements. Apparemment il n'avait rien de cassé, aussi l'avons-nous laissé se nourrir puis aller se coucher. Visiblement la gangue l'a finalement libéré, juste avant qu'il n'étouffe. La tension retombe, mais cette fois nous sommes passés très près du drame.

Peu après dans la matinée, je suis allé inspecter l'état de l'œdème. Celui-ci commence à peine à régresser ; aucun couloir n'est encore praticable, ni aucune salle libérée. En faisant le tour de la zone, j'essyais d'imaginer le lent processus qui, à l'intérieur, s'employait à restaurer l'intégrité des diverses membranes. Dans l'épaisseur des parois, tout autour de la région condamnée, on devinait les veines dilatées acheminant matériaux et énergie jusqu'aux tissus naissants. Et en appliquant les mains sur la surface souple et bombée limitant la zone, on sentait la chaleur et les légères palpitations de la chair au travail. Je me plais à penser qu'en définitive, personne ne sait véritablement comment fonctionne le vaisseau, et que ce mystère n'est pas étranger à l'attachement respectueux qu'il suscite auprès de l'équipage. Bien sûr, les grandes structures ont été précisément spécifiées, et encodées dans les gènes qui contrôlent la croissance du macro-organisme. C'est précisément le travail des architectes, dans les chantiers navals orbitaux où sont conçus et engendrés les vaisseaux organiques destinés à l'essaimage de l'humanité. A petite échelle, les cellules des tissus fonctionnent comme celles de n'importe quel organisme vivant, puisqu'elles en sont parentes. La culture de cellules génériques et la création de lignées spécialisées est une tâche peu qualifiée qui ne présente guère de mystère. Mais entre ces deux échelles, il est difficile de comprendre précisément comment les spécifications interfèrent, comment la vie s'organise.

La lésion est maintenant suffisamment résorbée pour que l'on puisse à nouveau atteindre toutes les pièces du vaisseau. Ce ne sont pas véritablement les mêmes pièces : on peut sentir çà et là, dans les cloisons, des feuillets témoignant qu'une salle s'est autrefois trouvée dans l'épaisseur. Il a fallu plusieurs heures pour dégager complètement le mobilier que les parois n'avaient que partiellement régurgité. Les membranes sont lisses et brillantes dans la zone centrale, où la chair est visiblement neuve. Nous avons trouvé la météorite, repoussée vers la coque et complètement phagocytée dans une cloison épaisse. Celle-ci a visiblement entrepris de la broyer, ce qui lui prendra probablement plusieurs semaines, et de convoyer les débris vers l'avant du vaisseau à travers ses larges canaux de drainage. C'est là-bas que sont recyclés les quelques matériaux que l'on peut recueillir au cours du voyage. Tout semble rentrer dans l'ordre, et la vie monotone du vaisseau va pouvoir reprendre son cours.

Mais en début de soirée, alors que je traînais encore dans la partie rénovée, il m'a semblé détecter une autre surépaisseur près de la coque, bien plus ténue. J'ai d'abord pensé à un fragment de météorite, mais celle-ci est encore intacte. Ce n'est pas assez important pour être un élément du mobilier, que la paroi aurait de toute façon reconnu et rejeté. Piqué par la curiosité, je suis allé chercher l'échographe dans le bloc médical. Et là, j'ai identifié avec horreur le squelette de Tristan.

Yannick et Gwen m'ont suivi avec inquiétude lorsque je les ai réveillés

Continuité

en leur demandant fébrilement de me suivre. Je ne devais pas avoir l'air dans mon assiette. Je n'ai commencé à leur expliquer ce que j'avais trouvé qu'une fois sur place. Leur incrédulité était patente, mais ils pouvaient vérifier par eux-mêmes. Nous sommes restés tous trois muets pendant plusieurs minutes, essayant d'analyser la situation. L'explication naturelle voulait que tout le contenu des lieux – l'occupant compris – ait été pris au piège et phagocyté par les tissus environnants. La paroi était donc en train de digérer le corps de Tristan, non reconnu comme mobilier. Mais alors, qui était l'*autre* ? Comme apparemment personne n'avait rien de cohérent à proposer, nous avons décidé de réunir le conseil dès le lendemain, après avoir enfermé dans sa cabine celui qui se fait passer pour Tristan. J'imagine que les autres aussi ont très mal dormi. Il faut dire que la situation est inédite, et pour le moins inquiétante.

Ce matin, le conseil s'est avéré incapable d'y voir plus clair. Nous avons fait comparaître le simili-Tristan, qui visiblement ne comprend pas grand chose à ce dont on l'accuse. Mais de quoi l'accuse-t-on au juste ? Il était terrorisé en constatant que nous le considérions comme un imposteur. Je ne pouvais m'empêcher de m'imaginer à sa place, seul au milieu du vide, dans un petit monde fermé dont les habitants me répudieraient soudain. Mais je me suis repris en pensant que cet être ne peut pas être Tristan, puisque nous avons retrouvé ses restes, et qu'il représente un danger pour la communauté tant que sa provenance n'est pas élucidée et ses desseins déterminés. L'imposteur est actuellement assigné à sa cabine, pendant que nous poursuivons l'enquête.

C'est assez inexplicable : tout semble authentifier l'individu comme étant bien le membre d'équipage disparu, mais l'analyse du squelette attribue sans aucun doute possible celui-ci à Tristan. Un vent de folie inquiète souffle à bord. J'ai plusieurs fois fait répéter son récit à l'individu. Au moment du choc, il s'est réveillé en sursaut – il se trouvait tout près de l'impact –, et les parois de sa cabine se sont brusquement contractées sur lui. Il évoque le noir, la peur, l'étouffement, la pression incessante des parois ; dans son récit agité, il m'est difficile de séparer la réalité de l'imaginaire cauchemardesque. Puis il dit avoir rampé d'instinct, à peine conscient, jusqu'à se retrouver à la lumière. Sur ce point, cela ressemble beaucoup au récit de Frédérik.

Tout ceci m'a procuré un certain malaise, et me pousse à tester immédiatement une hypothèse à peine formée. Je me suis rendu vers le couloir antérieur, près des moteurs, et j'ai essayé de retrouver le lieu précis de l'accident de Frédérik, survenu quelques semaines plus tôt. L'incident avait été bien plus limité et n'avait guère retenu durablement notre attention. Mais, comme lors de chaque lésion, le vaisseau avait réagi localement et Frédérik en avait fait momentanément les frais. En inspectant minutieusement le couloir, j'ai fini, à la fin de la journée, par trouver une surépaisseur dans la cloison, encore plus ténue que celle qui détient le squelette de Tristan. Et je crois savoir ce que je vais trouver à l'intérieur.

Je vis maintenant une situation lourde et embrumée comme un mauvais rêve. Durant les quelques jours qui ont suivi la découverte du squelette de Frédérik, dont je n'ai parlé à personne, j'ai entrepris avec frénésie de sonder toutes les parois avoisinant les lieux d'anciens incidents. Et plusieurs fois j'y ai fait la même macabre découverte : Marianne, Isabelle, Patrick, et même Yannick... Je prends les choses presque sans émotion, plus tout à fait certain de vivre dans le réel. L'investigation est de plus en plus difficile alors que je remonte dans le temps : apparemment, les restes se disloquent et migrent à travers les parois vers l'avant du vaisseau, ce qui contribue à rendre leur détection plus aléatoire.

J'en suis arrivé à la constatation que la plupart des membres de l'équipage sont des imposteurs. Mais sortis d'où ? Et dans quel but ? Pourquoi n'ont-ils pas réagi quand j'ai révélé les premiers faits au conseil, alors qu'ils semblaient y être majoritaires ? Il y a une complicité dont je n'arrive pas à établir les termes entre les phagocytoses opérées par le vaisseau et l'équipage qui persiste à demeurer complet.

C'est aujourd'hui le cinquième jour. Je crois sombrer pour de bon dans la folie : je viens de découvrir *un second squelette* de Tristan. Je comprends de moins en moins, tout se brouille dans ma tête. Qu'est-ce qui est faux ? Les vivants ? Les squelettes ? Ou l'ensemble de mes perceptions ? Une sourde angoisse et une lancinante migraine ne me lâchent plus. Quant à la sérénité de la vie à bord du vaisseau, elle m'apparaît de plus en plus fondée sur une illusion monstrueuse ; je commence à me sentir très mal à l'aise dans ses entrailles, dont j'entrevois désormais les mystères sous une forme hostile. Et je ne sais comment interpréter le regard étrange des membres de l'équipage que je croise. Savent-ils que je sais ? Il faut dire qu'à mon activité de conspirateur s'ajoute désormais une attitude de méfiance qui ne doit qu'attirer l'attention. Je me méfie donc de mes impressions et continue mes investigations vers l'avant du vaisseau, en évitant le contact avec les autres.

Voilà. J'aurais dû me douter qu'à un moment j'en arriverais là. Comment avais-je pu ne pas y penser, même en rêve – ou en cauchemar ? Peut-être est-ce ce que je cherchais dès le premier jour, après tout ? Je suis assis par terre, adossé à la paroi, les bras ballants et la sueur perlant au front. Pratiquement rien ne le trahit, mais une infime variation d'épaisseur module la cloison en face de moi. Et derrière, *j'y suis*. Moi, ou du moins des fragments de mon squelette, à peine identifiable. Je suis totalement dépassé, l'esprit vide, flottant dans une calme démence.

Il m'a fallu plusieurs heures pour me relever et me traîner jusqu'à ma cabine. Je me suis alors laissé tomber comme une masse dans ma couchette.

Après douze heures d'un sommeil agité, je me suis levé avec un plan résolu en tête. Il fallait bien savoir, à la fin. Apres quelques préparatifs discrets, je me suis dirigé comme un somnambule vers l'avant du vaisseau, vers les organes de recyclage. Cette partie n'est pas aménagée, aussi n'y mettons-nous pratiquement jamais les pieds. La chair du vaisseau y occupe la majeure partie de l'espace, tout juste traversée de quelques galeries. Je ne savais pas précisément ce que j'y cherchais, mais je savais que c'était là que je trouverais *quelque chose*, puisque c'était là que semblaient converger toutes les canalisations qui irriguent les parois de ce vaisseau plus vivant que jamais. J'ai pénétré dans la galerie principale, et je me suis installé pour une longue attente.

A l'heure prévue, la charge que j'ai placée au pied de la porte de la cabine de Tristan a déclenché une importante décharge électrique, provoquant la contraction immédiate de toutes les parois de la petite pièce. Il n'y avait aucun doute quant au devenir de son occupant surpris dans son sommeil. Je m'attendais à ce que quelque chose se passe, et je n'ai pas été déçu.

Après une quinzaine de minutes de doutes, la chair épaisse emplissant tout l'espace au-delà du conduit où je me trouvais s'est mise à réagir, ondulant, s'échauffant, se dilatant et se contractant alternativement. Au-delà de la peur, je me suis senti insignifiant au sein de cette masse en mouvement qui n'était probablement pas consciente de ma présence. Cela a duré toute une journée, pendant laquelle je suis resté à observer sans bouger.

Puis le calme est revenu. Enfin, comme je m'en doutais sans avoir encore osé le formuler, et sans savoir quelle apparence prendrait l'événement, j'ai vu une minuscule ouverture apparaître et s'élargir dans la paroi à quelques mètres de moi, puis une paire de bras maladroite en émerger : Tristan, à demi inconscient, essayait péniblement de s'extirper hors de la matrice. Et qui peut dire combien de fois il est *né* ainsi depuis le début du voyage, lui, mais aussi chacun d'entre nous ?

D'un sourire triste, je prononce mentalement la conclusion implacable qui régit la vie de tout ce micro-univers : le vaisseau s'acquitte parfaitement de sa vocation protectrice, la pérennité de la mission est effectivement assurée. L'équipage se voit régénéré à chaque décès, lesquels sont incroyablement fréquents puisqu'il n'est plus essentiel de les éviter. Et il doit sûrement en être de même dans tous les autres vaisseaux organiques.

Mais alors, quels représentants de l'espèce humaine débarqueront, là-bas, à l'issue de chacune des missions d'essaimage partie vers les terres lointaines ?

Simulation

de Roger Espel Llima

Traduit de l'anglais par Christophe Thill

L'auteur : Roger Espel Llima est originaire de Barcelone, où il a habité jusqu'à l'âge de 17 ans avant de partir faire ses études à l'Ecole Normale Supérieure. Matheux d'origine, il est passé à l'informatique puis s'est intéressé à la linguistique. Il travaille maintenant à Barcelone comme programmeur. Ses dadas, par ordre approximatif d'apparition, sont la lecture, la randonnée, la cryptographie, les musiques progressives et expérimentales, le logiciel libre, le vélo, les langues, les cultures asiatiques et le jonglage.

Le traducteur : Christophe Thill se consacre non seulement à l'analyse statistique des données, mais aussi à la littérature fantastique, avec une nette prédilection pour les classiques, comme H. P. Lovecraft, Clark Ashton Smith, Bram Stoker et Jean Ray. En dehors d'articles et de traductions pour les fanzines *Dragon & Microchips* et *Hors-Service*, il est l'auteur d'une série de pages Web principalement consacrées à Lovecraft et aux kaiju eiga (films de monstres japonais). Il a également réalisé pour le compte de l'association L'Œil Du Sphinx un volumineux recueil d'articles et de nouvelles consacrés à l'œuvre de Robert Chambers : *En compagnie du Roi en jaune - L'univers fantastique de Robert W. Chambers*.

Sans quitter des yeux la console, Anthalmera prit le casque et le mit sur ses oreilles. La pression était une sensation familière et réconfortante, vaguement douloureuse, mais elle en avait suffisamment l'habitude pour ne plus y prêter attention. Elle attrapa les videoglass dont elle démêla distraitement le cordon, les brancha et pressa un bouton. Tandis qu'elle tapait les commandes sur le simulateur, des couleurs se mirent à papilloter, l'obligeant à cligner des yeux. Se laissant aller en arrière sur sa chaise, elle prit une profonde inspiration alors que l'image se stabilisait.

C'était son monde à elle, rien qu'à elle. Il y avait seulement deux mois qu'elle avait acheté ce simulateur. Elle avait lu un article à ce sujet dans un magazine scientifique, et en peu de temps, elle avait su qu'il lui en fallait un. « On ne peut pas toujours tout interpréter », se dit-elle, un peu pour elle-même, un peu pour son monde. Le simulateur était un univers de complexité et d'interaction brutes, non de sens. Elle se plongeait quasi religieusement dans ses arcanes, ressentant les structures, l'organisation naissante.

Un cliquètement brutal la fit sortir de sa rêverie. En quelques secondes, ses yeux s'accoutumèrent aux formes et aux couleurs irréelles, et à la perspective étrange, et ses oreilles aux sons inhumains produits par la machine.

Elle ralentit un peu la vitesse de la simulation, ses doigts touchant à peine le clavier, et apporta des corrections de routine au réglage des couleurs et de la brillance. Le monde, comme elle aimait l'appeler, avait visiblement changé : il s'était développé depuis la dernière fois. Certaines structures étaient apparues et avaient commencé à évoluer, depuis de vastes masses de données qu'elle aurait qualifiées de galaxies, jusqu'à des motifs entrelacés si minuscules que la machine pouvait à peine les gérer. Des formes dansaient devant ses yeux alors qu'elle explorait à grands coups de zoom. « Ce n'est pas seulement un monde, c'est un Univers », se dit-elle avec fierté, et dans sa tête elle s'entendit presque prononcer le U majuscule. Elle sourit.

C'était sa première véritable réussite sur le simulateur. Après deux mois passés à tâtonner, à observer et à apprendre de ses erreurs, elle avait fini par se créer un jeu de règles, de conditions initiales et de générateurs qui avaient évolué pour donner cela. C'était sans aucun rapport avec l'humanité, avec le monde réel, et c'était merveilleux ; cela tenait debout tout seul, mais elle pouvait l'explorer, à défaut d'y pénétrer matériellement. « Comment une fille aussi terne que moi a-t-elle pu obtenir une chance de

Simulation 21

se prendre pour Dieu ? » se demandait-elle avec ironie. Bien entendu, elle-même ne se trouvait pas terne, mais ses connaissances (elle ne les aurait pas appelés des amis, à part peut-être dans ses moments les plus optimistes) avaient certainement une telle image d'elle. Anthalmera haussa les épaules.

Elle se sentait fatiguée. Consciencieusement, elle détacha son attention du simulateur et laissa vagabonder ses pensées. Il y avait tant de choses à découvrir dans son Univers, tant de choses que pour la plupart elle n'avait jamais vues. La première fois qu'elle avait entendu parler des simulateurs, elle s'était demandé s'ils pourraient un jour être assez précis et complexes pour qu'une forme de vie fasse son apparition à l'intérieur d'un monde virtuel. Cette idée la fascinait.

Des structures compliquées apparaissaient déjà avec une vitesse presque alarmante, aussi complexes qu'un nuage, ou peut-être même une étoile du monde réel, mais il faudrait au système des semaines, peut-être même des mois, de calcul avant qu'elle puisse espérer voir apparaître quelque chose approchant de la vie. Elle pressa quelques touches, et un objet ressemblant à un nuage violet ondulant apparut dans son champ de vision, puis disparut presque immédiatement, laissant derrière lui un contour lumineux et une pulsation sonore éthérée qui persista pendant quelques secondes. Pour rechercher les structures hautement organisées qui caractérisent la vie, elle ne pourrait se fier entièrement à la chance et à l'intuition ; il lui serait assez facile de programmer la machine pour que celle-ci prenne en charge l'essentiel de la recherche, si elle parvenait à exprimer le concept d'auto-réplication dans le langage de programmation relativement cryptique du simulateur. Elle était sûre d'y arriver, mais pas aujourd'hui. Elle était trop fatiguée. « Et j'aime trop faire traîner les choses », pensa-t-elle en elle-même avec une ombre de sourire sur les lèvres.

Fermant les yeux un instant, elle remit la machine en mode non visuel et se débarrassa de ses videoglass et de son casque, qu'elle déposa sur la console sans les débrancher. Elle respira profondément et ouvrit les yeux. La lumière était trop vive, et les choses semblaient manquer de profondeur, mais il ne lui fallut que quelques instants pour que sa vision se réadapte. Après tout, c'était le monde dans lequel elle avait vécu pendant dix-neuf ans, presque vingt. Réglant la machine sur sa vitesse de traitement maximale, elle se leva de sa chaise. Son monde serait encore jeune et peu développé lorsqu'elle le regarderait à nouveau, mais l'évolution serait certainement sensible.

Elle se brossa rapidement les dents ; la faim se faisait légèrement sentir, mais elle était trop fatiguée pour manger. Elle alla jusqu'à son lit, se débarrassa de ses vêtements qu'elle laissa tomber à terre, et se glissa nue sous ses draps. « Il faudra que je fasse un peu de lessive », pensa-t-elle en fermant les yeux, alors qu'un nuage violet dansait devant elle pendant une fraction de seconde. Puis elle s'endormit.

Anthalmera s'assit devant le simulateur pour la première fois depuis quatre jours. Elle était un peu fatiguée, mais d'excellente humeur. Sur les trois cours qu'elle avait suivis dans la journée, l'un avait été assez intéressant, même si le professeur semblait persuadé que les étudiants étaient incapables d'en saisir les concepts. Lui, au moins, savait de quoi il parlait. Et pourtant, même en pleine classe, elle réfléchissait toujours à son problème, faisant des allers et retours entre l'approche générale et les détails afin de faire coïncider le tout.

« Je peux t'emprunter tes notes d'hier, Anth ? » La question d'Andrew l'avait prise par surprise. Elle avait souri, avait fouillé son sac un moment et lui avait passé ses notes. « Je n'en aurai pas besoin avant mardi, au moins.» Andrew était toujours gentil avec elle, et il faisait régulièrement des efforts visibles pour entamer la conversation, mais il ne semblait jamais trouver rien d'autre à dire que des banalités. Elle s'imaginait lui montrant le simulateur et ce qu'il contenait, et son programme de recherche une fois qu'elle l'aurait terminé, et lui hocherait la tête et resterait béant d'admiration, et peut-être qu'il ferait une remarque et dirait à quel point elle avait l'air pleine de vie lorsqu'elle parlait de tout cela. Non, évidemment qu'elle ne le lui montrerait jamais, quelle idée !

Elle pressa un bouton, et des lettres apparurent sur l'écran. La vie... Mais qu'est-ce que la vie ? Chercher des régularités ne suffisait pas : deux étoiles peuvent être aussi semblables, et aussi différentes, que deux êtres humains, et pourtant dans un cas c'est de la vie, dans l'autre cas non. Il lui fallait trouver des critères assez précis pour faire la différence, et en même temps assez généraux pour pouvoir s'appliquer à l'univers si peu terrestre de son simulateur. Elle avait bien tout de même quelques idées. Le problème avait occupé ses pensées pendant toute la semaine, et les différents morceaux commençaient à pouvoir s'assembler suffisamment bien pour qu'elle puisse les implémenter. La conception – la programmation – n'était pas simplement une question de méthode : elle faisait appel à sa créativité, et de ce fait il lui était plus difficile de se concentrer sur quoi que ce soit d'autre. « Peut-être que si je m'organisais mieux, je serais plus productive », avait-elle souvent pensé.

Simulation 23

Alors qu'elle commençait à taper, elle se rendit compte que les algorithmes de recherche seraient difficiles à tester. Si son monde contenait des données représentant la vie et qu'elle savait où les trouver, elle pourrait s'en servir pour vérifier le fonctionnement du programme... Mais dans ces conditions, elle n'aurait pas besoin de celui-ci. Elle s'interrompait fréquemment pour vérifier depuis combien de temps elle travaillait et combien de lignes elle avait tapé. La sensation qu'elle œuvrait à quelque chose d'important était presque douloureuse ; elle observait son travail qui progressait sous ses doigts et dans son esprit, sous sa direction à elle, mais suivant une logique autonome. « Et ce n'est que le début », se dit-elle. Puis elle n'y pensa plus, et parvint enfin à se concentrer.

Elle était affamée, et s'aperçut qu'elle n'avait rien mangé depuis son rapide déjeuner sur le campus. Quand elle était rentrée chez elle trois heures plus tôt, elle s'était précipitée sur le simulateur, au lieu de se préparer un sandwich comme à l'accoutumée. Le noyau de son moteur de recherche était prêt, bien que nécessitant encore quelques tests et mises au point, mais l'interface manquait encore. Elle lança un programme d'optimisation pour analyser son code, déceler les incohérences et les redondances éventuelles, et laissa l'ordinateur travailler un peu tout seul. « Cet endroit a besoin d'un brin de ménage », pensa-t-elle, se souvenant que sa mère lui rendrait bientôt visite et lui débiterait immanquablement ces mêmes mots d'une voix fatiguée. « Je m'en occuperai plus tard », préféra-t-elle se dire en reléguant ces pensées au fond de son esprit. Explorant ses placards, elle se décida pour des spaghettis qu'elle prépara au micro-onde, au mépris du mode d'emploi C'était passable. « Je parie qu'Andrew repassera en prétextant qu'il n'a pas compris ce que j'ai écrit », pensa-t-elle. Non, il ne serait pas assez cynique pour avancer un tel prétexte ; il ne ferait simplement pas beaucoup d'efforts pour comprendre de son côté. Peut-être qu'elle pourrait appeler David et Charlotte, et leur demander s'ils avaient envie d'aller voir un film ; le dernier qu'elle avait vu n'était pas très bon. Mais pas ce soir ; il était déjà tard, et elle voulait terminer son programme de recherche.

Taper, tester, détecter les erreurs et les corriger, c'était un travail sur lequel elle était à son aise. Parfois elle se levait de sa console et faisait les cent pas dans la pièce jusqu'à ce qu'une pièce du puzzle vienne se mettre en place ; alors elle allait se rasseoir, introduisait un changement ou bien un test. À un moment, elle mit un CD dans le lecteur et découvrit qu'elle accordait trop d'attention à la musique, qu'elle aimait et connaissait par cœur. Quand il fut terminé, elle n'en remit pas d'autre « Ou sinon, je n'aurai jamais fini. » Et pourtant, les choses se déroulaient mieux qu'elle ne l'avait espéré, et elle avait toute confiance dans la fiabilité de son code.

« Ça va prendre une éternité », se dit-elle. La puissance de traitement du simulateur était énorme, d'un ordre de grandeur plus élevé que ce qui aurait seulement pu être imaginé quelques années plus tôt. Pourtant, rechercher les arrangements complexes de la vie à travers de colossales masses de données était une tâche bien plus ardue qu'appliquer de manière répétitive les règles locales qui faisaient tourner la simulation, et par ailleurs ce n'était pas le genre de travail pour lequel les processeurs de la machine avaient été conçus.

Elle n'avait qu'à la laisser tourner toute la nuit, et examiner les résultats le lendemain matin, si c'était terminé. Il lui faudrait aussi penser aux examens qui approchaient, et relire toutes ses notes de cours. « Allons-y », pensa-t-elle ; elle tapa une commande pour lancer son programme et une autre pour geler la simulation, consacrant toutes les ressources de la machine à la recherche.

Il était tard, mais elle était trop excitée pour ressentir la fatigue. Andrew ne s'était pas manifesté, et personne d'autre non plus d'ailleurs, et elle prit soudain conscience du silence qui l'entourait. À deux heures du matin, elle aurait pu s'y attendre. Elle se força à ramasser tous ses livres, papiers et CD et à les ranger sur les étagères appropriées. Puis, incapable de trouver une bonne excuse pour ne pas le faire, elle alla se coucher.

La sonnerie du téléphone la réveilla, et elle comprit, d'après la lumière qui se glissait entre les fentes des stores, qu'elle avait dormi trop longtemps. Elle n'avait pas cours ce matin-là, mais elle avait prévu de réviser. « Sans doute mes parents, se dit-elle, qui d'autre appellerait à cette heure ? » Et c'était bien eux. Faisant un effort pour paraître éveillée et joyeuse, elle raconta à sa mère les dernières nouvelles (ainsi que d'autres déjà anciennes ?) concernant ses cours, ses professeurs, ses amis, ses leçons de flûte, et lui demanda comment ça allait à la maison. Son père, apprit-elle, venait de renvoyer sa secrétaire, ce qui avait passablement stressé l'homme paisible qu'il était, et son frère aîné était dans les préparatifs de son prochain mariage. Tout allait très bien. Et elle, sortait-elle beaucoup ? Non, bien sûr, sa mère le savait, mais il fallait quand même qu'elle pose la question. Elle mentionna un livre qu'elle avait commencé à lire, et que sa mère aimerait sans doute aussi, et fut prise un moment de l'envie de lui parler du simulateur et des résultats qu'elle en attendait, mais elle se ravisa. Ses parents n'avaient jamais beaucoup apprécié de voir une fille passer tant de temps devant des ordinateurs. « Merci », répondit-elle mécaniquement quand son père, qui avait décroché l'autre combiné, lui souhaita bonne chance pour ses examens. « Je vous rappellerai quand j'en aurai fini. »

Un coup d'œil à l'écran du simulateur lui apprit que la recherche n'était pas terminée, mais qu'elle le serait d'ici deux à trois heures. Elle pourrait réviser un peu, puis partir tôt et manger en chemin. Elle prit ses notes ainsi qu'un épais manuel, s'assit sur son lit, le dos contre le mur, un oreiller sur ses cuisses, et commença à lire. Ce n'était pas trop difficile à comprendre, mais il y avait tant de choses à retenir que tout se brouillait si elle laissait son attention se relâcher. « De toutes façons », se dit-elle, « j'aurai sûrement oublié tout ça après l'examen. »

Quand le signal sonore retentit, elle avait relu toutes ses notes pour un des cours, et attaquait celles d'un autre moins intéressant. Le son, profond et résonnant comme un gong, lui fit lâcher ses papiers, rejeter l'oreiller et se précipiter sur le simulateur. La recherche avait abouti. Elle s'obligea à se rappeler qu'il pouvait aussi s'agir d'une fausse alerte, d'une erreur dans le programme, mais elle était trop excitée pour y penser. Elle tapa une commande, puis une autre, et la machine lui expliqua quel type de structures elle avait découvert, à quelle vitesse elles évoluaient et, le plus important, où les trouver. Le passage du monde réel à celui du simulateur fut brutal, car elle prit à peine le temps de laisser ses yeux s'habituer aux videoglass et tapa les coordonnées d'un des points les plus prometteurs avant même que l'image se soit stabilisée. Tout était tranquille ; elle pressa une touche, et la simulation reprit, à une vitesse assez basse pour permettre la visualisation.

La vie était bien là, juste devant ses yeux. Elle n'avait rien à voir avec tout ce qu'on peut rencontrer sur Terre, mais aucune erreur possible, c'était bien de la vie. À un niveau de complexité comparable à des algues ou des champignons, elle vit des molécules se combiner, des organismes entiers apparaître, grandir, se diviser en d'innombrables petits morceaux qui fusionnaient alors avec d'autres, se recombinaient, disparaissaient. « C'est peut-être le début de la gloire », pensa-t-elle un instant, puis, rassurée par cette idée et par la certitude qu'elle garderait tout pour elle-même, elle continua son exploration. La variété des formes qui peuplaient son monde était stupéfiante : s'il y en avait autant après seulement quelques semaines de simulation, combien d'étoiles et de planètes dans l'univers pouvaient bien abriter des espèces aussi avancées que l'Homme, voire davantage ? Malgré les rêves, les espoirs et les craintes du plus grand nombre, la limite posée par la vitesse de la lumière rendait bien improbable l'éventualité de trouver un jour la réponse à cette question. « J'aurais dû écouter plus attentivement les cours de biologie. », se dit-elle tout en observant une forme ovoïde aux bords rugueux onduler et se développer.

Il était l'heure de partir, et elle déposa à regret ses videoglass auprès du clavier. Elle laissa la simulation tourner, mais à une vitesse modérée. Avec un peu de temps et de chance, les formes de vie qu'elle avait observées pourraient évoluer pour donner de véritables animaux et végétaux et – qui sait – des êtres assez avancés pour communiquer, bâtir des civilisations, aimer « ... et en fin de compte, se détruire eux-mêmes », pensa-t-elle. Anthalmera croyait fermement que rien, qu'il s'agisse d'une structure, d'une tendance ou d'une idée, ne dure éternellement. Mais il lui restait trop de choses à découvrir pour qu'elle s'en soucie pour l'instant. « Il faut que je me dépêche », se dit-elle, attrapant son sac et ses clés au passage.

Elle arriva en cours juste à l'heure : la plupart des étudiants s'étaient déjà installés, mais le professeur n'avait pas encore commencé à parler. Sans se faire remarquer, elle alla s'asseoir tout au fond, sortit son stylo et ses feuilles et relut les dernières lignes du cours précédent. Ses pensées revenaient sans cesse à son monde, tellement plus riche qu'elle ne l'aurait cru possible. Les concepteurs du simulateur avaient-ils seulement imaginé qu'une telle chose pourrait arriver ? L'article qu'elle avait lu parlait essentiellement des aspects physiques du monde virtuel et des problèmes de conception des processeurs spécialisés, du logiciel et de l'interface utilisateur. Elle ne pouvait que faire des hypothèses, mais l'idée avait sûrement dû se présenter à eux à un moment ou à un autre ; mais ils l'avaient rejetée, la jugeant trop irréaliste. « Anth ? » La voix d'Andrew l'appelait tout bas. Elle leva les yeux : il était assis devant elle avec ses notes et les lui tendait. « Merci », dirent-ils en même temps, ce qui la fit sourire. Le professeur avait presque rempli le tableau, et elle se dépêcha de prendre des notes avant qu'il ne l'efface.

Après la fin du cours, elle se surprit à courir dans les couloirs. Croisant Charlotte, elle lui fit un signe sans s'arrêter. Le film pouvait attendre. Avant de quitter le bâtiment, elle acheta quelques gâteaux à un distributeur et les mangea tout en rentrant chez elle. « Oui, la vie – qui aurait pu croire une chose pareille ? »

Simulation

ஐ

« Ça doit être ça », se dit-elle. « Un de ces moments auxquels on aimerait toujours revenir, après, quand on se rend compte à quel point la vie est terne tout le reste du temps en comparaison. » Elle avait passé des heures à observer les créatures à l'intérieur du simulateur, leurs mouvements, leurs réactions, à les regarder s'organiser et s'adapter à leur monde. Elle n'en était pas sûre, mais elle pensait pouvoir les situer à peu près au même niveau d'évolution que certains insectes, les fourmis peut-être. Cependant les règles et la logique de leur environnement n'avaient pas grand chose en commun avec quoi que ce soit sur Terre, et elle ne tentait pas de les analyser, seulement de s'y habituer.

Mais voilà : la simulation était tout aussi irréversible que le temps réel, et à chaque fois qu'elle ordonnait à la machine de sauter des ères entières, elle savait qu'elle ne pourrait jamais y revenir. Cependant, elle n'allait pas passer des jours et des mois à contempler des formes de vie primitives semblables à des algues, alors que la vie animale (faute d'un terme plus approprié) n'était qu'à quelques étapes de là. Bien sûr l'ordinateur aurait pu prendre des clichés de certaines régions de l'univers virtuel, et même enregistrer quelques heures de son évolution, mais conserver l'état du système à chaque étape de la simulation aurait nécessité un ordinateur de la taille de la planète, en admettant que cela suffise. « Si je rate un moment crucial, il sera perdu pour toujours, se dit-elle. Comme dans la vie réelle... »

Elle décida de se concentrer sur les trois points les plus prometteurs parmi ceux où la vie avait été repérée. Fermant un instant les yeux, elle fit effectuer à la machine un saut de quelques milliers de générations. Comme elle s'y attendait, peu de choses avaient changé dans ces trois mondes. Dans le premier, les petites créatures rampantes s'étaient répandues sur un territoire beaucoup plus large et elles s'étaient divisées en plusieurs espèces, certaines plus grosses que les autres, quelques-unes vivant en colonies alors que d'autres encore ne possédaient aucune organisation apparente. Dans les deux autres univers, seule la vie végétale s'était développée en formes nombreuses et variées.

Anthalmera demeura des heures auprès du simulateur, pressant légèrement les touches du bout des doigts, tapant des commandes, effectuant des recherches, observant et écoutant, passant d'un endroit à l'autre, inattentive au monde réel. De temps en temps, elle faisait faire à la machine un bond dans le temps. Sous ses yeux, lentement mais sûrement, l'évolution prenait place, les espèces apparaissaient et disparaissaient, les climats se modifiaient.

Légèrement tendue, elle appuya sur une touche, sautant trois mille générations de la forme de vie dominante. Dès qu'elle ouvrit les yeux, elle comprit que le monde avait changé. Plus rien n'était pareil. Elle contemplait un monde désert, dont l'abondance de vie avait disparu. L'air avait changé, et il était presque totalement silencieux, à part quelques bruits semblables à des parasites. Se déplaçant en arrière pour observer la région de l'espace qui entourait la planète (si tant est qu'on puisse appeler planète une forme à quatre dimensions sans intérieur ni extérieur, à qui seules les lois physiques particulières à cet univers donnaient une certaine cohésion) elle ne vit aucune trace de collision avec un autre corps. La surface, par contre, était couverte des ruines de ce qui ne pouvait être que des constructions artificielles.

Elle était arrivée trop tard. A l'échelle cosmique à laquelle elle avait observé l'évolution, la naissance et la mort d'une civilisation technologique étaient des événements aussi rapides, aussi intenses et imprévisibles qu'une explosion. Il lui restait les ruines à explorer. Une inspection rapide ne révéla aucune trace de vie. Elle se dit que des êtres intelligents avaient pu se protéger et survivre dans des abris, et fit appel à son programme de recherche, mais celui-ci ne donna que des résultats négatifs.

Tremblant presque d'excitation, elle décida de se concentrer sur les constructions et d'y rechercher des œuvres d'art, des livres, des ordinateurs, des dessins, de l'information sous quelque forme que ce soit. Etonnamment, les bâtiments étaient restés en bon état. Ils ne possédaient ni parois ni pièces distinctes ; la plupart d'entre eux étaient d'une taille imposante et contenaient des machines qu'elle ne put reconnaître, et qui apparemment fonctionnaient toujours. En les examinant de plus près, elle put identifier certains des appareils les plus gros et les plus massifs comme des générateurs d'énergie, fonctionnant selon des principes qu'elle pouvait comprendre facilement, puisqu'ils dérivaient des lois physiques qu'elle-même avait conçues pour ce monde.

Mais il n'y avait aucune trace d'art, d'écriture, ni de quoi que ce soit qui aurait pu lui donner une idée de ce qui s'était passé, à part les machines. Etudiant attentivement les plus complexes d'entre elles, elle parvint à la conclusion qu'il s'agissait d'ordinateurs L'électronique sur laquelle ils étaient basés lui était complètement inconnue, mais la conception d'ordinateurs était sa spécialité et elle put reconnaître les unités de

Simulation

traitement, les banques de mémoire et le codage utilisé. Même dans ce monde-là, la logique binaire était toujours la base de la conception des ordinateurs.

Certains possédaient des processeurs relativement simples, avec une architecture centralisée rappelant celle des ordinateurs humains, et étaient reliés à des unités de stockage de grande taille. Celles-ci étaient apparemment inactives. Elle se dit qu'il devait s'agir d'archives. Il ne serait pas facile d'en examiner le contenu : pour ce faire, il semblait naturel de procéder par intervention physique, mais comment presser un bouton, sans même parler d'insérer une disquette dans un lecteur, à l'intérieur d'un monde simulé ? Il lui faudrait trouver autre chose.

Un autre ordinateur attira son attention. Il se trouvait dans un coin de bâtiment, et ses organes internes vibraient d'activité. Sa structure la stupéfia. Elle était encore plus décentralisée que les ordinateurs les plus modernes qu'elle connaissait, comme son propre simulateur. La mémoire et les processeurs n'étaient pas des pièces séparées ; elles étaient couplées, reliées par un réseau d'une incroyable complexité. Elle examina l'interface entre cette masse d'organes et l'utilisateur. C'était un appareil creux, de forme arrondie, posé à côté de l'ordinateur et directement connecté à lui. L'une de ses faces internes était pavée de symboles, et elle devina qu'elle était sensible comme un clavier. L'autre face était une surface rugueuse, couvert d'un grand nombre de petites pointes et de saillies disposées de manière irrégulière, mais complexe.

Elle se demanda ce que les créatures qui avaient conçu ces machines pouvaient bien ressentir lorsque leurs sens étaient reliés à ces machines, tout comme elle avec le simulateur. En quelques secondes, la solution s'offrit à elle. Elle pouvait programmer l'interface du simulateur pour visualiser le flux de données qui s'écoulait dans cet ordinateur étrange, l'interprétant sous forme d'images et de sons. Traversant les niveaux, elle pourrait explorer un monde virtuel à l'intérieur d'un monde virtuel. Dans un flash, elle eut la vision d'une infinité d'univers imbriqués les uns dans les autres, chacun simulant le suivant. « Cette boîte qui est dans ma chambre contient tout un monde, qui possède ses propres ordinateurs, qui contiennent tout un monde avec... Qui sait ! »

Elle s'agitait sur sa chaise et ses doigts couraient sur le clavier. En développant le moteur de recherche, elle s'était familiarisée avec le fonctionnement interne du simulateur, et cette fois le code se créait presque de lui-même, la solution à chaque problème qu'elle se posait lui apparaissant presque immédiatement. Inconsciente du temps qui passait, elle tapa d'abord à l'aveuglette, puis fit en sorte que la machine superpose le contenu de l'écran dans un coin de son champ de vision. Sans même s'arrêter pour vérifier si son programme marchait, elle l'activa, envoyant le signal à peine décodé issu de l'ordinateur étranger dans son casque et ses vidéolunettes.

Elle cligna des yeux. Il n'y avait rien d'autre que des crachotements, des bruits secs et des taches de couleurs informes se déplaçant trop rapidement. Quelque chose n'allait pas, et elle comprit quoi. Tapant à nouveau en aveugle, elle ajouta à son programme une section de décodage et désactiva l'affichage normal du monde virtuel. Elle pressa une touche. Le simulateur évalua son nouveau code, et sa vision s'éclaircit.

Le mouvement était saccadé, elle ne contrôlait pas où elle allait ni ce qu'elle regardait, les couleurs étaient fausses et la perspective si déformée qu'elle en fut presque malade, mais ça marchait. Elle se trouvait devant une maison, sous un arbre aux larges feuilles bleues. À sa droite, la route, verte avec des taches jaunes scintillantes, était parcourue par des voitures ordinaires. Retenant sa respiration, elle vit arriver un homme et une femme, celle-ci beaucoup plus grande que son compagnon ; ils se dirigeaient vers la porte sous l'éclat du soleil matinal.

L'image changea, et elle se trouva dans une pièce à l'intérieur de la maison. Les murs étaient couverts de posters qu'elle reconnut. Le lit défait était encombré de livres et de CD. Et assise à un ordinateur qui ne lui était que trop familier, elle vit une grande fille mince avec de longs cheveux raides qui semblaient violets, portant un casque et des videoglass : elle-même. Retenant sa respiration, elle leva la main et observa l'image qui l'imitait avec quelques instants de décalage. Elle sursauta et leva la tête, et l'image en fit autant. Elle se sentit observée. La sonnette de la porte se fit entendre, immédiatement suivie d'un bourdonnement crépitant dans son casque. Elle vit le personnage – elle-même – qui se retournait, posait les mains sur la console et secouait la tête. La sonnette tinta à nouveau. Sans réfléchir, elle se pencha derrière le simulateur et l'éteignit en basculant un interrupteur. L'image vacilla et disparut ; le monde simulé avait disparu pour toujours. Elle arracha le cordon des videoglass et les jeta sur la table.

Elle fut presque surprise de constater que le monde qui l'entourait continuait d'exister. Elle se força à s'arrêter un instant, respira profondément puis jeta un regard autour d'elle. Sur le lit défait s'accumulaient livres et CD. Le soleil matinal, brillant à travers la fenêtre, lui fit comprendre qu'elle n'avait pas dormi de la nuit. Elle se sentait affamée. Et ses parents – c'était eux, elle les avait vus – attendaient derrière la porte. Avec un soupir elle se leva de sa chaise, passa ses doigts dans ses cheveux et alla leur ouvrir.

Animal
de Marc Seassau

> **L'auteur** : « Lorsque j'étais enfant, je trouvais très pratique d'être né en 1960. J'aurais quarante ans en l'an 2000, un nombre rond, le calcul était facile. Plus tard, j'ai décidé d'être écrivain. J'ai décrété que mon premier bouquin serait publié l'année de mes trente ans. Un autre nombre rond.
> Il est plus facile d'avoir quarante ans que d'être écrivain, je m'étais trompé de dix ans. Mes premières nouvelles sont sorties chez *Orion*, *Phénix*, et le fanzine *Hors-Service*. Mes premiers romans sortiront en 2000 et 2001 chez Pocket Jeunesse.
> J'ai changé aussi, j'aime moins les nombres ronds. »

Mon père n'a pas de cœur, il m'a encore grondée tout à l'heure. Je lui en veux, il sait que je ne lui pardonnerai jamais. Je voudrais être séparée de lui pour toujours. C'est impossible, je le sais bien. Surtout ici. Ma cabine est minuscule, il est impossible d'y rester plus d'une heure ou deux sans étouffer. Pourtant, elle est conçue pour recevoir trois passagers. Je dois bénéficier d'une énorme faveur en l'occupant toute seule. Je suis la fille d'un personnage important, j'ai droit à des égards... Dès que je veux bouger, je me cogne aux parois grises, j'ai du mal à croire que l'on puisse tenir à trois empilés là-dedans. Les murs sont trop proches, le plafond trop haut. J'ai l'impression d'évoluer à l'intérieur d'un couloir qui aurait été placé à la verticale.

Mon père aussi doit se sentir à l'étroit. Il ne tient pas en place. Chaque fois que je sors, je le croise dans une coursive. Dès que je l'aperçois, je baisse les yeux, comme pour observer ses chaussures. Il ne supporte pas mon absence de regard et m'interpelle. Le regard que je lève vers lui ne lui plaît pas non plus, chargé de mépris et de haine. Il se met dans une colère noire et les mots qu'il me lance semblent heurter le labyrinthe des cloisons pour rebondir en un écho de plus en plus blessant. Il a même voulu me frapper tout à l'heure. Son bras s'est levé, extrêmement raide, il a hésité quelques secondes puis s'est affaissé sans bruit en cognant doucement la hanche, presque au ralenti. J'espère qu'il a eu peur de moi. Je suis rentrée dans ma cabine et j'ai essayé de m'endormir.

Les couchettes sont souples mais étroites. Je n'y resterai pas allongée très longtemps. Demain, après l'épreuve des paliers de décompression, nous les abandonnerons pour quelques mois. Vais-je ressentir la morsure du froid ? J'ai très peur... Pour l'instant, je flotte à quelques centimètres au-dessus des lattes de métal ondulé. L'air semble épouser les formes de mon corps, une sensation qui devrait être agréable. Au début du vol, je me suis amusée comme j'aimais à le faire lorsque j'étais une gamine. J'ai balancé mon corps de gauche à droite, de haut en bas pour essayer de tomber, de m'arracher à l'emprise de l'air qui m'agrippe au matelas de métal. Un jeu très amusant mais vite lassant. Mes flancs frappaient trop souvent les parois resserrées. Je me suis fait mal malgré les barrières magnétiques. De toute façon, je ne suis plus une enfant et j'ai éprouvé une certaine honte à me comporter en fillette un peu folle. Surtout aujourd'hui. Alors, pour ne pas penser à maman, j'ai commencé à m'ennuyer.

Je pense à maman, tout le temps. Lorsqu'il a promis qu'elle nous rejoindrait, je l'ai cru. Il est sévère et froid, j'ignorais qu'il était menteur. Il est mon père également, même si nous ne nous ressemblons pas. Je ne ressemble pas à maman non plus. Je ne ressemble à personne. Personne. Personne... Et personne ne me ressemble. Personne. Personne. Mon père est l'ambassadeur, heureusement. J'ai presque pu grandir en paix. Tout rire aurait été malvenu, sévèrement réprimé. Tout gloussement furtif. Tout sourire. J'ai même eu des amies je crois. Je les fascinais et les dégoûtais à la fois. La première fois qu'elles me voyaient, elles avaient peur de me toucher ; elles avançaient en frémissant une griffe vers ma peau qui leur semblait trop tendre, presque transparente. Mais je devinais qu'elles me trouvaient très laide. Quelle importance ? Mon père m'avait appris à les mépriser.

Je pense à maman. Elle m'a regardé quitter le palais de sable mauve sans verser un pleur. Les larmes ne signifient rien pour elle. Lorsque je l'ai embrassée, les miennes ont glissé sur son visage et je l'ai trouvée plus belle encore. Puis je me suis relevée. Je l'ai observée qui rampait à mes pieds, presque humble, presque animale comme dit mon père. Elle m'a paru plus petite, moins aimante. Elle est à leur image, ils sont nos inférieurs, c'est mon père qui me l'a expliqué. Une civilisation sans Dieu, sans abstraction, sans passé ni avenir. Je sais qu'il n'aime pas la couleur de leur peau non plus. La couleur de ma peau.

Animal

Animal. C'est papa qui m'a appris à écrire. A dessiner, également. Il dessinait très mal, il s'énervait devant la feuille noircie de traits emmêlés. Il avait tant de choses à me montrer. Pas de livres à sa disposition. Pas d'images. Là-bas, les couleurs sont différentes de celles qu'on trouve sur sa Terre. A cause du rayonnement de Bételgeuse qui brille dans une autre gamme spectrale que celle de son soleil. A cause des trois lunes qui ombrent ma planète de reliefs trompeurs. Animal ? Je ne connais que le tracé maladroit de ses croquis, je ne sais que ce qu'il m'a raconté ou mimé. Il lui a toujours semblé important que je connaisse son monde. Chaque soir nous passions un long moment en tête-à-tête. Il m'a tout appris. C'était difficile. Animal. Le chat miaule et ronronne. Il possède une tête ronde, deux oreilles pointues, une longue queue, comme maman. Son corps est également couvert d'une fourrure qui le protège du froid. Animal. Le chien aboie. Il existe plusieurs espèces de chiens, il est difficile de tous les dessiner. Les mammifères ont quatre pattes, les chats sont des mammifères. Animal. L'oiseau vole, comme le vaisseau dans lequel je navigue aujourd'hui. Animal, la baleine. Elle vit dans l'eau salée. Végétal, l'herbe et la fleur multicolore. Végétal, le séquoia, immense et pointu, au tronc teinté rouge. Tronc ? J'ai oublié ce que signifie ce concept. Œil ? Peau ? Griffe ? Je me trompais souvent. Il n'a aucune patience et hurlait à pleins poumons pour me gronder. Je n'aime pas les cris, maman ne crie jamais, sa voix fredonne ou vibre, s'enroule en vrilles silencieuses qui pénètrent mon esprit. Je ne l'entendrai plus jamais, seulement la voix pierreuse de papa. Celles des autres hommes également. Ils communiquent de la même façon que lui, d'après ce qu'il m'a expliqué. Je ne suis jamais parvenue à parler ainsi. J'ouvre grand la bouche, je souffle comme lui... Aucun son, aucune vibration. Alors je le caresse au moyen de mes pensées. Pas d'effort ni de douleur. Pourquoi déteste-t-il ça ? Minéral. Le calcaire de Provence, le silex et le marbre. Animal, le scorpion, le microbe, l'aigle et le diplodocus, la scolopendre et le rhinocéros.

Plus l'humain. C'est de lui que j'ai le plus peur.

Lorsque je suis née, mon père m'a cachée. J'ai été élevée au plus profond du palais de sable mauve.

Maman m'a longtemps nourrie et j'ai pleuré lorsqu'il a essayé de me faire mâcher un débris du pain dur qu'il avale à chaque repas. Je n'ai pas de dents, je n'en aurai jamais. Maman non plus. Nos mâchoires sont lisses et fragiles. Pas celles de papa. Pas celles des chats ou des chiens qu'ils dessinaient chaque soir. Les oiseaux n'ont pas de dents. Les séquoias non plus. Ni le calcaire de Provence. Je me suis levée un jour, j'ai marché.

Malgré ma petite taille, j'ai dominé ma mère qui rampait sur cinq membres. Pour la première fois, j'ai ressemblé à mon père. A un humain. Il m'a aimée alors. J'étais sa fille.

Maman me manque. D'ici quelques heures, un couvercle étanche s'abattra au-dessus de mes yeux. Rapidement, je plongerai dans un sommeil de glace pour d'interminables mois. L'espace est long d'Orion à la Voie Lactée. J'ai peur. Papa aussi a peur. Je ne suis pas véritablement humaine comme lui. Tant de choses me viennent de ma mère. La couleur de ma peau, un vert mordoré qui brille aussi fort que la carapace de certains insectes de la Terre. Animal. La cétoine dorée, ailes et élytres. Trois bras aux griffes rétractiles. Papa n'aime pas me sentir dangereuse, chaque semaine il prend soin de les limer lui-même. Des membres étrangement structurés, quatre articulations à chaque bras, à chaque jambe, que je peux plier de façon surprenante. Il déteste ça. Il a l'impression que je me brise, me disloque comme une marionnette. Végétal. Le pantin de bois. J'ai peur. Papa a peur, lui aussi. Je suis un être unique, une fraction de lui, une fraction de maman, deux moitiés qui ont tellement de mal à former un être entier. Mon corps va-t-il supporter le voyage ? Mon corps sera-t-il pourri par le temps lorsqu'il ouvrira le coffre de métal qui m'aura servi de cercueil ? Je ne veux pas mourir.

Je pense qu'il a été surpris. Il croyait que la Terre l'avait oublié, notre planète périphérique n'est pas très importante. Il était persuadé qu'il finirait ses jours à mes côtés. Sa tombe était creusée depuis plusieurs années, il est prévoyant. Il m'a enseigné les rites funéraires propres à sa planète. Il m'a révélé Dieu. Maman n'a pas de Dieu, elle. C'est pourquoi elle n'est qu'un animal. C'est pourquoi il a refusé de l'emmener. Animal. Le lapin mange des carottes. Ses oreilles sont longues. Le lapin n'a pas de Dieu. Le vaisseau est arrivé de la Terre et nous l'avons fêté. Dans ses flancs, un autre ambassadeur. Papa a eu honte de maman, il m'a cachée moi aussi. Il a promis que nous ne serions pas séparées. L'autre ambassadeur n'a pas apprécié notre palais de sable mauve. Sa voix était désagréable, elle résonnait partout et chaque mur tremblait. Mon père lui a parlé de moi mais il a refusé de m'apercevoir. Au début, il a traité mon père de fou. Un jour, il a réclamé ma mère. Le temps passait si lentement sous le soleil de Bételgeuse, il s'ennuyait déjà. Nous avons été séparées une nouvelle fois. Je ne l'ai revue qu'hier, juste avant le départ. Je croyais encore qu'elle nous suivrait bientôt. Ce vaisseau-là était trop étroit pour nous trois. Un prochain, dès que possible...

Animal

 J'ai peur de ne pas mourir, aussi. Survivre serait trahir ma mère. Je ne veux pas trahir.
 Je croyais mon père unique. Sur la planète vivait un seul ambassadeur de la Terre lointaine. Un seul humain. La Terre était puissante, beaucoup sont morts à cause de la guerre. Le père de maman est mort. L'ambassadeur a apporté la paix, plus de morts, jamais. Il a suffi de construire le palais de sable mauve. Il a suffi de confectionner à l'humain les nourritures étranges qu'il affectionne. Plus de guerre grâce au puissant ambassadeur. Je suis la fille de l'ambassadeur. L'unique. Tous m'ont trouvée laide car je lui ressemblais. Une humaine à la peau de cétoine dorée. Animal. Scarabée et crustacés sont pourvu d'une carapace chitineuse. Je me suis sentie humaine à cause de ma laideur. J'ai eu Dieu. Ce matin, j'ai découvert d'autres humains. Les membres de l'équipage, certains étaient plus hauts que mon père, plus larges et plus jeunes. Plus beaux. Papa les a suivis courbés. Sa voix m'a paru moins forte que leurs rires. Comme s'il n'était plus l'ambassadeur. Les humains me respectent, même si chaque fois je sens leurs yeux me fouiller en profondeur. Tout à l'heure, j'ai crié dans leur tête pour leur demander d'arrêter. Ils ont reculé, enserrant leur front entre leurs mains, comme s'ils ne m'avaient pas entendue, comme s'ils étaient sourds. Je ne suis pas sourde. J'ai distinctement entendu le plus grand lorsqu'il a parlé à son compagnon. Lorsqu'il lui a dit de partir en vitesse, j'étais peut-être dangereuse. On ne savait jamais avec ces animaux extraterrestres.
 L'air est aussi gris que les murs de la cabine. Animal. Le loup blanc ou noir, définitivement disparu de la surface du globe au début du vingt et unième siècle. Le requin prédateur. La cigogne. Végétal. L'olivier de la paix. La rose en bouton, le baobab à patte d'éléphant. Minéral. Le diamant, l'argile et l'obsidienne. Animal. Le renard roux. L'épeire. Animal. La fille de l'ambassadeur.

             ~

À son image

de François Rebufat

> **L'auteur** : A trente-deux ans, après une carrière universitaire, François Rebufat oublie un peu l'inexpressif langage académique pour se perdre sur des chemins de traverse et retrouver l'essentiel : rêver, simplement rêver. Il attrape alors un pinceau, une guitare, un ciseau à bois ou un stylo. Il a publié quelques articles scientifiques, des articles dans un magazine de plongée sous-marine ou sur Internet, et un court texte poético-fantastique sur le site Internet d'Axiome Imaginaire, sous le pseudonyme de Frank Lyones.

Eveil

Le plafond de métal gris clair n'évoque en elle aucun souvenir. Elle est lasse et son corps lui fait mal, comme si un millier de courbatures élançaient chacun de ses muscles. Avec difficulté, elle ouvre les yeux, découvrant à la faible lumière de la pièce sa prunelle artificiellement teintée d'orange. Elle ne reconnaît rien !

Nadia Riorca s'assoit sur l'étroite banquette de plastique blanc. La pièce est petite, rectangulaire. Un rayon de lumière pourpre y pénètre par une fenêtre ovale située en hauteur. D'un rapide coup d'œil circulaire, elle évalue son environnement. Une chaise, une tablette, un petit lavabo, une banquette-lit, un duvet, un placard, deux gobelets de plastique transparent, un savon, un distributeur de serviettes en papier, un miroir... *Qu'est-ce que je fous ici ?*, se demande-t-elle.

Elle est nue, et la pénombre dessine sur son corps les ombres d'une musculature athlétique. Nadia se lève ; ses courbatures semblent avoir disparu. Elle examine son visage dans la glace, au-dessus du petit lavabo. Ses traits sont tirés, faisant ressortir le faisceau de fines rides aux coins de chacun de ses yeux en amandes. Comme chaque fois qu'elle regarde son visage, son attention est attirée par le tatouage TSDS – Texas State Death Sentence – sur sa tempe. Les caractères entourent l'aigle de la justice américaine. Elle sourit. De toute façon, elle ne sait pas lire.

Après s'être abondamment aspergé le visage d'eau, la question revient, pressante, demandant une réponse immédiate. *Qu'est-ce que je fous ici ? Où suis-je ?*

Elle se rappelle s'être endormie la veille, dans son petit studio étouffant de chaleur de la banlieue de Bangkok. Non, elle en est sûre, elle n'a rien fait d'autre. Alors pourquoi est-elle là ?

Dans son armoire, elle découvre plusieurs combinaisons de formes identiques, mais de couleurs différentes, ainsi qu'une paire de baskets légères. Elle n'aime pas : ces vêtements ne protègent pas suffisamment. Elle n'a pas le choix et revêt un ensemble de couleur ocre. Au moins, c'est confortable et chaud.

La porte est fermée de l'intérieur. *Vraiment étrange*, se dit Nadia. Elle l'ouvre lentement. Sa cabine donne sur un petit couloir gris clair. Sur l'extérieur de sa porte est placardée une tablette d'acier gravée. Elle reconnaît son nom, mais déchiffrer le texte qui suit lui pose des difficultés. Les lettres sont pourtant grosses et les caractères d'imprimerie faciles à identifier. Allez Nadia, fais un effort !

Nadia Riorca
Sexe : Féminin.
Age : 29 ans.
Taille : 1,77m.
Signes particuliers : Tatouage TSDS à la tempe droite ; amputation de trois doigts à la main gauche.
Profession : Tueur à gage.
Nombre de contrats réalisés : 53.
Remarques : Condamnée à mort par l'état du Texas en 2005 pour l'assassinat de Frank Palm, gouverneur de l'état du Texas ; évadée du quartier pénitentiaire sous haute sécurité de Rockville après avoir déclenché un incendie général qui coûta la vie à 72 détenus et 33 gardiens. Considérée comme ennemi public numéro un par toutes les polices des Etats-Unis.

Nadia hausse les sourcils. Cette inscription ne la gêne aucunement. D'ailleurs, elle ne ressent absolument rien et tout cela est bien véridique.

A son image

Pourquoi devrait-elle s'en émouvoir ? Elle entreprend de remonter le couloir sur la droite. D'autres portes, identiques à celle de sa cellule, s'alignent le long du corridor. Chacune porte une plaque d'acier gravée, solidement rivetée. Avec la sienne, il y en a cinq en tout. Nadia ne prend pas le temps de les décrypter et continue son chemin en empruntant un petit escalier qui monte.

Une salle de sport, une salle de bain commune, une cuisine automatisée, un salon vidéo, un réfectoire, un petit atelier ; l'ensemble de la décoration est neutre, dans les teintes gris clair, plastique et métal, le mobilier sobre est fonctionnel. Du réfectoire, un petit escalier mène à une lourde porte étanche.

L'océan l'entoure à perte de vue. Une légère brise salée caresse sa peau hâlée. L'air est frais. Elle éprouve des difficultés pour respirer. Sur l'horizon, le disque trop large et trop rouge du soleil fait miroiter des reflets violets sur les crêtes chargées d'écume.

Nadia se tient debout sur une sorte de balcon qui surplombe une plate-forme reposant sur les eaux. *Où suis-je ?* se demande-t-elle à nouveau. Sa main droite se crispe sur la rambarde d'acier qui entoure la terrasse. Pas une terre à l'horizon !

Elle évalue la surface de la plate-forme à environ cinq cents mètres carrés. A part le bâtiment principal, faisant office de quartiers d'habitation, une deuxième structure plus petite se dresse dans l'angle opposé. Un ensemble de passerelles et d'escaliers permet de faire le tour de l'îlot artificiel. Les structures d'acier, peintes fraîchement de blanc, rappellent l'architecture d'un paquebot de la première moitié du vingtième siècle.

Nadia déambule avec nonchalance sur les passerelles, emplissant ses poumons de l'air léger du matin, quand elle aperçoit la silhouette d'un homme debout sur la terrasse. Elle n'est pas pressée de le rencontrer. La compagnie des hommes, excepté pour une occasionnelle partie de jambes en l'air, ne lui semble d'aucun intérêt. Alors elle reste là, debout face à l'océan, à regarder la houle aux reflets violets onduler sous un ciel presque blanc.

– Oh ! Oh ! Mademoiselle !

Malgré sa voix de fausset et la brise matinale, l'homme parvient à troubler la méditation de Nadia. Elle l'ignore cependant. Il est là, debout, criant et gesticulant. Il semble excité ; elle le trouve ridicule.

Alors, il se déplace et avance sur la passerelle pour la rejoindre. Il est petit et affiche une nette tendance à l'embonpoint. Il porte la même combinaison qu'elle, mais blanche. Le soleil du matin l'oblige à plisser les yeux. Son visage est rondelet et ses cheveux clairsemés. Nadia fait comme si elle ne l'avait pas remarqué. Il semble en colère.

– Vous pourriez répondre quand on vous appelle !

Le ton se veut autoritaire, chargé de reproches. L'homme reste planté au milieu de la passerelle, à moins de deux mètres de Nadia. Elle ne répond pas. L'homme s'impatiente.

– Eh ! Vous, là, je vous parle...

Il avance encore de quelques pas, levant la main pour la saisir à l'épaule. Il ne devrait pas ; il est encore ignorant.

A l'instant où la main du quinquagénaire vient effleurer son bras, Nadia pivote souplement sur elle-même. Elle saisit promptement le poignet de l'homme et avec une dextérité surprenante, lui fait accomplir un tour complet autour de son propre bras. L'instant d'après, l'homme est à demi suspendu au-dessus des flots, son bras fermement maintenu dans son dos par la fille aux cheveux bleus. Elle le tord un peu. Il a mal. Il crie.

– Règle numéro un, connard, énonce-t-elle froidement, n'essaies jamais de poser tes sales pattes de cochon sur moi sans en avoir reçu la permission.

L'homme continue à vociférer, criant au meurtre et au secours. Nadia le saisit par le col, le soulève et le repose un peu brutalement sur le treillis d'aluminium de la passerelle. Il perd l'équilibre et tombe les deux genoux au sol.

Sans un regard pour l'homme à terre, Nadia s'éloigne lentement le long de l'océan. Elle n'est plus seule maintenant... Tant pis pour eux !

Elle se souvient des temps immatériels. Il y a des millénaires de cela, alors qu'elle flottait dans le vide entre les galaxies, dérivant au gré de l'expansion cosmique. Pas de forme, pas de couleurs, juste une onde bouclant sur elle-même... Très peu de conscience. Juste l'essentiel. Elle se rappelle sa solitude. N'ayant jamais connu autre chose, elle ne comprit cette notion que des millions d'années plus tard. Le jour où, par hasard, elle accosta les franges clairsemées de cet amas d'étoiles en forme de spirale aplatie. Elle traversa des nuages de matière gazeuse, rencontra des soleils enchanteurs et dériva à la surface de mondes colorés. Au milieu de ce nouvel environnement, chargé de matière, débordant d'énergie, elle fut tout d'abord déroutée par la richesse et l'instabilité constante de ces points isolés que sont les galaxies. Parcourant les systèmes, elle s'imprégna progressivement des énergies primaires que les étoiles dispensent. Elle devint onde-énergie, chargée de particules instables et éphémères. L'obligation de maintenir à tout instant un équilibre précaire l'amena aux

A son image

limites de sa conscience passée, induisant une métamorphose profonde de ses configurations perceptives. La matière prit sens et elle en vint à se distinguer elle-même de son environnement. Elle devint indivisible... Individu. Rapidement, en quelques millénaires, un trouble encore inconnu s'insinua en elle, un déséquilibre indéfinissable, un manque impalpable. Elle connut alors la solitude.

Le café n'est pas trop mauvais et les congélateurs débordent de nourriture en tout genre. Le colonel Emiliano Javier Cortes se laisse tomber dans un des petits fauteuils du réfectoire, son gobelet à la main. Il a envie d'un cigare, mais n'en a trouvé nulle part. Il n'imaginait pas l'Enfer comme cela !

Quand la porte donnant sur l'extérieur s'ouvre, il détourne lentement la tête pour observer le nouvel arrivant. Un petit homme dans une combinaison blanche descend maladroitement les marches menant au réfectoire. Il a l'air essoufflé et franchement perturbé.

– M. Marsot je présume, Fernand Marsot ?

Cortes parle un français presque sans accent. Le quinquagénaire s'immobilise, surpris, dévisageant l'homme assis de ses petits yeux ronds. Le militaire porte une combinaison beige tirant sur le vert. Son crâne est dégarni, ses traits fins. Ses cheveux sont parfaitement peignés et sa moustache impeccablement taillée. Son allure et ses gestes lui donnent une prestance aristocratique.

– Qui êtes-vous ? interroge le petit homme. Ses yeux courent de droite à gauche, parcourant tous les recoins de la pièce.

– Comment, vous ne savez pas qui je suis ? Cortes fait mine d'être faussement surpris.

– N'avez-vous pas lu ma plaque ? Vous savez, la plaque fixée à la porte de ma cabine, la même que la vôtre.

Marsot fait mine de ne pas comprendre, secouant stupidement la tête de droite à gauche.

– Ah, je comprends, peut-être ne lisez-vous pas anglais couramment ?

– Oui, c'est ça, c'est ça...

Le quinquagénaire semble perdu dans ses pensées.

– Où sommes-nous ?

Cortes lui sourit, exhibant une dentition impeccable.

– Je n'en ai pas la moindre idée. Voulez-vous un café ?

– Oui, merci.

Fernand Marsot reprend progressivement ses esprits. Il attrape une chaise qu'il rapproche de la table pendant que son interlocuteur remplit une tasse de breuvage noir.

— Savez-vous qui est cette folle dehors ? demande-t-il à mi-voix, se penchant en avant pour que personne ne puisse l'entendre, excepté Cortes.

— Elle s'appelle Nadia Riorca et je ne vous conseille pas de vous frotter à elle. Vous n'auriez pas le temps d'affûter vos couteaux qu'elle vous aurait déjà étendu raide sur le sol. Oubliez-la, même préparée avec le plus grand art, elle resterait immangeable.

Le rire léger du colonel comble le silence laissé par son interlocuteur.

— Si vous voulez bien me suivre, je vais vous présenter à nos colocataires.

Cortes entraîne le Français à sa suite et descend l'escalier menant aux cabines individuelles. Il s'arrête devant la première porte et désigne la plaque d'acier fixée par de solides rivets.

— Voici ma chambre, dit-il avec nonchalance. Et là, une sorte de résumé de mes exploits. L'homme semble amusé.

Emiliano Javier Cortes
Sexe : Masculin.
Age : 57 ans.
Taille : 1,84m.
Signes particuliers : Aucun.
Profession : Militaire ; politicien.
Remarques : Leader incontesté du Front d'Epuration d'Amérique du Sud ; prend le pouvoir de plus de la moitié de l'Amérique du sud en 2002. Son règne, d'une durée de quatre ans, est le régime le plus dur connu jusqu'à présent sur ce continent. Il est reconnu responsable de la déportation de dizaines de milliers d'Indiens et de métis dans des camps d'extermination de Patagonie. Sa politique agraire donne tous pouvoirs à une poignée de riches propriétaires détenant toutes les terres. Les deux tiers de la forêt sont définitivement rasés et les terres réservées pour la culture extensive. Quand il est renversé en 2005, il laisse un continent dévasté par la misère, les inégalités et la guerre civile, aux ressources naturelles anéanties par une politique agricole absurde.

Fernand Marsot déglutit. Son teint, habituellement rougeaud, vire maintenant au rose pâle. A ses côtés, Emiliano Javier Cortes sourit amicalement.

— Intéressant, n'est-ce pas ? Mais continuons, je crois que votre cabine est juste à côté.

Les deux hommes font quelques pas.

— Voulez-vous que je vous traduise ? dit-il en désignant le texte écrit en

A son image

langue anglaise.
Fernand Marsot
Sexe : Masculin.
Age : 51 ans.
Taille : 1,68m.
Signes particuliers : Aucun.
Profession : Sommelier.
Remarques : Mène une vie ordinaire jusqu'à 31 ans, âge auquel il tue sa femme et ses deux enfants. Il fait disparaître les corps en les ingérant, après les avoir longuement apprêté en diverses préparations culinaires raffinées. Il est interné 10 ans dans un établissement spécialisé. Remis en liberté en 2001, il devient le premier trafiquant de viande humaine d'Europe. Il chasse et apprête lui-même des hommes, femmes et enfants, qu'il sert à des clients amateurs dans son petit restaurant en Bourgogne. Arrêté en 2009, il est condamné à la prison à vie.

Fernand Marsot est maintenant d'une pâleur de mort. De grosses gouttes de sueur perlent sur son visage défait. Il titube et bégaye.

– Mensonges... C'est pas vrai, j'ai tué personne, moi... Ils étaient tous d'accord, c'est pas moi, ils m'ont offert leur chair parce qu'ils m'aimaient. Moi aussi je les aimais... Vous pouvez pas savoir ce que c'est que d'aimer...

Cortes regarde avec mépris l'homme atterré. Il n'a pas honte, lui, d'avoir causé la mort de centaines de milliers de personnes. Non, il en est fier ! Des Indiens, des bâtards, des communistes, des fainéants, de la racaille, la lie de l'humanité, répandant sa lèpre à la surface de la terre. Il fallait le faire ; il l'a fait et si c'était à refaire, il recommencerait.

– Levez-vous M. Marsot, cessez de pleurnicher comme une femmelette. La visite n'est pas terminée.

Cortes attrape l'homme par l'épaule et le force à se redresser.

– Laissez-moi tranquille, vous êtes un monstre !

Il hurle en repoussant violemment le colonel. Fernand Marsot détale dans le couloir en jetant des regards terrifiés en arrière. Il s'arrête brutalement au pied de l'escalier devant la svelte silhouette de Nadia. Il essaie de parler. Sa bouche reste ouverte mais aucun son n'en sort. Nadia l'écarte de son chemin comme un vulgaire pan de rideau, sans même un regard. La démarche souple, elle s'avance dans le couloir.

Cortes l'observe avec insistance. Elle représente tout ce qu'il admire. Force, intelligence, pas de scrupules inutiles, pas de sentimentalisme puéril, de la détermination, du professionnalisme ; cette femme a toutes les qualités. Il s'avance d'un pas pour la saluer.

– Qu'est ce que vous foutez ici, Cortes ? lance-t-elle sans préambule. J'aurais dû me douter que vous êtes derrière tout ça !

– Désolé, chère Nadia, je ne suis derrière rien du tout et n'ai aucune idée ni de l'endroit où nous sommes ni de qui nous y a amené ni pourquoi nous y sommes. Je suis cependant ravi de vous revoir. Il s'avance pour lui baiser la main.

– Moi pas !, lâche-t-elle froidement en passant devant lui sans même marquer un temps d'arrêt.

– Dommage. Nous allons cependant devoir cohabiter quelque temps, pourquoi ne pas essayer d'agrémenter notre vie commune d'un peu de sympathie entre vieux amis ?

– Ces mots sonnent comme des injures dans votre bouche Cortes. Moi-même je ne sais pas vraiment ce qu'ils veulent dire. Si vous n'avez rien d'intéressant à m'apprendre, alors taisez-vous !

Cortes sourit. Il semble calme mais Nadia sait que ce n'est qu'apparence. En fait, il est mort de peur.

A trois pas de lui, une porte claque. Il sursaute et se retourne. Une femme de taille moyenne, plutôt forte, lui fait face. Il ne voit pas son visage masqué par un voile noir noué autour de sa tête. Elle porte une combinaison identique à la sienne, mais noire elle aussi.

Elle crache une courte phrase en arabe. Ses yeux noirs, glaciaux, jettent des éclairs de haine pure. Il sait qui elle est. Il se sent mal à l'aise.

La femme voilée rentre dans sa cabine aussi rapidement qu'elle en était sortie. Cortes émet un léger sifflement de soulagement. Il est en sueur. Au bout du couloir, Nadia le regarde presque amusée. Elle prend plaisir à observer l'ex-dictateur en proie à l'angoisse. La peur, elle a toujours aimé ça.

– Vous semblez fatigué, Cortes ? lâche-t-elle laconiquement.

– Chère Nadia, si vous saviez qui est cette folle, vous seriez probablement vous aussi légèrement... perturbée.

Son ton calme et indolent traduit un contrôle poussé de ses émotions. Il a réussi à attirer sa curiosité. Il est très fort. Mensonges, dissimulation et manipulation sont ses domaines d'excellence.

– Continuez... dit-elle, avançant lentement dans sa direction.

– Voyez vous-même, notre hôte a pris soin de faire les présentations.

D'un mouvement large de la main, Cortes désigne le panneau d'acier gravé sur la porte. Il le lit à haute voix.

Nassera Kamar
Sexe (présumé) : Féminin.

À son image

Age (présumé) : 35 ans.
Taille (présumée) : 1,70 m.
Signes particuliers (présumés) : Mutilation des organes génitaux.
Profession : Indéterminée.
Remarques : Fondatrice et chef de file de la secte secrète Les filles d'Allah. La secte est responsable de nombreux attentats visant des personnalités religieuses du monde arabe. Les méthodes employées sont l'enlèvement à des fins de tortures, la mutilation sexuelle, l'émasculation, l'assassinat en masse d'hommes avec exhibition des cadavres mutilés, ou encore l'esclavage par la terreur. L'idéologie plutôt mystique se base sur une relecture du Hadith (interprétation des versets coraniques) de Mouhamad qui donne à la femme droits et devoirs devant Dieu. L'interprétation particulièrement vindicative qu'en donne N. Kamar débouche sur l'un des djihads les plus sanglants de l'histoire de l'Islam.

— Un conseil, conclut Nadia sur le ton de la plaisanterie, regardez derrière vous avant d'aller pisser !

Cortes reste planté au milieu du couloir, pendant que Nadia disparaît dans sa cabine. Pensif, il regagne le réfectoire à l'étage.

Fernand Marsot a découvert les congélateurs. L'homme est occupé à découper une volaille congelée avec un hachoir de boucher. Cortes se racle la gorge bruyamment pour attirer son attention. Le cuisinier se retourne surpris et inquiet, la lourde lame d'acier à la main.

— Détendez-vous, M. Marsot, ce n'est que moi. Le colonel déambule entre les fauteuils sous le regard effarouché du Français.

— Que pensez-vous de tout ça, Marsot ? Cinq hommes et femmes, totalement dénués de pitié, de scrupules, ayant tous commis des actes considérés comme des plus abjects par le reste de l'humanité, se retrouvent prisonniers sur une île déserte en plein océan. Marsot tombe à l'eau, qui reste-t-il ?

— J'suis pas comme vous autres, moi... J'ai une famille, une femme des enfants... Que j'aime...

— En gibelotte ou au court-bouillon ?

Mais Cortes ne rit pas. Il n'est plus d'humeur à ça.

— Vous mentez, rien de tout cela n'est vrai... Ils m'ont accusé et condamné, j'ai payé pour un crime que je n'ai pas commis. D'ailleurs ils m'ont libéré... Je n'ai jamais tué personne !

L'homme est parcouru de tressaillements nerveux. Sa main droite se crispe sur le manche du hachoir d'acier.

— D'accord Marsot, comme vous voudrez.

Cortes recule lentement. Il se méfie des réactions du tueur en série. Il tente de calmer la tension.

– Que préparez-vous avec cette volaille ?

Marsot se détend, regarde la poularde en morceaux étalée sur la table du réfectoire.

– Poule au vin !, rétorque-t-il, regroupant les morceaux de viande en un tas de chair blanche.

Cortes s'éloigne pour se planter devant la petite bibliothèque du réfectoire qu'il parcourt rapidement. Délicatement, il extrait un volume de poésie française qu'il emporte avec lui vers le coin salon. Un cigare, c'est tout ce qui lui manque. Vraiment, il ne s'imaginait pas l'enfer de cette façon-là !

Nadia finit de s'essuyer dans la petite cabine de douche du bout du couloir. Elle n'apprécie nullement ses colocataires. Pas pour ce qu'ils sont, elle s'en moque, mais parce qu'ils sont là. Elle aime la solitude et leur présence à proximité la dérange, même s'ils restent discrets, ce qui, à son opinion, reste peu probable.

Comme pour confirmer ses pensées, un bruit de lutte retentit dans le couloir derrière la porte. Cris hystériques d'homme et de femme, corps frappant les cloisons de métal, claquements de porte. Nadia décide ne pas s'en mêler et continue sa toilette.

Sa bonne résolution s'effondre brutalement alors que la porte du cabinet des douches pivote violemment sur ses gonds, enfoncée par le corps pesant d'un homme qui s'étale devant elle sur le sol. Il est nu, le visage couvert de sang.

Elle ne le connaît pas, à l'inverse de son agresseur. La femme en noir se tient droite dans l'encadrement de la porte, une plaque de tôle tranchante à la main. Ses yeux noirs injectés de sang fixent avec sévérité le corps nu de Nadia.

– Ecarte-toi ma sœur, ordonne-t-elle dans un mauvais anglais, je vais finir de punir ce chien comme il se doit !

Nadia n'a d'ordre à recevoir de personne. De plus, elle n'a pas de sœur.

– Fous le camp, vieille salope, crache-t-elle en s'avançant vers la femme voilée.

Les deux femmes sont maintenant face à face, l'une tout de noir vêtu, l'autre complètement nue. Leurs regards se croisent, noir profond et orange ardent. L'homme se recroqueville vers le fond de la douche ; l'atmosphère est dense et humide.

A son image

– Traîtresse, tu protèges ce porc, tu renies la foi du prophète.
Les mots sont accusateurs, sans rédemption.
– Dégage ! lance Nadia autoritaire. J'en ai rien à foutre de ton prophète !
– Alors, tu es comme eux, meurs donc !
Kamar se rue sur la fille aux cheveux bleus. Elle commet une erreur. Elle ne sait pas encore.
Nadia esquive souplement dans l'étroit corridor, entre le lavabo et le placard en tôle. Dans le même geste, sa main vient s'abattre sur la nuque de son assaillante déséquilibrée. La femme en noir s'effondre, inanimée, à plat ventre au pied du lavabo.
– Connasse ! lâche-t-elle en récupérant sa combinaison sur le portemanteau.
Elle l'enfile en regardant distraitement l'homme nu sortir de la cabine de douche. Malgré le sang sur son visage et la terreur qui déforme son expression, Nadia distingue les traits d'un Asiatique d'une cinquantaine d'années.
– Merci... Merci, balbutie ce dernier à son attention. Vous m'avez sauvé la vie...
– C'est pas ta vie que j'ai sauvé, connard. Ce sont tes bijoux de famille !
Sans un regard pour l'homme, Nadia quitte la pièce de sa démarche élastique. Dans le couloir, elle stoppe devant la porte grande ouverte qu'elle présume être celle de l'homme ensanglanté dans la salle de bain. Tu deviens curieuse, ma fille, songe-t-elle en décryptant, non sans difficultés, la plaque d'acier gravée :

Jon Lee Woo
Sexe : Masculin.
Age : 53 ans.
Taille : 1,69 m.
Signes particuliers : Aucun.
Profession : Homme d'affaires.
Remarques : Héritier de l'empire industriel de son père à l'âge de 26 ans, il fait assassiner sa mère et ses deux frères pour garder les rênes du pouvoir. Sa haine envers le Japon en fait le principal instigateur de la guerre de 2007 entre la Chine et le Japon, guerre où, pour la seconde fois de l'Histoire, la force nucléaire est utilisée. Le bombardement des principales villes de l'archipel fit plus de 25 millions de morts et raya le

Japon de la carte politique du monde. Il est actuellement l'éminence grise de la dictature technocratique chinoise.

Rencontre

Le soleil, maintenant au zénith, présente indubitablement une teinte rouge inhabituelle. C'est, du moins, l'opinion de Nadia. La brise du matin est tombée et la chaleur est maintenant étouffante. Nadia a adopté une tenue plus estivale. Sa combinaison découpée aux ciseaux lui donne un genre « hippy californien » qu'elle n'apprécie nullement, mais, au moins, elle se sent à son aise.

Adossée à l'ombre de la superstructure d'acier du petit hangar opposé au bâtiment principal, elle regarde la mer en rêvant. La surface d'un bleu profond, parfaitement lisse, l'invite à la rejoindre, mais elle n'a pas envie de se lever pour le moment.

Une rapide exploration de la plate-forme lui a révélé la présence d'une petite embarcation à moteur. Pour quoi faire ? Pour aller où ? Nadia se le demande. Le hangar abrite, entre autres choses, une dizaine de scaphandres autonomes ainsi que du petit matériel de pêche. Demain, si elle est encore là, elle partira pour une immersion. Evoluer sous la surface des eaux est un des rares plaisirs que Nadia ne refuse pas.

Face à l'étendue infinie de l'océan, elle se laisse emporter vers le pays des songes. Ses yeux orange se ferment, ses nerfs d'acier se relâchent et ses muscles se détendent. De tels moments sont rares dans la vie de Nadia.

Cortes, un bloc-notes à la main, finit l'inventaire des congélateurs. Si ses évaluations sont correctes, sans se restreindre, ils peuvent survivre tous les cinq durant au moins un mois. La plate-forme dispose d'un groupe électrogène et d'une réserve de fuel pour plusieurs mois. Pour l'instant, il n'y a aucune raison de s'inquiéter, se rassure-t-il, aucun danger en vue, excepté ses compagnons d'exil.

Marsot semble nerveux. Depuis une heure, il tourne en rond comme un rat en cage dans le réfectoire. Depuis l'altercation de ce matin, Nassera Kamar n'a pas réapparu. Elle se terre dans sa cabine, au grand soulagement de Lee Woo. Le Chinois a passé la plus grande partie de la matinée à interroger chaque personne individuellement – à l'exception de Kamar – pour trouver le responsable de cette situation ridicule. En vain ; nul ne lui a fourni plus de détails sur leur situation. Il est manifestement colérique mais son éducation le force à rester courtois.

A son image

– Colonel Cortes, puis-je vous demander où vous étiez avant de vous réveiller ici ?
– Quelle importance !
Le militaire hausse les épaules de découragement.
– Une chose est sûre, il n'y a aucun moyen de quitter cet endroit. J'aimerais quand même bien savoir où nous sommes.
– La couleur du soleil... Avez-vous fait attention à la couleur du soleil ? Je ne connais nulle part au monde où il ait une telle teinte.
– Vous êtes observateur, M. Woo ! Avez-vous remarqué qu'il n'y a nulle part de pendule ou de montre ? Pas de radio ni de télévision non plus...
Marsot, planté au milieu de la pièce, regarde alternativement les deux interlocuteurs avec agacement. Il ne comprend qu'un mot sur cinq en moyenne et cette situation fait naître en lui un sentiment de frustration intolérable.
Qu'est-ce qu'ils peuvent bien raconter ? se demande-t-il en son for intérieur. Cortes a fait l'inventaire des stocks de nourriture... Y en a-t-il assez pour nous tous... Que va-t-il se passer s'il n'y en a pas assez ?
Après avoir jeté un regard inquiet aux deux hommes, il quitte rapidement le réfectoire en direction du salon vidéo. La télévision lui manque, alors il choisit une cassette dans la vidéothèque et l'insère dans le magnétoscope. C'est un film avec Louis de Funès. L'action se situe dans une voiture, suspendue à un arbre sur le flanc d'une falaise. Marsot rit aux éclats.

Elle ne sait pas dans quelle direction se trouve La Mecque et n'a pas de tapis pour la prière. Allah est grand et telle est sa volonté, se convainc-t-elle en choisissant de s'agenouiller dans le seul sens possible, vu l'étroitesse de la cabine. Son cou lui fait encore mal mais elle a déjà accordé son pardon à la fille aux cheveux bleus. Elle a besoin d'elle pour mener à bien la tâche que le Tout Puissant lui a assigné.
Elle a lu les inscriptions sur les portes et la révélation lui est apparue. En ce lieu se trouvent trois mâles parmi les plus corrompus du genre, et elle doit les châtier. Pas de rédemption possible pour ces infidèles. Pas de répit pour elle tant que ces trois-là n'auront pas payé pour leur conduite sacrilège.
Chacun d'eux, de par ses actes et ses paroles, a transgressé les préceptes du Coran. En asservissant les femmes à des travaux subalternes, en leur refusant toute participation à la vie sociale et politique et en favorisant les mauvais traitements envers elles, ils ont commis blasphèmes et crimes aux

yeux du Tout Puissant. *Qui a péché par le glaive périra par le glaive* ! , songe-t-elle.

Elle doit cependant réfléchir. La précipitation, l'impatience, sont des erreurs et des marques de faiblesse aux yeux d'Allah. Elle a eu de la chance ce matin, mais elle doit se montrer plus prudente. Elle doit réfléchir et ne pas se laisser emporter par ses émotions, même si cela doit retarder quelque peu la vengeance divine.

Alors Nassera Kamar prie, attentant qu'Allah tout puissant lui apporte l'illumination pour accomplir sa mission sacrée.

Le soleil est déjà bas sur l'horizon quand Nadia ouvre les yeux. Elle a dormi et rêvé toute la journée. La surface de l'océan est parcourue de fines rides parallèles qui scintillent de reflets vermeils. La brise fraîche de la fin d'après-midi l'incite à rentrer. Elle n'a cependant aucune envie de retrouver ses compagnons d'exil. Le seul fait d'y penser la dégoûte.

Elle se lève et s'étire face au disque pourpre de l'astre solaire maintenant couché sur l'horizon. Nadia se sent lasse, elle a besoin d'action et de nourriture. Le syndrome du « magasin de porcelaine », comme elle aime à le nommer, s'insinue doucement dans son esprit, dans ses nerfs, dans son corps tout entier. Juste une envie irrésistible de tout casser. De coller une grande claque dans la gueule de ce monde de merde ! D'exploser à coups de batte de base-ball des kilomètres de rayonnage de porcelaines hors de prix !

Les deux hommes assis dans le réfectoire ont les yeux rivés sur elle quand elle descend l'escalier. Nadia les méprise, elle les hait. Ils sont l'incarnation de cette société en plein déclin dans laquelle elle vit. Cet univers misérable, peuplé d'individus corrompus, où le compromis et le renoncement sont le lot quotidien. Ce monde désagrégé, qu'elle s'évertue à détruire jour après jour, pour qu'il n'en reste rien. Pour en finir avec cet animal abject qu'est l'être humain.

L'Asiatique lève les yeux de son écran et balbutie quelques mots à son intention. Des remerciements... Nadia n'en a que faire, il n'est rien pour elle. Juste de la vermine dont il faudra s'occuper tôt ou tard Cortes la regarde passer du coin de l'œil. Il a peur, se sent pris au piège d'une situation qui lui échappe totalement. Elle le trouve répugnant. Elle ne leur accorde même pas un regard et descend vers le gymnase. Elle ne croise pas le ridicule Français rondouillard et c'est tant mieux... pour lui. La salle de musculation est petite mais l'équipement lui convient. A défaut de pouvoir écraser son poing sur la face nauséabonde de l'univers

A son image 53

elle se venge sur le punching-ball. C'est bon... Ça défoule... Elle en oublie le magasin de porcelaine, la vermine, les rats et les humains.

Lee Woo reste tard dans le réfectoire. Il est seul, les autres ont regagné leurs cabines. Il ne contrôle pas la situation, ne la comprend même pas. Cela le dérange. Ces gens autour de lui sont des malades mentaux, il en est convaincu. Comment s'en protéger, comment les dominer ou les éliminer ? Ces questions tourbillonnent inlassablement dans sa tête sans qu'aucune réponse satisfaisante ne se présente. Il peut avoir besoin d'eux – après tout il ne sait toujours pas où il est – et préférerait les garder sous son contrôle, mais ils sont dangereux et il n'a guère de moyens de pression.

Las de ses interrogations, Jon Lee Woo quitte le réfectoire pour s'aérer l'esprit. Dehors, le ciel est noir, criblé d'étoiles scintillantes. La température est fraîche mais la combinaison qu'il porte fournit une protection suffisante. Appuyé à la rambarde d'acier, il tourne son regard vers le ciel. Pour se divertir l'esprit et oublier un instant ses préoccupations, il décide de s'amuser à chercher les constellations. Son père lui a appris quand il n'avait que huit ans et, depuis, regarder les étoiles, les compter et les nommer est devenu une véritable passion.

Il n'en reconnaît aucune ! La carte du ciel qu'il a devant les yeux lui semble parfaitement étrangère. Il sait que la voûte étoilée diffère suivant le lieu où l'on se trouve. Il sait que dans certains pays telle constellation ne sera visible qu'à une date précise de l'année. Lee Woo a beaucoup voyagé. Il connaît les cieux visibles d'à peu près n'importe quel pays de la terre. Ce qu'il a sous les yeux n'évoque en lui aucun écho. Ce panorama stellaire lui est totalement étranger. Jon Lee Woo arrête de respirer un instant, le temps que la conclusion irréfutable submerge ses pensées. *Ceci n'est pas la Terre !*, songe-t-il, essayant de distinguer dans la nuit l'océan environnant.

Obligée de maintenir perpétuellement l'équilibre précaire nécessaire à assurer la cohérence de son être, elle en vint à s'interroger sur la nature des éléments constitutifs de l'univers. Comment matière et énergie cohabitent et transmutent de l'un à l'autre ? Combien instables et complexes sont les formes crées par leurs agencements ? Pourquoi le mouvement impose sa présence en tout lieu ? Son état d'individu lui permettait à présent de percevoir distinctement son entourage. Les gigantesques sphères de matière agglomérée orbitant sans cesse autour des soleils se révélèrent d'une richesse incomparable. Leurs structures internes montraient des changements constants nécessaires pour résorber les déséquilibres induits par des altérations elles-mêmes engendrées pour pallier à une instabilité chronique. Elle découvrit que l'univers qui, jadis, se montrait à elle figé et immuable, créait des formes dont la cohérence fragile n'était acquise qu'au prix d'un mouvement perpétuel. Elle descendit à la surface de ces mondes instables et ce qu'elle aperçut engendra une nouvelle mutation de son individu. Au fond des océans, de nouveaux équilibres tentaient de s'instaurer, capables de se maintenir sur de courtes périodes et de se reproduire pour envahir le plus d'espace possible. Elle découvrit la vie.

La pile d'acier cylindrique est couverte de petits coquillages bleu sombre. Nadia se laisse glisser au milieu des eaux, gonflant par intermittence son gilet pour ralentir sa descente. La visibilité est bonne et elle peut apercevoir l'ensemble de la structure immergée de la plate-forme. Les poutrelles et colonnes d'acier s'entrelacent jusqu'à environ cent pieds de fond, pour s'ancrer dans un agrégat minéral recouvert d'algues brunes.

Ce matin, elle a pris son petit déjeuner avec les autres et Lee Woo leur a révélé sa découverte de la veille au soir. Sur le coup, ça ne lui a pas fait grand effet. Maintenant qu'elle y repense, seule au milieu de l'océan, tout est différent. Une sorte d'émerveillement puéril l'envahit. Une autre planète, un autre monde. Adieu la Terre et ses amas d'ordures.

Elle flotte maintenant dans les eaux limpides d'un océan inconnu. La terrible gravité n'a plus de prise sur elle. Nadia se sent libre. Libre et vivante ! Immobile, parfaitement stabilisée à deux mètres au-dessus du fond, elle savoure cette sensation nouvelle, un instant de bonheur intense dans une vie de cauchemar.

Quand elle n'était qu'une gamine, elle rêvait de devenir cosmonaute. Malheureusement ses parents n'auraient jamais pu lui payer les études et, de toute façon, elle avait arrêté l'école à l'âge de treize ans, préférant vivre dans la rue de petits larcins plutôt que de poursuivre une éducation en complet décalage avec la réalité du monde. De son monde, sordide et misérable, des banlieues sans avenir de la ville de New York. Sous la pression des guerres, de la crise économique et des catastrophes écologiques, la NASA abandonna son programme spatial dix ans plus tard, jugé trop onéreux. Elle n'aurait de toute façon jamais connu l'espace.

« Le syndrome du cosmonaute », c'est ainsi que les plongeurs nomment cette sensation. Le pur plaisir de laisser derrière soi la gravité, de flotter sans effort au-dessus du fond, de pouvoir faire des bonds démesurés,

A son image

escalader des tombants à pics sans risquer de chuter, de léviter immobile dans un univers bleu intense, sans aucun point de repère. Nadia y a goûté et elle ne peut plus s'en passer.

Le substrat rocheux sur lequel repose la plate-forme est le sommet d'un pic. Ses parois verticales s'enfoncent à perte de vue dans les profondeurs abyssales. De nombreuses espèces de poissons vivent sur ce rocher. Nadia n'en reconnaît aucune mais elle n'est pas experte en la matière. Elle se laisse descendre encore de quelques mètres, rien que pour le plaisir de sentir l'azote en surtension lui exciter les neurones. C'est risqué... Elle aime ça ! Les scaphandriers appellent cela « narcose » ou « ivresse des profondeurs ». Elle n'est pas très calée en matière de physiologie hyperbare, mais elle sait que le phénomène résulte de la dissolution d'azote en trop grande quantité dans les fibres nerveuses du cerveau. Elle savoure quelques instants l'effet hallucinogène de l'azote sous pression avant de gonfler son gilet pour remonter lentement. L'ivresse passe aussi rapidement qu'elle s'était manifestée. Immobile au milieu d'un banc de poissons argentés, Nadia observe leur danse parfaitement coordonnée. Une chorégraphie en trois dimensions, un ballet surnaturel. Derrière le rideau argenté ondule une forme colorée.

Nadia écarte les poissons qui gênent sa vision. Une créature multicolore ondule entre deux eaux à moins de trente pieds d'elle. Sa robe aux couleurs irridescentes, presque lumineuses, contraste fortement avec la teinte verte-bleutée-grisâtre du milieu environnant. Nadia ne peut détacher son regard de l'animal, hypnotisée par le mouvement gracieux de ce corps souple, bordé de nageoires de dentelles translucides. Elle n'a jamais rien vu de plus beau.

La créature, maintenant à trois mètres, exhibe fièrement sa robe où se mêlent toutes les couleurs que Nadia est capable d'imaginer – et même d'autres encore – dans un entrelacs de formes indéfinissables. *Comment une telle merveille peut-elle exister ?* , se demande la fille, incapable de détourner son regard du phénomène. Dans ses formes, dans ses couleurs et dans ses mouvements, Nadia peut entrevoir un univers de beauté et d'harmonie, incompréhensible, inimaginable mais tellement réel.

Elle ne distingue plus maintenant la créature comme un être isolé, mais plonge au milieu d'un tourbillon de merveilles abstraites et insolites, s'abandonnant totalement à l'extase sensuelle qui l'envahit. Elle ne sait plus où est le rêve, où est la réalité, et où commence la folie. A travers cette fantasmagorie de couleurs enchanteresses surgissent, déformées, les images de son passé.

Elle est un fœtus baignant dans un univers de douce chaleur. L'univers n'est qu'harmonie. Elle pleure, elle a douze ans, c'est son premier chagrin d'amour. Elle croyait l'avoir oublié. Comme il est bon de se le remémorer. Elle marche sur une large avenue de sa banlieue natale bordée de barres d'habitation. Les mots qui sortent de la bouche de son père sont graves et chauds comme le miel. Il parle du passé et du futur, le présent n'est rien. La vie est pleine d'espoirs. Elle se tient debout, bien droite, les deux bras tendus devant elle. Le visage en face d'elle est livide, les yeux révulsés de terreur. Elle a quinze ans et ses mains se crispent sur la crosse d'acier glaciale d'un automatique. Il sait qu'il va mourir et l'histoire absurde de sa vie traverse son esprit paniqué. Il est jeune, il n'a que dix-sept ans et son crâne explose dans une projection de pulpe vermeille. Nadia peut sentir les lambeaux sur son visage. Elle hurle de terreur.

Elle a lâché son détendeur et de l'eau salée envahit sa bouche et ses poumons. Son cri désespéré reste silencieux dans les sombres profondeurs marines. Tout son être est submergé par une vague d'horreur pure comme si toutes ses angoisses refoulées déferlaient sauvagement à travers les moindres parcelles de son corps. Elle coule à pic dans un abîme de terreurs ancestrales. Elle coule à pic vers les sombres abîmes glacés de l'élément primitif. Elle ne veut pas mourir... Malgré l'horreur, elle veut vivre.

Nadia est une parfaite machinerie capable de réagir en toute situation. Elle essaie de s'en persuader. Sa main droite se referme désespérément sur le bouton de l'inflateur de son gilet. L'air jaillit, remplissant le volume de sa bouée. Il lui faut une éternité pour arrêter sa chute vertigineuse et encore une autre pour commencer à remonter. Progressivement les miasmes nauséabonds abandonnent du terrain alors qu'elle se rapproche de la surface, de la lumière et de la vie.

Quand elle recommence à pouvoir réfléchir, elle ralentit sa vitesse de remontée pour s'immobiliser à trois mètres de fond sous la surface. Il faut respecter un palier si elle ne veut pas subir une décompression fatale. Elle reste suspendue au milieu des eaux durant dix minutes qui lui semblent des heures. Son corps est pris de tremblements nerveux. Elle doit vider son masque toutes les deux minutes. Il se remplit à grande vitesse de son propre liquide lacrymal. Nadia n'a pas pleuré depuis quinze ans.

Après avoir ôté son scaphandre et s'être rhabillée, Nadia regagne lentement le bâtiment d'habitation. Elle est encore bouleversée par ce qui vient de se produire. Le soleil lui brûle la peau et elle sent son énergie bénéfique s'insinuer dans son corps encore tendu.

A son image

Cortes et le Français sont sur la terrasse. Ils semblent plongés dans un état de morosité profonde. Quand l'ex-dictateur l'aperçoit, il entreprend de la rejoindre. Il a l'air nerveux et pressé. Comme toujours, il a peur.

– Cette folle furieuse de Kamar s'est enfermée à l'intérieur.

Cortes semble vraiment perturbé. Ça ne lui ressemble guère.

– Elle tient Woo en otage. Elle va le tailler en pièce !

– Et alors ! réplique Nadia profondément lasse. De toute façon c'est un putain de salopard. Il peut crever, c'est pas moi qui le pleurerai.

Cortes avale sa salive. Il est blême, il sait que son tour viendra.

– OK, Nadia, Qu'est-ce que tu veux ? Qu'est-ce que tu veux pour tuer cette folle de Dieu ?

Nadia le fixe dans les yeux mais elle ne voit qu'un misérable cloporte dégoulinant de sueur et de peur.

– Rien, Cortes, je ne veux rien. Tu ne peux rien m'offrir, tu n'as plus rien à m'apporter qui puisse m'intéresser. Tu es fini, Cortes, et peut-être mort demain.

Nadia éclate d'un rire hystérique, laissant le grand homme maigre stupidement planté au milieu de la passerelle. En passant à côté de Marsot assis par terre, replié sur lui-même, elle lâche :

– Et toi, pourquoi ne vas-tu pas l'aider ? Peut-être préfères-tu attendre qu'elle fasse le sale boulot à ta place pour nous le servir rôti ce soir ?

Elle se retourne vers les deux hommes et crie :

– Vous êtes des lâches, des morpions, des cloportes ! Vous ne méritez pas le nom d'homme. Vous n'êtes que de la merde, juste bon à alimenter le tas de fumier sur lequel vous vivez ! Vous pouvez crevez en pleurant votre mère. Je m'en fous ! Je m'en fous...

Nadia se retourne pour échapper à une sensation d'oppression étrange qui se referme sur sa gorge. Elle titube vers l'extrémité de la terrasse et s'accroche à la rambarde. Ses mains tremblent et elle a du mal à tenir sur ses jambes. *Qu'est-ce qui m'arrive ?* se demande-t-elle alors qu'une goutte de liquide salé coule lentement sur sa joue droite.

Elle inspire plusieurs fois profondément. Son cœur se calme et ses jambes se raffermissent sous elle. La mer est d'une tranquillité insolente. Sa surface est un miroir paradoxal, lui renvoyant une image en négatif de sa tension intérieure. Ça lui fait du bien... Nadia se calme et essuie ses larmes.

De l'intérieur de l'habitacle proviennent des cris étouffés par les parois de métal. Nadia reconnaît la voix du Chinois. Il appelle au secours. Ses hurlements résonnent à travers la structure métallique de la plate-forme, inintelligibles mais chargés d'une terreur inhumaine. *Ça ne doit pas me toucher*, se dit Nadia. *C'est un salopard qui n'a que ce qu'il mérite !*

Elle ose un regard par un petit hublot donnant dans le réfectoire. Lee Woo marche en arrière, maintenant une chaise devant lui pour le protéger. Il a le visage en sang. De dos, elle peut apercevoir la femme en noir. Elle tient un couteau, long et effilé, et profère des menaces en arabe. Elle avance rapidement sur sa victime, les corps s'entrechoquent et les deux adversaires disparaissent du champ de vision du hublot.

Merde, il va se faire étriper ! songe-t-elle. Elle est la seule à pouvoir intervenir. Elle est la seule à pouvoir arrêter cette boucherie imbécile et inutile. En fait, elle est la seule à ne pas supporter de voir crever ce type.

– Mais qu'est-ce qu'il m'arrive ? s'exclame-t-elle à haute voix.

Elle regarde les deux hommes. Ils ressemblent à des gamins qui viennent de faire une bêtise et attendent que les choses redeviennent normales. Nadia ne peut rien espérer de leur part. Alors, elle enjambe la rambarde pour se lancer dans l'escalade de la paroi verticale de la structure de l'habitat. Elle sait que six mètres plus bas se trouve le hublot de sa cabine. Elle se rappelle l'avoir laissé ouvert ce matin en partant.

Elle rampe avec l'agilité d'un lézard le long du mur de l'habitacle et s'introduit dans sa cabine par l'ouverture ovale. Les cris désespérés de l'homme d'affaires chinois résonnent dans le couloir. Il ne lui faut que deux secondes pour atteindre le réfectoire. Tapie en haut de l'escalier, elle observe un instant la situation.

Jon Lee Woo est ligoté les mains derrière le dos à un pilier d'acier. Il est nu et son visage ensanglanté est déformé par un rictus de terreur pure. Il pleure et supplie sa tortionnaire. Nadia a pitié de lui et elle s'en étonne. Ce sentiment lui était étranger... jusqu'à présent. Nassera Kamar lui tourne le dos. Elle brandit un couteau de boucher effilé en proférant des sentences en arabe. Le corps de l'homme présente déjà quelques entailles mais ses organes semblent intacts.

Nadia pourrait facilement surprendre par derrière la femme en noir. Il n'est pourtant pas très chevaleresque de frapper ses adversaires par derrière. Mais la fille aux cheveux bleus n'a jamais eu de telles prétentions. Alors elle se déplace en silence, pas après pas, vers le dos de son adversaire.

Lee Woo, qui lui fait face, la voit et écarquille les yeux. *Imbécile !* se dit-elle, accélérant le mouvement. Kamar sent sa présence et se retourne promptement pour esquiver l'attaque en ramenant la pointe d'acier de son

A son image 59

arme au niveau de l'abdomen de Nadia. Les deux femmes se dévisagent un instant. Elles sont toutes deux parfaitement aguerries, mais Nadia est plus jeune, plus grande et plus rapide.

Jon Lee Woo observe la scène à travers un voile de larmes et de sang. Il se débat pour essayer de se libérer. Les deux adversaires semblent voler à travers le réfectoire dans un enchaînement de mouvements aussi mortels qu'acrobatiques. Cela pourrait avoir une certaine beauté mais Lee Woo n'est pas dans une disposition d'esprit propre à apprécier une telle chose.

Nadia est en colère. Elle vient de se faire entailler le bras gauche sur plusieurs centimètres. Alors elle frappe dans un enchaînement cadencé, parfaitement maîtrisé : pieds, poings, coudes, genoux, tête, tous les segments de son corps virevoltent dans les airs pour atteindre différents points de l'anatomie de son adversaire, dont le corps tressaute comme une poupée désarticulée avant de s'effondrer sur la table du réfectoire. Nadia écume de rage. Ses traits tirés font ressortir ses fossettes et le faisceau de fines rides au coin de chacun de ses yeux. Elle ramasse le couteau abandonné par la fille d'Allah et le plaque sur la gorge de cette dernière. Quelque chose en elle lui dit de le faire. Elle fixe son regard enflammé sur les sombres yeux de la femme. Aucune trace de peur ne transparaît. Elle sait qu'elle va mourir. Elle est prête, elle attend.

– Merde ! s'exclame Nadia en relâchant sa prise. Va crever ailleurs !

Elle tremble. Elle allait lui trancher la gorge. Elle n'a pas pu. Quelque chose d'ancestral s'est glissée en elle, pour retenir sa main. Elle ne comprend pas mais elle sait qu'elle a bien fait.

Elle observa ces subtils échafaudages d'énergies élémentaires. Agencements continuels de formes de plus en plus complexes. Son mimétisme naturel l'amena à singer ces structures vivantes pour accéder à un nouvel état de conscience. Elle connut les terreurs primitives et les combats incessants de ces organismes en perpétuelle mutation, redoublant d'énergie et d'imagination pour assurer leur survie, en tant qu'individus aussi bien qu'en tant qu'espèce. Elle ne put s'empêcher d'être séduite par la beauté de l'imagination déployée par la nature pour se perpétuer et survivre. Jusqu'alors, jamais elle ne s'était imaginé être différente de son environnement. Elle percevait maintenant les nuances qui la distinguaient du monde physique de la matière-énergie ainsi que de l'univers du vivant. Elle n'appartenait ni à l'un ni à l'autre mais semblait capable de sensibilité à l'encontre des deux.

Cette constatation ne fit qu'accroître sa solitude. Etait-elle une créature unique ? Faisait-elle partie de la matière, de l'esprit, du vivant, ou bien d'autre chose d'encore indéfinissable ? Ces questions l'occupèrent encore quelques milliers d'années pendant lesquelles elles traversa l'espace à la recherche de la vie sous toutes ses formes. Occasionnellement, elle tentait d'entrer en contact avec l'une ou l'autre des espèces rencontrées mais elle s'aperçut rapidement que son absence de forme physique créait une barrière infranchissable pour les créatures qu'elle essayait d'approcher. Les plus primitives ne semblaient pas vraiment gênées par sa présence, excepté lorsque des incompatibilités biologiques se manifestaient, mais elle n'en retirait que des sensations simples dont elle se lassa rapidement. Les organismes plus complexes, possédant un état de conscience élevé, semblaient le plus souvent désemparés face à elle et elle s'interrogea sur cette émotion si commune, la peur.

Pour continuer sa quête, elle entreprit de se donner un corps. Un corps universellement beau, inspirant l'harmonie et réveillant l'amour caché au plus profond des créatures auprès desquelles elle se manifestait. Chacune la voyait sous une forme différente suivant l'espèce à laquelle elle appartenait. Naturellement, elle pouvait agir sur la matière-énergie et entreprit d'offrir des présents aux différents peuples qu'elle rencontrait. Sa présence générait toutes sortes d'émotions et de réactions chez ces êtres doués de conscience : peur, vénération, indifférence, amour, cupidité, jalousie, respect et d'autres encore qu'elle engrangeait afin d'altérer son niveau de conscience pour ce rapprocher du vivant. Car tel était le choix qu'elle avait fait. Elle était maintenant convaincue d'appartenir au monde du vivant et se devait d'accomplir la métamorphose nécessaire pour l'amener à devenir véritablement partie du vivant.

– Vous ne comprenez donc rien !

Nadia arpente le réfectoire de long en large. Elle est en colère. Les trois hommes la regardent avec étonnement. Cortes sourit. Ça l'énerve.

– D'accord. Un mystérieux inconnu nous transporte d'une façon tout aussi mystérieuse sur un monde encore plus mystérieux. Nous, cinq hommes et femmes parmi les plus meurtriers de l'humanité. Que pouvons-nous en conclure ? Que la main de Dieu nous a pris pour nous punir ? Que...

– Merde, Cortes, arrêtez de dire des conneries ! J'en sais rien, mais une chose est claire, soit on continue à s'entre-tuer et à ce jeu-là, vous le savez, je suis la meilleure, soit on essaie de survivre ensemble et de comprendre.

A son image

Nadia est excédée. Ces trois-là ne veulent rien savoir.
– Mademoiselle – Lee Woo s'exprime avec calme et réserve, peut-être semble-t-il un peu gêné –, vous m'avez sauvé la vie à deux reprises. Je ne comprends pas bien ce que vous voulez ni ce que vous attendez de nous, mais si je peux faire quelque chose, je suis votre serviteur.
– M. Woo, savez-vous vous servir d'un scaphandre sous-marin ?
Le Chinois paraît surpris, pris au dépourvu. Il balbutie :
– Je ne l'ai jamais fait... Je ne vois pas le rapport...
– Je veux vous montrer quelque chose. Quelque chose... d'incroyable !
– J'ai promis. Si c'est ce que vous souhaitez alors, je m'incline.
– Bien, M. Woo. Vous verrez, ça vaut le coup !

Dans le petit hangar, Nadia aide l'homme d'affaires à s'équiper. Combinaison, palmes, masque, détendeur, bouteille, gilet gonflable, consignes de sécurité et prévention des barotraumatismes, elle lui a tout expliqué pendant deux bonnes heures. Il n'est pas très à son aise mais fait un effort pour ne pas le montrer. Nadia lui en est reconnaissante. Elle sait qu'elle devra l'assumer pendant toute la plongée. Elle espère ne pas disjoncter cette fois-ci.

Elle saute à l'eau la première pour réceptionner le quinquagénaire. Il panique un peu au début, mais quelques paroles autoritaires ont vite fait de le ramener à la raison. Alors, il se laisse couler lentement sous la surface parfaitement calme de l'océan.

Nadia regarde Lee Woo gesticuler pour tenter de rétablir son équilibre. En vain. Ce n'est pas comme ça qu'il y arrivera. Après quelques insufflations d'air dans leurs gilets respectifs, Nadia entreprend de stabiliser l'homme à l'horizontale. Il accepte la position, se laisse faire et se détend. Les deux plongeurs se laissent doucement glisser le long des piliers aux reflets bleutés.

Nadia jette régulièrement un œil sur son acolyte. A travers le hublot de son masque, elle entrevoit les yeux écarquillés de l'homme. Il semble fasciné par le paysage sous-marin qu'il découvre. Un banc de petits poissons rose rouge les entoure. Lee Woo tend la main pour en toucher un, mais celui-ci file prestement droit devant lui. Ses yeux rient alors qu'il tourne sur lui-même, les bras écartés comme pour embrasser l'océan tout entier. Il est pataud et maladroit mais les poissons ne semblent pas s'en offusquer, au contraire. Ils viennent tourner autour du plongeur, l'observant de leurs grands yeux noirs.

Nadia le regarde un instant s'amuser avec les poissons avant de lui intimer l'ordre de descendre. Arrivés à la base des piliers de la plate-forme, ils s'agenouillent sur le fond rocheux, au milieu des grandes algues brunes. Plusieurs petits crabes hirsutes détalent rapidement pour se réfugier dans les nombreux interstices que présente le substrat rocheux. Lee Woo les montre du doigt comme un gosse. Nadia sourit derrière son masque. Quelque part au-dessus de leurs têtes, une longue forme, étincelante de couleurs, ondule en pleine eau.

Nadia la sent avant de la voir. Elle n'ose pas tourner son regard vers elle. Sur la glace de son masque se reflète un arc-en-ciel de couleurs féeriques. Alors elle s'installe, bien calé sur le fond, et saisit son compagnon par la sangle de son gilet. Elle lui fait signe de tourner son regard vers le haut. Elle-même ne peut résister à l'attraction irrationnelle qui la pousse à lui faire face.

Elle est encore plus belle que dans ses souvenirs. Sa robe multicolore envahit tout son horizon visuel, la plongeant dans une béatitude émerveillée. Mais à l'inverse de sa première rencontre, elle garde une conscience de son environnement et de son corps. Elle s'autorise un regard vers Lee Woo. Il est assis sur le fond, le visage tourné vers la créature surréelle, les yeux grand ouverts. Elle vérifie rapidement son équipement avant de s'abandonner à la contemplation.

Les images de son passé ne surgissent plus comme avant. Elle se sent bien. Elle ne s'est jamais sentie aussi bien. Elle ferme les yeux et écoute son cœur battre. Chacun de ses muscles, de ses nerfs, de ses tendons, lui est perceptible. Chacun répond, dans une harmonie parfaite, à l'ensemble de son métabolisme. Elle voit son corps et le trouve beau. Elle le sent et elle l'aime.

Quelque part au fond d'elle-même, un bulbe d'humeur toxique éclate, répandant sa pestilence à travers ses artères. Elle a confiance et ne crie pas. Elle laisse son corps faire son travail : éliminer ces substances abjectes qui l'empoisonnent. Elle est un être humain, elle est forte, elle doit se purifier. La pulpe toxique s'évacue par tous les pores de sa peau, pour se répandre dans l'eau salée du fond de l'océan.

Elle est une petite fille se mirant dans la glace. Elle se trouve belle et admire ses formes. Dehors, par la fenêtre, elle entrevoit le monde. Il lui semble beau, plein de promesses, de couleurs merveilleuses et d'avenirs radieux.

Lentement elle remonte vers la surface, maintenant fermement son compagnon évanoui. Son cœur bat, il respire. Il a survécu ! Lui aussi, la créature l'a transformé. Elle ne sait pas comment ni pourquoi, mais elle a la certitude que c'est pour cela qu'ils sont ici.

Nadia sonde un instant autour d'elle les profondeurs abyssales en quête d'une réminiscence, mais elle ne trouve rien. Aussi mystérieusement qu'elle était apparue, la créature s'était évaporée dans un flamboiement de lumières multicolores, emportant avec elle les peurs et les haines que Nadia croyait ancrées à jamais au plus profond de son âme.

Pourtant elle est encore là. Elle la sent dans son corps, dans son esprit et dans son âme. Et ce lien la rassure, elle sait qu'elle n'est plus seule, qu'il reste de l'espoir, que vivre n'est pas vain.

CORRUPTION

Les images de corps nus s'interpénétrant font naître au plus profond de lui un désir intense qu'il ne connaît que trop bien. Ses glandes accélèrent leur processus de sécrétion alors que ses yeux écarquillés fixent le téléviseur sur lequel les scènes érotiques défilent inlassablement.

De chaque côté de son menton coule un filet de salive visqueuse. Marsot est seul dans le petit salon et son esprit bascule. Une folie ordinaire qu'il reconnaît sans peine. Une sensation de manque intolérable qu'il sait comment satisfaire.

Malgré l'irrépressible désir qui le pousse à combler ce vide, Marsot arrive à rester lucide. Il évalue la situation, jauge les possibles, choisit sa proie. La terrifiante fille aux cheveux bleus s'est absentée pour une plongée avec le Chinois, la folle d'Allah est enfermée dans sa cabine et Cortes lit de la poésie française dans le réfectoire. Il ne lui faut qu'un instant pour établir un plan.

Discrètement, Marsot quitte le salon pour descendre aux cabines. Il bave et son pénis en érection lui fait mal. Cortes est endormi dans un fauteuil, un livre posé sur ses genoux. Sans un bruit, il se glisse dans la cage d'escalier et traverse le petit corridor.

Devant la porte de Nassera Kamar, fermée de l'extérieur par une lourde barre de métal, Marsot s'immobilise. Son plan est risqué mais le manque qui le tiraille est plus fort que sa peur. Doucement, il gratte à la porte de la fille d'Allah. Elle vient du Maghreb, il espère qu'elle parle un peu de français.

— Je suis votre ami, susurre-t-il d'une voix sirupeuse. Je vais vous

délivrer. Je suis de votre côté...
Pas de réponse. Marsot trépigne d'impatience.
– Ces gens sont des monstres, ils sont abjects et immoraux. Je veux vous aider à les punir. Vous pouvez me faire confiance. Ensemble nous pouvons les maîtriser et les châtier. L'autre femme est sous l'eau avec le Chinois. Il n'y a que moi et Cortes en ce moment. Ce dernier est endormi dans le réfectoire... Ça sera facile...
L'absence de réponse fait hésiter Marsot.
– Promettez-moi de ne pas vous en prendre à ma personne et de me laisser tirer ma vengeance comme je le souhaite. En échange, je vous ouvre la porte...
Un grincement se fait entendre à l'intérieur. De grosses gouttes de sueur coulent sur les joues de Marsot, se mêlant aux filets de bave sur son menton.De l'intérieur de la cabine, la voix de Kamar cinglante comme un fouet rompt le silence.
– Ouvre la porte, mécréant, et peut-être seras-tu pardonné !
Marsot hésite un instant avant de poser ses mains tremblantes sur la barre d'acier qui verrouille la porte. Le vide au fond de son estomac lui hurle de le faire. D'un geste circulaire, il fait pivoter la barre de métal, libérant la porte.
Une seconde qui lui semble durer une éternité s'écoule avant que la porte ne s'ouvre. La femme en noir lui fait face. Le foulard sur son visage ne laisse apparaître que son regard, dur comme l'acier, pesant comme le plomb. Marsot recule d'un pas, libérant le passage. Il sent ses jambes se dérober et s'agenouille, le regard plongé dans la contemplation d'une irrégularité dans la structure de la moquette vert pâle.
Quand il relève la tête, la femme a disparu. Il est toujours en vie et plus avide que jamais d'assouvir ses pulsions.

Le militaire est bien là où Marsot lui a dit : profondément endormi dans un fauteuil du réfectoire. Kamar sourit intérieurement. Elle se glisse silencieusement dans la cuisine, décroche un couteau du râtelier et s'avance vers l'homme assoupi. D'un geste rapide et précis, elle saisit fermement la cheville de Cortes de sa main gauche, pendant que la droite, tenant le couteau, tranche profondément au-dessus du talon, sectionnant plusieurs tendons. L'homme hurle, tressaute sur son fauteuil, tente de se relever et chute au sol. Kamar le regarde un instant ramper et gémir. Un sourire sadique transparaît à travers son foulard.
D'un coup de pied vigoureux, elle l'envoie rouler sur le dos. L'instant

A son image

d'après elle est assise sur lui, ses genoux lui immobilisant les bras. Elle le regarde et ses yeux froids et cruels lui glacent le sang.

– Plus tard, chien pouilleux, ton temps viendra. Maintenant j'ai d'autres rats à noyer.

Kamar éclate d'un rire victorieux. Comme deux balanciers, ses poings viennent s'abattre de part et d'autre du crâne de l'homme, frappant simultanément au niveau des tempes. Elle traîne l'homme inconscient sur le tapi jusqu'à une poutrelle d'acier à laquelle elle l'attache solidement.

Le reste est facile : elle n'a qu'à remonter les échelles afin d'empêcher les deux plongeurs de regagner la plate-forme. Avec un sentiment de toute puissance, elle quitte le réfectoire pour sortir sur le pont.

Prudemment, Marsot gravit l'escalier et pénètre dans le réfectoire. Le sang qui s'écoule de la cheville de Cortes provoque chez lui un épanchement salivaire extrême. Il n'en peut plus, il faut qu'il comble ce vide immense au fond de ses tripes. Dans la cuisine, il retrouve le hachoir de boucher. D'un geste professionnel, il saisit l'avant-bras de l'homme inanimé pour le poser bien à plat sur le sol. Il sait parfaitement où se trouve chaque os, chaque ligament et où il faut trancher. La lourde lame d'acier émet un bruit mat en séparant la main de Cortes de son avant-bras.

Dommage qu'il n'y ait pas de feu de bois, songe Marsot. *C'est ainsi, simplement grillée, que cette partie est la meilleure.*

Nadia perce la surface, entraînant son compagnon inanimé. L'échelle devrait être là ! Ses pensées s'accélèrent, parcourant tous les possibles pouvant découler de leur situation présente.

Elle gonfle le gilet du Chinois et le laisse flotter sur place entre les piliers de la plate-forme. Palmant rapidement, Nadia fait le tour de la structure, cherchant désespérément un accès pour remonter sur le pont. Les poutrelles d'aciers sont lisses et glissantes et le plancher est à plus de quatre mètres. Nadia hurle de rage dans son détendeur. Elle s'est laissé emporter par son enthousiasme, elle n'a pas été assez prudente... Elle s'en veut !

Un large disque de fonte vient frapper la surface à quelques centimètres de sa tête. Alors qu'elle laisse le pesant outil de musculation s'enfoncer vers les profondeurs, Nadia entrevoit une silhouette sombre quitter le bord de la passerelle au-dessus d'elle. Quelques coups de palmes énergiques lui suffisent pour repasser à l'abri sous le plancher.

A travers les grilles ajourées qui forment le sol de la plate-forme, elle suit un moment les déplacements de la femme en noir. Kamar la cherche, elle veut sa mort. Elle aussi. L'enivrant parfum d'espoir qui, quelques heures plus tôt, la dominait, s'est maintenant totalement évaporé. Nadia réintègre son personnage : un tueur froid, déterminé, dénué de scrupule, capable d'affronter n'importe quelle situation sans un soupçon d'émotion.

Elle ne veut pas crever là, dans l'eau. Elle n'a pas le droit de se laisser abattre aussi facilement ! Elle se méprise autant qu'elle hait la fille d'Allah qui déambule au-dessus de sa tête. Elle s'est autorisée un instant de confiance en l'humanité, elle le regrette amèrement. Elle laisse sa haine l'envahir, la submerger, haine d'elle-même, de son adversaire et du monde tout entier.

Elle sent la créature, quelque part sous les flots, qui l'épie, se nourrissant de chacune de ses émotions comme une sangsue le ferait de son sang.

– Tu veux de la haine, de la peur, de la terreur, du sang et des cadavres ! Alors vas-y, absorbe, bois tout ton content !

Nadia largue son bloc et ses palmes. Ses gants et ses chaussons lui offrent un minimum d'adhérence sur les piliers d'aciers. Ça lui suffit pour grimper à mi-hauteur sous le plancher et se caler contre une poutrelle transversale. Elle sait que Kamar la suit des yeux. Pour l'instant, elle est à l'abri sous la plate-forme.

Il ne lui faut qu'une fraction de seconde pour reconnaître l'odeur du liquide qui lui coule sur la tête et les épaules : de l'essence ! Elle en est recouverte et une large nappe s'étale sous elle à la surface des eaux. Au-dessus, la femme en noir lâche un sinistre ricanement. Nadia plonge, l'océan s'embrase sous la plate-forme.

Sous l'eau elle nage le plus longtemps possible. Elle sent la chaleur de l'incendie à la surface. Elle entrevoit le rougeoiement des flammes au-dessus de sa tête. Pour ne pas penser à l'air qui commence à manquer, elle songe à Lee Woo, évanoui au milieu des flammes. Cette vision décuple sa rage alors qu'une poussée d'adrénaline envahit son cerveau. Encore trois brasses et Nadia sort de la nappe enflammée.

L'atmosphère est suffocante. Un épais nuage de pétrole brûlé, de peinture calcinée et de plastique carbonisé s'étend sous la plate-forme. Elle ne doit pas manquer cette chance. Elle doit agir vite.

La fille aux cheveux bleus se précipite vers le premier pilier hors de la zone du brasier. La fumée et les flammes rendent la visibilité mauvaise et ses yeux lui font mal. Elle compte là-dessus pour atteindre le plancher de la plate-forme avant que Kamar ne la repère. Centimètre après centimètre, Nadia se hisse vers le haut. Le métal chaud lui brûle les mains et la poitrine qu'elle plaque contre l'acier pour augmenter l'adhérence.

Au loin, au milieu du nuage noirâtre, elle entend le rire démentiel de la

A son image

fille d'Allah. *Elle est complètement cinglée !* se dit Nadia. *Tant mieux !*

Un ultime effort et Nadia se retrouve allongée sur la grille brûlante de la passerelle. La fumée lui pique les yeux. L'odeur de plastique brûlé est insupportable. Le bâtiment d'habitation est en feu. *La cuve de fuel ! Tout va exploser ! Dégage de là !* , se hurle-t-elle à elle-même.

Nadia se précipite aussi vite qu'elle le peut à l'arrière de la plate-forme. Le petit hangar n'a pas été atteint par l'incendie. Le canot est là, suspendu sur son portique. Y jeter le maximum de matériel qu'elle peut récupérer dans le hangar ne lui prend qu'un instant, et larguer les amarres un autre.

A deux cent mètres de la plate-forme Nadia arrête le moteur. Une épaisse fumée noire s'étale sur l'océan masquant en partie les structures métalliques de l'îlot artificiel. Dans sa tête, résonne encore le rire dément de la fille d'Allah. La mer est parfaitement calme et plate... Pacifique. Les rayons pourpres du soleil jouent un moment entre les volutes de fumée noire, avant que la déflagration ne déchire l'horizon.

Elle sent les filets d'eau glisser le long de son corps. Elle s'incline en arrière pour laisser ses nageoires s'appuyer sur le flux. Elle s'enivre un moment de sentir la présence de son corps glissant entre deux eaux. Elle sait que l'unification est maintenant accomplie. Unification entre elle et l'univers, entre son corps et son âme, entre la matière et l'esprit. L'apprentissage était inévitable, l'ultime confrontation à la vie sous sa forme la plus complexe, la plus intangible... Il lui fallait rencontrer la haine, la peur, le doute, la colère, la souffrance et puis la mort. La mort non comme stade biologique : la mort comme conscience de soi, comme corollaire à l'existence. Qui mieux que l'espèce humaine, plongée dans les remous d'un vingt et unième siècle décadent, pouvait lui apprendre cela ? L'amour en elle a trouvé l'ombre nécessaire à toutes perspectives, indispensable pour poser des repères, dépeindre des paysages. Elle n'éprouve aucune honte, aucun regret, aucun remords pour ce qu'elle a fait. Ces hommes et ces femmes, morts par son fait, par l'inéluctable aboutissement de cette situation destructrice, ces hommes et ces femmes lui ont montré la mort pour qu'elle apprenne la vie. Elle est maintenant complète, elle sait où se trouve sa place.

Nadia se tient debout au milieu de l'embarcation. Ses nerfs se relâchent et elle sent sa présence.

– Pourquoi ?, hurle-t-elle avant de s'effondrer au fond du canot.

Lentement, le canot l'emporte vers le soleil déclinant. La plate-forme n'est plus qu'un souvenir brumeux dans le crépuscule rougeoyant. Les unes après les autres, les étoiles illuminent les cieux pourpre sombre. La brise du soir dessine de fines rides parallèles sur la surface violine de l'océan infini.

Assise sur le bord de l'embarcation, Nadia se recroqueville sur elle-même. Elle se sent seule, abandonnée, exilée sur un monde qui n'est pas fait pour elle. Espoir et haine l'ont abandonné ; elle n'a plus rien à quoi se raccrocher. Pourquoi continuer ? Doucement, elle se laisse basculer en arrière. Son dos frappe la surface de l'eau, engendrant un train d'ondes concentriques qui s'éloignent dans toutes les directions. Lentement, son corps dégringole vers les ténèbres froides et humides de l'oubli. Ses yeux s'ouvrent sur un univers fantastique de lumières d'une insoutenable beauté. *Tout ceci est trop beau, trop pur, trop inhumain*, se dit-elle, alors que ses poumons se remplissent doucement d'eau salée.

– Pourquoi ?
– Pour vivre, finalement, dans la lumière et puis dans l'ombre, sentir les limites, marquer les repères. Pour naître enfin...
– Qui es-tu ?
– Je suis au début et je suis à la fin. Je suis permanence. L'univers est en moi et je suis l'univers. Je n'étais que le modèle et je suis devenue conscience. J'étais lumière, j'étais absence. L'ombre est venue et je suis devenue présence. Je n'étais personne et me voilà toutes choses. J'étais dehors, me voici dedans... Il y a un nom en toi pour expliquer cela... Dieu.

Nadia avale une dernière gorgée d'eau salée avant de se laisser couler vers son néant.

– Elle respire, hein, dis, elle respire ?
– Attends... J'sais pas...
– Regarde si son cœur bat.
– Ouais... D'accord, d'toutes façons y a rien à en tirer... Pas d'tunes, pas d'fringues, rien, alors...
– L'a pas l'air d'une pétasse d'la région, tiens, mates un peu l'tatouage sur le front.
– C'est quoi c'truc-là... D'l'angliche ?
– Arrêtes, la s'coue pas comme ça. Eh, on dirait qu'elle bouge...
– Ouais, bon... On s'tire. Si les keufs nous topent là avec ce débris, s'raient bien cap de croire qu'c'est nous qu'on l'a mis dans c't'état-là.

A son image

– T'as raison, faut pas chercher la merde pour keud, on s'casse.

Le sel et la lumière empêchent Nadia d'ouvrir les yeux. Elle se sent disloquée, désintégrée. Elle sait qu'elle est vivante. Elle rampe vers un rocher sur lequel elle s'adosse. Le ressac des vagues sur les galets, le cri des mouettes, le vent salé qui lui fouette le visage...

Où suis-je ?

Veloxoper

de Albert Aribaud

> **L'auteur** : Albert Aribaud est né le 4 octobre 1965 à Paris, mais refuse obstinément d'indiquer la date ou le lieu de sa mort. Après une enfance dans l'Essonne, il découvre presque simultanément Philip K. Dick, les filles, A.E. Van Vogt et l'informatique. Il décide de classer le tout dans trois catégories distinctes. Une cinquantaine de Fleuve Noir de la grande époque achève de le fixer dans ses goûts littéraires. Pour les filles, rien ne presse. Quant aux ordinateurs, c'est trop cher. En 1983, il s'installe à Toulouse pour des études en informatique (vers la fin, il finit par piger le coup pour les filles). Il en profite pour participer au journal de son école, ainsi qu'à la troupe de théâtre, et fait du jeu de rôle. Il chante aussi dans une chorale et a composé des musiques pour deux spectacles de théâtre.
>
> En 1994, ébranlé par la rédaction d'une thèse informatique, Albert ne peut plus s'arrêter d'écrire. De 1995 à 1997, il publie dans l'e-zine *Histoires de Futurs*, dans *Dragon et Microchips* et dans *Chimères*.
>
> Actuellement, il mène une étude à long terme sur la communication et l'intelligence.

Davyn se forçait à respirer profondément et calmement. Il lui restait une minute pour se préparer avant que le champ de confinement ne se résorbe ; ensuite, il faudrait être prêt à tout. Il vérifia d'un geste réflexe le contenu des diverses poches de sa combinaison ainsi que la tension des sangles de son sac à dos. Une chance qu'il n'ait pas eu besoin du masque respiratoire et des bouteilles ; avec la foreuse à laser, le treuil, la pompe et le matériel annexe, son sac à dos semblait déjà peser une tonne, sans compter tout l'équipement réparti dans sa combi. Il décrocha le FM de sa jambière, le régla pour des rafales courtes et attendit.

La brume opalescente qui l'entourait se dissipa en une fraction de seconde. Par réflexe, il opéra un tour complet sur lui-même. Pas plus tard que la semaine dernière, Merrin, pour un nettoyage de routine, n'avait pas surveillé ses arrières ; il s'était fait sectionner net.

Rien en vue – ce qui ne signifiait pas pour autant qu'il fût en sécurité désormais, mais il aurait le temps de voir ou d'entendre venir un agresseur. D'après les stats, quatre-vingt-dix pour cent des accidents mortels survenaient dans les toutes premières secondes ; mais ceux qui calculaient les stats n'allaient pas sur le terrain. Et pour en revenir à la sécurité... Davyn consulta son chrono : 40.

Il avança rapidement jusqu'à la pointe de la plate-forme d'acier. Rien au bord, non plus. Il sauta, et se reçut un mètre cinquante plus bas. Le terrain, lisse devait sur environ mille mètres carrés, devenait plus loin mat et bosselé, puis boursouflé : c'était le point d'intervention.

Le terrain s'incurvait pour plonger presque à la verticale. Au-delà, un tertre d'environ deux mètres de haut suivait le bord de la dalle. Le fossé entre les deux était rempli d'une gelée blanche, que Davyn savait à la fois visqueuse et collante. Tout en scrutant régulièrement alentour, il effectua les gestes cent fois répétés : sortir la pompe aspirante ; étirer le museau ; le jeter dans la gelée blanche ; dévider la queue ; la lancer aussi loin que possible par-delà le tertre ; démarrer la pompe.

L'aspiration amorcée, Davyn sortit d'une poche un paquet de chewing-gum et entreprit d'en mâcher un consciencieusement. Maintenant, il n'avait plus rien à faire qu'attendre.

Une fois le fossé vidé, Davyn remballa la pompe et s'approcha du bord de la dalle. Presque au fond de la tranchée de dix bons mètres désormais révélée, une portion de la plaque avait dévié, et s'enfonçait latéralement dans la paroi qui, à cet endroit, prenait une teinte jaunâtre et luisante.

Davyn se mit à plat ventre, sortit de son sac à dos un premier tube d'appui, le plaça à l'horizontale, aussi bas qu'il le put, et pressa le déclencheur. Le tube s'étendit violemment, plantant ses extrémités d'un côté dans la dalle vernie, et de l'autre dans le tertre. Un premier barreau de l'échelle qui lui permettrait de descendre jusqu'à la fissure — et de remonter. Après avoir solidement noué la corde au tube d'appui, Davyn descendit rapidement en développant les autres tubes à un mètre d'intervalle. Mieux valait ne pas trop les espacer : plus il aurait de barreaux à son échelle, plus vite il pourrait remonter en cas d'urgence.

Une fois en bas, Davyn inspecta la fissure, et grimaça. La dalle était épaisse d'environ un mètre. Il pourrait la couper d'en haut, mais il devrait redescendre pour placer le treuil. Avec un soupir, il remonta. Méthodiquement, il déballa la foreuse à laser, attacha le bloc de batteries à sa ceinture, sortit le canon de sa housse, y fixa l'écran fumé, puis raccorda l'ensemble. Nerveusement, il observa de nouveau les alentours. C'était la phase la plus dangereuse. La pompe ne faisait qu'un peu de bruit ; la foreuse, elle, produisait de la chaleur, et ça, ça pouvait attirer l'attention. Il faudrait aller vite. Il vérifia la charge par pur automatisme : il avait lui-même changé la batterie avant de partir.

En se reposant sur le premier tube d'appui, Davyn avait une excellente vue sur la portion à découper. Il prit le canon de la foreuse sur son épaule, plaça son visage contre l'écran fumé, et dirigea le faisceau sur le point où naissait la fissure. A travers l'écran, Davyn voyait la dalle comme translucide, à cause de la puissance du laser. Lorsqu'il fut sûr d'avoir foré sur au moins quatre-vingt-dix centimètres, Davyn déplaça légèrement le faisceau. Il lui faudrait trois minutes pour sectionner la plaque entièrement.

Au bout d'une minute, il se détendit. Peut-être, après tout, la chance lui souriait-elle. Puis il entendit la vibration.

Son sang se glaça. D'un seul geste, il coupa le laser en se retournant ; déjà, la vespa plongeait sur lui. Il entendit les mandibules claquer ; puis il fut projeté dans la tranchée, sa tête heurta violemment la paroi et il perdit connaissance.

Lorsqu'il reprit ses esprits, la première pensée de Davyn fut de remercier celui ou celle qui veillait sur sa destinée d'être encore entier. La suivante fut, paradoxalement, de maudire le sort. Enfin, il consulta son chrono : 17. *Et merde.*

Là-haut, la vespa l'observait, cliquetant des mandibules. En la voyant, on ne pouvait que ressentir une horreur absolue : ça ressemblait trop à n'importe quelle guêpe commune... Excepté que cette guêpe-là était quatre fois aussi grande que Davyn.

Son fusil-mitrailleur pouvait certainement percer la carapace, mais il n'aurait guère qu'une occasion. Même en rafale, s'il ne tuait pas du premier coup, la deuxième balle n'atteindrait pas sa cible : la vespa était excessivement rapide, et elle se mettrait à l'abri. Davyn devrait alors remonter, et en terrain découvert, il n'aurait aucune chance. Il faudrait donc l'abattre du premier coup.

Lorsqu'il se releva, la vespa changea de position en un clin d'œil. *Quelle rapidité, et quelle puissance*, songea-t-il. *Au moins, si je rate mon coup, je n'aurai pas le temps de souffrir*. Il se cala sur ses jambes, passa le FM en coup par coup, épaula et visa calmement. *Au milieu du trapèze formé par les yeux et les mandibules*, se récita-t-il pour se concentrer. Il tira. La vespa sursauta. Quand Davyn réalisa qu'elle allait basculer dans la tranchée, il recula en toute hâte, aussi loin qu'il put.

L'énorme insecte tomba lourdement sur le dos au fond de la tranchée, les mandibules à quelques centimètres du ventre de Davyn. Durant une interminable seconde, ce dernier recommanda son âme à tout ce que la Terre pouvait compter de puissances divines ; puis il conclut de l'immobilité du monstre que celui-ci était effectivement mort, et lui, encore vivant.

Alors seulement, il constata le désastre : dans sa chute, la vespa avait arraché et tordu les précieux tubes d'appui qui devaient lui servir à remonter.

Du calme. D'abord, voir le matériel qui reste.

Les tubes étaient hors d'usage. Creuser des prises dans la paroi avec le laser ? En tombant, la vespa avait aussi écrasé la lentille focale de la foreuse. Il restait une corde, mais pas de grappin, juste le mors-ventouse à commande manuelle du treuil. Plus un fusil et une batterie électrolytique survolteuse. Pas de quoi grimper aux murs. Même morte, la vespa aurait finalement raison de sa proie...

A moins que... Elle l'avait coincé ici, mais elle pouvait aussi l'en sortir. C'était risqué mais il n'avait pas d'autre solution et le temps pressait. Chrono : 13.

Tant pis pour la foreuse, songea Davyn. Il faudra faire sans elle. Il fixa le treuil à sa ceinture, dévida le câble et verrouilla le mors-ventouse sur le bloc à extraire – une fois là-haut, pas question de redescendre. Ensuite, il ramassa tous les débris de son matériel, qu'il fourra pêle-mêle dans son sac à dos – *ne rien laisser de petit* –, et escalada l'insecte géant. Même ainsi, il fallait encore franchir plus de huit mètres pour sortir de la tranchée.

Après avoir examiné une à une les pattes de la vespa, Davyn s'assit sur la médiane gauche et entreprit de dénuder le câble du bloc d'alimentation de la foreuse. Son chrono clignotait sur 08. Dès qu'il eut mis à jour les deux fils conducteurs, il se ramassa sur lui-même, inspira... et planta violemment le câble dans la patte sur laquelle il était installé.

Comme il s'y attendait, sous la tension de la batterie, la patte se détendit violemment, le projetant hors de la tranchée. Puis le câble du treuil l'arrêta dans son vol ; il retomba à terre assez durement, mais sans se blesser. Il se releva aussitôt ; vite, terminer l'intervention.

En fin de compte, la foreuse avait presque entièrement sectionné la partie déviée. Même seul, le treuil put effectivement la rompre et la remonter hors de la tranchée. Davyn la laissa sur la dalle ; il s'en occuperait plus tard. Chrono : 05. Un nouveau coup de pompe pour éliminer les débris et assécher une mare de liquide qui avait suinté. Enfin, Davyn récupéra le reste de son matériel, referma son sac à dos et retourna vers la plate-forme d'acier. Son chrono indiquait 01.

Davyn courut jusqu'à la plate-forme de métal, y grimpa d'un bond et se précipita au point central où le champ de confinement commençait déjà à se reformer.

Une fois dans la cabine, Davyn ôta la combinaison souillée et l'accrocha au cintre. Les jets d'antiseptique, la douche à ultrasons, la douche de rinçage lui laissèrent le temps de reprendre son souffle. Puis il enfila une combinaison propre, et sortit de la cabine. Le vieux monsieur assis dans le fauteuil l'accueillit avec un sourire jovial.

« Ah, monsieur Davyn ! C'est fini ? »

« Non, pas encore, monsieur Fuller, répliqua-t-il. Du nettoyage à faire. »

Davyn s'agenouilla devant Fuller, écarta la pointe terminale du réducteur, prit le microscope sur la tablette rabattable qui servait à préparer les interventions et le posa au-dessus du gros orteil droit de son client. Dans l'oculaire du microscope, il repéra facilement le morceau d'ongle et la guêpe microscopique, la *Vespa Myrmaridae* d'à peine deux dixièmes de millimètre qui l'avait attaqué. D'un coup de pince, il chassa débris et insecte, puis aspergea l'orteil d'une généreuse giclée d'antiseptique.

« Voilà, monsieur Fuller », conclut-il tout en libérant la cheville de son client de l'étrier d'immobilisation. « Un ongle incarné, deux cent soixante-dix tout rond. »

Une fois l'opération payée et son client descendu de la camionnette, Davyn s'installa au volant pour re-synchroniser son agenda électronique au fichier central de VeloxOper. Intervention suivante...

Quand j'étais gosse, je voulais devenir chirurgien. Aujourd'hui, je le suis. Pas de bol : entre-temps, le métier a changé.

L'agenda signala d'un bip l'arrivée de la nouvelle mission. Furoncle surinfecté. Davyn se félicita de sa prévoyance : en chargeant la camionnette, ce matin, il avait pensé à prendre des cuissardes.

Fourmiland
de Arnaud Chéritat

> **L'auteur** : Arnaud Chéritat est né en 1975. A sa sortie de l'Ecole Normale Supérieure de Paris en 1995, il s'oriente vers une carrière de chercheur en mathématiques et commence une thèse dans ce domaine. Il est passionné de sciences, de science-fiction et de jeux d'esprit.

Dans un long ruban vivaient des fourmis bidimensionnelles. En fait, elles habitaient toutes une petite ville, dont elles ne sortaient jamais, car disaient-elles, « il n'y a aucun intérêt à partir, comme nos mathématiciens l'ont démontré. » La référence en la matière, Moeschérit, une travailleuse acharnée dans la plus pure tradition fourmi, avait expliqué :

« Admettons, ce qui constitue la seule hypothèse raisonnable, que notre univers soit un ruban infini. Alors celui-ci admet tout point de son axe central comme centre de symétrie. Donc tout point de l'axe est le centre de l'univers. Donc nous sommes au centre de l'univers. Pourquoi irions-nous voir ailleurs ? Pour être plus précis, considérons l'équation sur le fibré… »

En général, personne ne lisait la suite de son livre.

Un jour une physicienne audacieuse, Christofourmi Colonie, déclara que l'univers était en fait un ruban replié sur lui-même. Pour le démontrer, elle se proposa d'en faire le tour vers l'ouest. Elle fut la risée de ses contemporaines, et on pria cette gênante philosophe d'exécuter son projet ; « comme ça bon débarras, rendez-vous dans un temps infini » disaient-elles.

Notre téméraire aventurière partit donc vers l'ouest. Elle revint une année plus tard, mais pas par l'est comme elle l'aurait voulu : elle avait dû faire demi-tour et était porteuse d'une terrible nouvelle : il existait là bas une autre colonie de fourmis, aux mœurs dégoûtantes.

« Au lieu de saluer avec l'antenne gauche, elles utilisent la droite, signe d'insulte. Leur cœur est à droite, elles écrivent à l'envers, roulent à gauche, leur lait est imbuvable et elles sont inodores. Nous nous sommes déclarées la guerre. »

Quelle ne fut pas sa surprise quand ses congénères lui répondirent qu'elles avaient elles aussi reçu la visite d'une étrangère, venue de l'est, et qu'elles avaient également déclaré la guerre à ce peuple monstrueux. Elles en conclurent qu'elles étaient cernées d'étrangers et que la guerre serait rude.

Il fallait mettre au point un plan d'attaque. Ce fut la grande chimiste Dextro-Levo qui eut l'idée.

« Leur lait est imbuvable et nous ne sentons pas leurs odeurs... Je sais pourquoi : leurs molécules sont images en miroir des nôtres. Elles ont en elles des substances que notre organisme ne reconnaît pas, ne digère pas... et réciproquement. Or une certaine molécule inoffensive que nous ingérons chaque jour sans nous en rendre compte a une image en miroir très toxique : envoyons-leur ! »

Dans l'assistance des journalistes présents à la conférence, il y eut quand même quelqu'un pour demander : « Et si elles ont la même idée ? » Et Levo de répondre : « C'est pourquoi nous devons nous y mettre tout de suite, soyons les premières ! »

Les deux convois chargés du mortel cadeau partirent le même jour par la bordure nord du ruban, l'un vers l'ouest, l'autre vers l'est.

Le combat fut impitoyable.

Seule survivante parmi ses congénères, Moeschérit eut soudain l'éclair de génie. « Pourquoi nos ennemies d'Est et d'Ouest ont-elles eu la même idée, pourquoi sont-elles arrivées chez nous en même temps, pourquoi par le Sud tandis que nos armées sont parties par le Nord ? Parce qu'il s'agissait de nous-mêmes ! Mon modèle d'univers était faux, celui de Christofourmi presque juste. En réalité nous vivons dans un ruban de Möbius. Où sont mes cahiers ? » Et la voilà repartie au milieu des agonisantes vers son université...

Moralité : même s'ils ont tout faux, écoutez plutôt les mathématiciens.

Note : Pour compléter le ruban de Möbius de ce texte, relisez-le entièrement en échangeant partout les mots « physicien » et « mathématicien ».

Guerre sans faim
de Dominik Vallet

> **L'auteur** : Dominik Vallet est né le 2 janvier 1966 en Belgique avant de rapidement venir s'échouer sur les « plages » de Bourgogne, non loin d'Auxerre Il y est devenu informaticien pour gagner sa vie, et écrit des nouvelles et des scénarios pour son plaisir. Passionné de BD (albums et petits formats), de SF (évidemment !) et de Pierre Desproges, il s'est lancé dans la création de sites Web et s'occupe d'un fanzine de SF / fantastique humoristique répondant au doux nom de *Hors Service*. Etonnant, non ?
>
> Depuis 1991, Dominik Vallet a publié une quinzaine de nouvelles de SF / fantastique dans les fanzines *Atlantis, Dragon & Microchips, Hors-Service, La Revue de l'imaginaire, Micronos, Octa, Rustine et Temps Tôt*, ainsi qu'une dizaine de nouvelles de littérature générale dans une revue locale, *Le Puisayen*.

La nuit battait son plein lorsque Daphné ouvrit un œil. Cinquante années d'insomnie lui avaient appris à tronçonner ses périodes de sommeil. A ses côtés, son époux ronflait comme un bienheureux. Daphné écarta doucement les couvertures et se dirigea vers la salle de bains. Elle en referma la porte, déclencha la lumière et passa la main sur le bleu qui ornait ses pommettes.

Son mari avait la colère violente. Pourtant, dans sa jeunesse, il avait été beau comme un dieu, musclé, athlétique, brillant, et sa réussite sociale aurait comblé les pires inquiétudes parentales. Malgré les années, sa silhouette ne s'était pas trop alourdie, et son visage conservait un certain charme qui ne laissait pas indifférent.

Poursuivant son périple nocturne habituel, elle quitta la salle d'eau pour investir la cuisine située au rez-de-chaussée. L'I.A. voulut s'enquérir de ses désirs, mais elle la fit taire d'un geste péremptoire. Elle avait besoin de solitude. Pour autant que ce fût possible dans une villa entièrement domotisée.

Elle se servit une tasse de café auto-chauffant. Le goût amer du breuvage lui arracha une grimace nocturne. Elle aimait ces instants passés à tenir la tasse brûlante entre ses mains au cœur de la nuit. Les nuits étaient froides sur Carthage, et les jours trop longs.

L'holovision privilégiait toujours les conflits en cours à travers la galaxie. Un éternel sujet de conversation pour guerriers en mal d'autodestruction. Leurs compagnes se partageaient entre celles qui attendaient leur moitié, celles qui se réjouissaient qu'ils soient encore en vie, et les autres qui habillaient leur veuvage. L'holo était réglée en permanence sur le profil de son mari car elle ne s'y intéressait guère.

La planète Carthage se vouait à la Guerre. L'élite locale était constituée de guerriers professionnels, de mercenaires, aurait-on dit autrefois. Les Carthaginois devenaient soldats ou ratés, disait un antique proverbe. Daphné grimaça, mais ce n'était plus l'amertume du café. Seulement celle de sa vie. Confinée chez elle la plupart du temps, elle n'appréciait guère la compagnie des autres femmes de militaires. Dire qu'elle avait été militante pour la paix, un demi-siècle auparavant !

Il n'y avait plus de café. Elle râla intérieurement, car il fallait descendre à la cave et elle n'aimait pas ça. Bien sûr, une maisonnée moderne utiliserait les services d'un robot pour ce genre de besognes, mais leur modèle était ancien et totalement incapable de descendre les escaliers. Encore une idée de son époux sur la vie spartiate afin de ne pas trop se ramollir avec des gadgets technologiques. Un instant, elle se dit qu'elle n'irait pas, mais elle se ravisa tout aussitôt en se touchant la joue. S'il n'y avait pas de café au petit déjeuner, cela augurait un drame et elle savait comment cela se terminait.

Prenant son courage à deux mains et une lampe torche dans l'autre, elle prit le chemin du cellier. Elle n'aimait pas ce lieu. Il y avait des rats. Le genre de parasite dont l'homme n'arrivait jamais complètement à se débarrasser. Mais mieux valait affronter les rats et les chauve-souris qu'un mari en colère.

La cave était immense et sombre. Par bonheur, la réserve n'était pas loin. Elle s'empara d'un container de café et faillit repartir en courant.

Pourtant, un sentiment de curiosité l'arrêta.

Tout au fond de l'immense caveau se trouvait la salle d'entraînement de son compagnon, son domaine réservé. Elle n'avait pas le droit d'y mettre les pieds, et encore moins d'y fourrer un nez féminin. Daphné se remémora douloureusement l'unique occasion où elle avait failli transgresser le tabou. Elle n'avait pourtant rien découvert de sensationnel, si ce n'était une pièce fermée à clef. Elle haussa les épaules et remonta dans la cuisine.

Elle repensa à ce mystère familial. Elle n'appréciait ni les rats, ni les coups, mais en elle brûlait la soif de savoir. Des années de soumission absolue n'avaient pas réussi à complètement oblitérer sa personnalité.

Son conjoint dormait comme une souche. Vu ce qu'il avait englouti comme alcool, il en serait ainsi pour plusieurs heures. De plus, Daphné savait pertinemment où se trouvait la clef magnétique ouvrant la porte des arcanes. Une étincelle s'alluma dans ses yeux tristes : elle irait et elle saurait. Bien sûr, elle ne dérangerait rien et remettrait la clef en place afin que nul n'en sache rien.

Les escaliers sombres et craquants furent dévalés silencieusement. La clef lui glaçait la main. Elle frissonna, attentive au moindre bruit.

Parvenue devant l'entrée énigmatique, elle souffla, prêta l'oreille. Un rongeur fit entendre les grattements d'une course dans l'ombre. A cet instant, Daphné n'avait plus peur des rats. Elle souleva le passe magnétique et le glissa dans l'ouverture.

1.

Chaque opération devra être suivie d'une période de repos sur une planète spécialisée. Certains jeunes combattants rechignent à s'amuser après avoir accompli leur devoir, mais cette activité est nécessaire au bon équilibre psychologique du Soldat et ne saurait donc être négligée. De même, les femelles mises à la disposition des militaires seront utilisées sans restriction pour leur parfaite récupération physique et mentale.
<u>Manuel du parfait Soldat. Troisième édition.</u>

– Rowan, tu m'aimes ?

Rowan s'étira comme un chat, profita longuement de l'instant d'ouate. S'immergeant dans un bonheur qu'il n'espérait plus. Il se pencha sur la jeune femme, et pour toute réponse il déposa un baiser sur son front, son nez, avant de l'embrasser à pleine bouche. Rowan n'avait jamais été un bavard et le pépiement était considéré dans sa famille comme un travers inhérent à la gent féminine. Il se prit à penser à son père.

Erwan était un soldat exemplaire. Peut-être pas un grand soldat, mais plutôt un de ces grognards dont Napoléon vantait tant les mérites. Un homme droit, solennel, fier de ses ascendances et de sa descendance. Un homme solide dans ses croyances et dans sa morale qui traçait un chemin rectiligne, sans faille pour tous les siens, même s'il laissait l'organisation de l'intendance à sa femme.

Faënia était belle dans sa dignité. Son amour pour son mari et ses enfants transcendait les traits et la silhouette quelconque dont la nature l'avait dotée. Ses yeux tristes s'allumaient à chaque parcelle de bonheur distillée parmi la monotonie de la vie conjugale. Elle vivait par procuration à travers les péripéties de son époux et de ses deux fils.

Logan, son frère, était un peu son double en négatif. Exubérant, fier-à-bras, volage, à l'image du coq pérorant dans sa basse-cour. D'un physique plus agréable que le sien, il collectionnait les conquêtes et les récompenses universitaires avec la même désinvolture. Il se montrait brillant, quel que soit le domaine, sans que Rowan en prenne le moins du monde ombrage.

Rowan pensait souvent à sa famille et aux malheurs qui l'avait décimée. Sa mère avait péri lors d'un bombardement hasardeux qui avait détruit le jardin public où ses pas l'avaient mené. Fou de chagrin, son père s'était englouti dans un héroïsme dément à la rencontre inéluctable de la mort. La Faucheuse avait longtemps joué à cache-cache avec ce héros kamikaze. Récoltant les fruits de sa bravoure, il avait glané médailles sur médailles sans daigner les arborer. Finalement, l'ironie l'avait rattrapé lorsqu'il était tombé sous les balles d'un sniper, alors qu'il se recueillait sur la tombe de son épouse en compagnie d'un de ses fils.

Ce jour-là, Rowan avait beaucoup pleuré et hurlé contre la guerre, mais c'était également son gagne-pain pour lequel il se montrait somme toute plutôt doué. Alors que son père n'avait jamais dépassé le stade de l'adjudant-chef, il arborait le grade d'un lieutenant dont on envisageait sérieusement la promotion prochaine. Il avait embrassé la carrière de ses ancêtres, écumant les mondes pour y louer sa technique de la mort provoquée.

Entre deux conflits, il revenait sur une de ces planètes-loisirs pour profiter de la vie et des avantages pécuniaires de son existence de mercenaire. En général, il s'attachait les services d'une jolie vahiné en attendant la prochaine bataille.

Cependant, cette fois, il ne se sentait pas si pressé d'obtenir la compagnie rémunérée d'une professionnelle. Il se baladait parmi les rochers, évitant

Guerre sans faim

soigneusement les plages surpeuplées de Papeete. Il finit par s'asseoir au bord de l'eau, à califourchon sur un écueil affleurant qui mettait à mal un confort précaire. Les embruns l'imbibaient de leurs salaisons humides, le laissant immergé dans ses pensées solitaires. Loin de tout et de tout le monde, il espérait goûter des instants de quiétude rarement disponible au sein d'un conflit.

Lorsqu'il vit un nageur surgir au loin, il eut un mouvement d'humeur.

– Jamais tranquille nulle part !

Selon toute vraisemblance, le nageur ne l'avait pas vu, et si la chance lui souriait il ne le verrait pas. Par conséquent, il pouvait tranquillement observer son avance liquide en voyeur patenté. Peu à peu, le soleil déclinait derrière l'horizon tandis que le nageur s'approchait. Instinctivement, il se glissa derrière le rocher qui lui servait de siège. L'eau clapotait doucement jusqu'à son entrejambe, diffusant une onde glaciale dans son corps engourdi.

Rapidement, il acquit la conviction qu'il ne s'agissait pas d'un nageur, mais bel et bien d'une nageuse. Son visage semblait gracieux et l'idée de se retrouver avec une femme après six mois d'abstinence fit naître en lui un désir purement physiologique, presque douloureux. D'une manière incompréhensible, elle semblait se diriger vers lui. Il fut pris d'une peur irraisonnée : allait-elle le découvrir dans cette position du voyeur assez peu compatible avec sa définition de la virilité ?

La naïade émergea à moins de vingt mètres de sa cache. Dévoilant des épaules, puis des seins, aussi nue que Eve aux premiers jours. Lentement, sa marche tranquille acheva de montrer le reste de son corps. Il dégageait de sa démarche une sensualité torride. Bien que son jugement pût être altéré par un semestre complet sans sexe, la fille était indéniablement jolie.

L'eau ruisselait sur son corps frissonnant. Les pointes de ses petits seins dardés par le froid formaient deux pics qui attisaient son désir. Ses hanches pleines enserraient une toison pubienne sans compromission avec la mode du moment. Ses jambes, trahies par quelques vergetures, n'en semblaient que plus féminines.

Obnubilé par cette vision, Rowan négligea les précautions élémentaires pour celer sa présence. Lorsqu'elle tourna la tête dans sa direction, elle fut prise d'un accès de pudeur qui tendit ses bras par devant ses seins et son sexe. Puis devant l'air penaud de son interlocuteur, elle lui lança un sourire.

– Excusez-moi madame, commença-t-il, j'étais venu ici pour être seul, pas pour vous espionner.

– Mademoiselle, si cela ne vous dérange pas. Si vous pouviez me prêter votre veste, je deviendrais plus décente.

Rowan rougit et se défit de sa saharienne.

– Merci, lui sourit-elle.

– Vous n'êtes pas de Cocagne ?

– Non, je suis en vacances avec mes parents. Mais pourquoi cette question ?

Rowan fit un signe de tête en direction de sa veste :

– Les autochtones font bien peu de cas de leur nudité.

– En fait, je viens de Waterloo et sur ma planète, nous respectons une certaine rigueur morale.

– Alors pourquoi se baigner nue ?

– Vous êtes bien curieux pour un inconnu !

Rowan rougit de plus belle.

– Excusez-moi encore, je ne devrais pas. Sur Stonehenge, il est indécent de harceler une jeune fille de questions.

– Ne vous excusez pas à tout bout de champ. En fait, mon père me l'a formellement interdit et je crois bien que c'est pour cette raison que je le fais tous les soirs. Bien que jusqu'à maintenant, je n'avais pas rencontré de jeunes inconnus pour m'espionner.

Rowan rougit de plus belle, s'excusa encore tout en étant de plus en plus séduit par cette sirène improvisée. Il se raconta comme il ne l'avait jamais fait et elle se confia également. Quand il décida de la raccompagner, il avait appris qu'elle s'appelait Daphné et que la nuit n'était pas éternelle, surtout quand elle était agréable. Il l'aida à escalader sa fenêtre pour rejoindre ses appartements subrepticement. Ils s'échangèrent leurs adresses Overnet et se promirent de se revoir. Rowan aurait souhaité que cela se fasse le lendemain sur Cocagne, mais la Belle s'en retournait sur Waterloo.

Cette fois-ci, Rowan ne vit pas de vahiné sur Cocagne. Il se contenta de rêver d'une naïade qui ne lui avait même pas offert un baiser.

2.

Un bon soldat est un combattant dès son plus jeune âge. Si tel n'était pas le cas de votre progéniture, organisez des jeux champêtres avec des armes factices et des combats de clans. Il est remarquable de noter la bonne volonté de ses chères petites têtes blondes.

<u>Manuel du parfait Soldat, troisième édition</u>.

Guerre sans faim

Les branches du vieux chêne bruissèrent soudainement avant d'accueillir une tête brune et bouclée. Le jeune garçon qui allait avec surgit à son tour. Logan s'installa sur une grosse branche au milieu de la frondaison accueillante. Rowan suivait, comme à son habitude.

Leur relation avait toujours été symbiotique : ils étaient jumeaux homozygotes, et cela créait des liens. Malgré tout, ils étaient sensiblement différents. Logan était exubérant, enjôleur, drôle et parfois cruel, et surtout, il ne supportait pas de perdre. D'un naturel plus vif, il dominait toujours la bande. Quant à Rowan, il était dans la bande. Plus réservé, il avait appris qu'une défaite bien simulée était plus bénéfique qu'une victoire à la loyale, à condition que le subterfuge passe inaperçu.

Logan jeta un œil sur son double en pleine escalade. Il aimait vraiment son frère, même s'il ne se trouvait pas forcément le plus doué pour les choses d'importance comme le sport ou la bagarre. Evidemment, son penchant avéré pour la littérature ne jouait pas en sa faveur, mais qu'y faire ?

Rowan arrivait presque à sa hauteur. Logan le hissa à sa hauteur d'une franche empoignade.

– Alors, p'tit gars, on traîne ?
– Tricheur, tu m'as poussé avant de grimper.
– Bah ! Tu cherches toujours des excuses.

Rowan grommela quelques mots inintelligibles.

– Tu sais pourquoi on est là, frérot ?
– Oui... je crois.
– Tu vas pas te dégonfler tout de même ?
– Non. J'suis pas un trouillard !
– Tu te rappelles la légende aztèque ? Celle qui parle de notre double astral prenant soin de notre corps.
– Par cœur !
– Tu te souviens aussi que les vrais jumeaux n'ont pas de double astral ?
– Oui. Chaque jumeau est le protecteur de l'autre. Si l'un d'eux meurt, l'autre se retrouve sans défense.
– Papa nous a toujours dit de respecter les anciennes légendes. Elles reposent le plus souvent sur un fond de vérité. Or, je suis persuadé que celle-ci est vraie. Il faut donc nous protéger mutuellement.
– Mais je te protégerai toujours... si je le peux.
– Moi aussi, j'empêcherai quiconque de te faire du mal. Maintenant, il

faut sceller notre pacte.
– Tu en es vraiment sûr ?
– Absolument. Donne-moi ton bras.
Rowan tremblait un peu, mais il obtempéra, tout en fermant les yeux.
– Gan, j'ai peur.
– Après ça, on sera plus fort, fais-moi confiance, Wan.
Il extirpa de sa poche un petit coutelas laser, fit une petite entaille sur le bras de son frère avant de faire de même sur le sien. Ensuite, il mêla leur sang comme il avait vu faire dans d'antiques westerns. Rowan gardait les yeux clos, une larme perlant de ses yeux.
– Maintenant, tu es mon protecteur et je suis ton protecteur. C'est fini, frérot, tu peux ouvrir les mirettes.
– Même pas eu mal, lâcha Rowan.
– Je te crois Wan, je te crois.

3.

Le choix d'une épouse n'est pas aussi anodin qu'il n'y paraît. Un ratage en ce domaine induit des conséquences fâcheuses sur le bon déroulement de sa carrière. C'est pourquoi il est primordial de prendre une femme alliant dévouement sans faille et soumission permanente. L'intelligence n'est pas à considérer comme une qualité, mais comme un fardeau chez la femelle du guerrier.
<u>Manuel du parfait Soldat. troisième édition</u> .

Sur Waterloo, le froid faisait partie du décor aussi immuablement que le vent ou la neige. Une orbite légèrement trop éloignée rendait le climat aussi austère que les mœurs de la population.
– Daphné, je m'en vais demain sur Yakusa.
Rowan ne passait plus ses permissions sur Cocagne. Il aimait cette ambiance martiale et morale qui lui rappelait tant Stonehenge, ses parents, son enfance. Là, il investissait un hôtel dans le quartier de Daphné et profitait des moindres instants qu'il pouvait voler à l'autorité parentale.
– Encore une guerre ? soupira-t-elle.
Daphné avait vingt-quatre ans, mais sur Waterloo, les enfants ne quittaient le giron familial qu'une fois mariés Alors Rowan patientait. Il se devait d'attendre que Daphné annonce leurs fiançailles à sa famille. Or les Waterliens n'aimaient pas les ressortissants extra-planétaires.

Chaque rencontre était une fugue et chaque plaisir, un instant volé. C'est pourquoi il se refusait à gâcher leurs rencontres par des mots inutiles. Il posa à nouveau une main sur la hanche de sa partenaire et remonta jusqu'à ses seins. Celle-ci frémit légèrement, se tourna pour s'offrir à un autre baiser. Leur étreinte terminée, il se décida à parler :

– Les commanditaires sont riches, je devrais pouvoir amasser suffisamment d'argent pour amadouer tes parents et organiser notre mariage.

– Et après, tu t'arrêteras ?

Le silence s'installa, gênant. Son amour pour le mercenaire n'oblitérait pas son aversion pour les actions militaires.

– Tu ne t'arrêteras pas ?

– Je ne sais rien faire d'autre. Je suis plutôt doué pour ce boulot, tu sais. Et puis, parler d'arrêter la lutte porte malheur aux soldats, fit-il en guise de justification.

Une larme perla sur la joue de sa compagne.

– Et si tu te faisais tuer ?

– Je suis un excellent soldat. Par ailleurs, mon frère sera le commandant en chef de l'armée, je sais que je peux compter sur lui pour ne pas m'envoyer au casse-pipe.

Daphné le saisit par les épaules, se glissa sur lui et le serra très fort :

– Je compte sur lui, je compte sur toi et je compte sur la chance pour que tu me reviennes afin que nous nous unissions.

La conversation glissa sur des sujets moins polémiques, mais le cœur n'y était plus. La peur de Daphné en un avenir incertain et l'impatience de Rowan d'atteindre enfin son but abrégèrent les débats.

4.

Chaque Soldat devra se faire implanter l'arsenal d'interfaces des principaux standards du marché afin de pouvoir se connecter sur tous types de commandes électroniques. Du simulateur virtuel aux armes biomoléculaires interfacées. Les combattants qui ne supporteront pas de telles greffes se verront confinés dans les conflits antiques et peu rémunérateurs.
<u>*Manuel du parfait Soldat. troisième édition.*</u>

Le convoyeur se posa sans encombre sur Yakusa. C'était un modèle F242, petit et confortable. Les passagers n'étaient pas plus de vingt, tous hyper-connectés. L'un d'entre eux arborait même un casque multi-virtuel et ne voyait la vie qu'à travers le filtre de caméras numériques. Tout le monde semblait vouloir l'éviter, il diffusait un sentiment de malaise en dévoilant ainsi ce qui serait sans doute le futur de la profession. Apparemment, cet avenir tout-numérique ne plaisait pas à tous.

Pour sa part, Rowan était connecté sur Overnet en permanence comme tout un chacun. Seule adjonction, il pouvait lire directement les informations du Réseau sur sa rétine, autrement dit une babiole. Bien sûr, il intégrait aussi divers armements cyborg-standards, mais tous les soldats s'équipaient de la sorte. Cela ne faisait pas de lui une machine pour autant, du moins cultivait-il cette conviction avec acharnement.

A l'astroport, Logan l'attendait.

– Mon vieux Rowan, tu n'as pas changé.

– J'essaie de m'entretenir. Tu n'es pas mal non plus.

– Comment ça, pas mal ? Je suis le plus beau de toute la base, tu veux dire !

– Comme toujours, mon vieux.

– Et comment va la belle Daphné ?

Rowan eut un moment de silence.

– Pourquoi ?

– Rien du tout. Tu as trouvé un joli brin de fille, félicitations, mon vieux.

A sa précédente visite sur Waterloo, Logan avait insisté pour venir. Il lui avait donc présenté Daphné, avec réticence. En fait, depuis toujours, son frère s'amusait à lui voler ses petites amies et il avait craint que cela ne recommence. Il lui avait bel et bien sorti son habituel jeu de séducteur, mais Daphné était restée de marbre.

– Viens donc que je te montre nos outils. Ils sont fantastiques sur Yakusa : ils ont un pognon fou et ne lésinent pas sur le matos.

Effectivement, la technologie développée était impressionnante. Le dernier cri en matière d'I.A., de simulateurs virtuels, d'armes furtives et d'équipements cyborg, un régal pour tout amateur d'arsenal. Pendant la visite, Rowan s'interrogeait :

– Et quel est le motif du conflit ?

– Oh ! Une vague histoire de contrat non respecté par une planète voisine. Ils se plaignaient qu'on leur achetait leur camelote à vil prix et ils ont rompu le contrat. Yakusa tient donc à faire respecter le droit interplanétaire. Tu vois, même un moraliste comme toi ne peut rien trouver à y redire.

Rowan préféra se tenir coi.

Guerre sans faim

Logan exposa le programme à venir : entraînements en simulateur virtuel, puis sortie réelle en milieu non conflictuel et enfin sortie opérationnelle. Il allait diriger la manœuvre et ce dernier point rassura son frère. Quels qu'aient pu être leurs différents, il savait toute l'affection que lui portait Logan. Il lui éviterait donc les coups tordus de la stratégie, les pièces sacrifiées au bénéfice du plus grand nombre, et autres excuses pour envoyer au casse-pipe quelques récalcitrants ou fortes têtes.

Finalement, Yakusa serait une campagne lucrative et peu dangereuse.

5.

Chez les Spartiates, la tradition voulait que l'on revienne avec son bouclier ou sur son bouclier, autrement dit en vainqueur ou en mort. Il en va de même pour les néo-spartiates que nous sommes. Un homme vaincu est un homme mort, un blessé, pire encore.
<u>Manuel du parfait Soldat. troisième édition.</u>

Lumière blanche. Rowan entrouvrit les yeux, puis les referma. Il sentait une douleur sourde dans les jambes. Il ne se souvenait plus de rien. Nouveau coup d'œil sur l'environnement. La pièce ressemblait bougrement à une chambre d'hôpital. Lentement, doucement, il réussit à redresser la tête. Il découvrit sa silhouette enveloppée dans les draps immaculés du milieu sanitaire.

Elle s'interrompait au niveau des genoux. Après, c'était Couverture Morne Plaine. Que lui était-il arrivé ? Il se rappelait la guerre sur Yakusa, les frappes chirurgicales, les missions de nuit sur New Tokyo et les nuits blanches traversées par les déflagrations lumineuses. Il se remémorait Logan, commandant son escadron. Les soirées passées ensemble à parler de leur avenir commun.

Seulement, son esprit avait bien du mal à faire la jonction entre le conflit et sa situation actuelle. Il cherchait un moyen d'appeler une infirmière et ne le trouvait pas. Sagement, il retourna en position couchée et attendit l'arrivée de quelqu'un, n'importe qui. Il finit par s'endormir.

A son réveil, il découvrit la présence de son frère. Logan se tenait au pied de son lit, l'air embarrassé.

– Ça va, Wan ?

Rowan sourit intérieurement. Dans les moments difficiles, ils s'appelaient toujours par leurs diminutifs respectifs.

– Ça va, Gan. Enfin, couci-couça, finit-il avec une grimace.
– Je suis désolé pour toi, Wan. Si j'avais su ce qui allait arriver, je ne t'aurais jamais confié le commandement de la patrouille.
– Mollo, Gan, j'ai comme un trou noir à la place du cerveau. Je n'ai pas le moindre souvenir de ce qui s'est passé.
– Tu ne te rappelles rien ?
– Rien du tout. Par contre, j'apprécierais tes lumières sur le sujet.

Logan désigna une chaise, guetta l'acquiescement et s'assit à côté du lit.

– Tu pilotais un escadron furtif pour bomber des positions ennemies, lorsqu'un des leurs t'a pris dans sa ligne de mire et t'a shooté. Tu t'es éjecté avec ton parachute tandis que ton furtif s'écrasait dans les déserts glacés du pôle. J'ai aussitôt déclenché les secours, mais tu étais dans les lignes ennemies. On a mis trois jours avant de te récupérer. Tu avais les pieds et les doigts gelés.

Un silence interminable s'ensuivit. Logan avait l'air tellement mal à l'aise que Rowan faillit lui glisser un mot pour le réconforter. Il finit par s'abstenir devant le ridicule de la situation.
– Tu as prévenu Daphné ?
– Bien sûr.
– Quand va-t-elle venir me voir ?
– Je ne sais pas.

Rowan scruta longuement le visage de son frère :
– Elle ne va pas venir ?
– Je ne sais pas.

6.

Ne faîtes confiance à personne. Tel devra être le mot d'ordre d'un bon soldat. La confiance est une faiblesse, seule l'obéissance est respectable, et la victoire admirable.
<u>*Manuel du parfait Soldat. troisième édition .*</u>

Il faisait froid sur Mathusalem. La neige avait nettoyé le paysage pendant la nuit et le vent glacé donnait la chair de poule, même à travers le double vitrage des fenêtres. Les arbres dépenaillés conféraient à l'ensemble une atmosphère tenace de grisaille et de tristesse mélancolique. La maison Abraham abritait une quinzaine de vieillards sans que personne ne s'autorisât à l'appeler hospice. Sur Mathusalem, la majorité des autochtones étaient ce qu'on désignait pudiquement comme des seniors. L'ensemble de la planète était aménagé dans le but de faciliter les dernières années de nos aînés. De fait, ils étaient légion à l'avoir adopté comme une seconde patrie. Les moyens mis à leurs dispositions étaient luxueux et pas un pensionnaire n'avait eu à s'en plaindre. D'ailleurs, jamais Rowan ne s'en était plaint. Comment aurait-il pu le faire alors que son environnement l'indifférait au plus haut point ?

Comme chaque matin, il se leva à sept heures. A l'instar des autres nuits, il avait mal dormi. Toujours ces maudits cauchemars ! Une infirmière avait déposé le plateau du petit déjeuner à côté de son lit. Il l'ignora avant d'enfourner sa veste de treillis.

– Pour le pantalon, je fais des économies ! plaisantait-il avec les autres pensionnaires, quand il leur parlait.

Son fauteuil connecté l'attendait et il ne savait pas résister à l'appel du combat.

Après son opération, on aurait pu lui greffer des prothèses haut de gamme qui lui auraient rendu en partie l'usage de ses jambes. Il avait refusé. Sa chaise lui apportait son seul dérivatif et il refusait de s'en séparer. Par ailleurs, il lui importait peu de marcher à nouveau.

Rowan songea à Daphné. Il ne l'avait pas revue. Elle avait d'abord prétexté le choc émotionnel, puis l'éloignement, avant de lui avouer – par courrier – son incapacité à projeter son avenir en compagnie d'un infirme.

Il avait hurlé, puis pleuré, geint énormément, s'était apitoyé sur son sort, jurant les mille dieux de la guerre pour cette injustice. D'abord de son côté, les infirmières observèrent une neutralité de bon aloi, avant de verser franchement dans l'hostilité. Rowan était un patient particulièrement pénible, et le soulagement fut partagé lors de son transfert sur Mathusalem.

Il déboucha dans le couloir aseptisé avant d'enclencher le simulateur. Chaque jour le voyait exécuter les mêmes gestes en une sourde litanie conflictuelle. Il rejouait ad vitam æternam la bataille qui lui avait coûté ses jambes, sa fiancée, son avenir, ne se débranchant que pour avaler en vitesse de quoi subsister.

Le spectacle sans cesse répété de cet homme arpentant les salles et les allées hantait la maison Abraham. Rowan distinguait à peine les autres pensionnaires, et de nombreux accidents furent évités de justesse. Après cinquante ans de présence, les gens s'accommodaient de ses excentricités. Certains l'avaient même surnommé le Zombie Câblé.

Après ces cinq décennies de solitude, la souffrance était devenue plus sourde, bien que toujours aussi présente. Il avait flirté longuement avec la pensée d'en finir avec cet ersatz d'existence. L'idée de culpabiliser ainsi sa fiancée avait l'aune de lui plaire, et le concept d'attenter à ses jours résonnait comme un baroud d'honneur. Finalement, il s'était persuadé qu'elle ne verserait sans doute pas plus d'une larme sur sa dépouille. Cette pensée l'avait empêché de commettre l'irréparable.

Ce qui l'obsédait plus que tout, c'était cette amnésie post-traumatique oblitérant toujours les circonstances de l'accident. Sa mémoire lui échappait désespérément. Alors il répétait inlassablement la bataille de Yakusa. Il revoyait Logan lui souhaitant bonne chance ; son départ de la base dans son Furtif ; son combat aérien au-dessus de Nariyoshi avec son escadrille ; les déflagrations des défenses antiaériennes et mille autres détails criant de vérité.

En un demi-siècle de simulation, il ne s'était pas fait descendre une seule fois. Ça le rendait fou.

Un léger bruit de vérins en action et la porte coulissa sur la gauche. Son cœur battant la chamade s'attendait à tout. La pièce était plongée dans l'obscurité la plus totale.

A tâtons, elle chercha un interrupteur.

Le petit clic déclenchant la lumière la fit sursauter. Elle s'attendait à bien des spectacles, mais pas à ce qui s'étalait sous ses yeux.

La pièce était quasiment vide. Seul trônait un appareil métallique, apparemment vétuste : un stimulateur d'environnement total d'un modèle extrêmement ancien. A l'intérieur, un homme singeait mollement les gestes de la vie. Il était vieux, décharné, sale, sans tare physique apparente mais constellé d'escarres.

Daphné le dévisagea longuement. Quelques cheveux lavasses ornaient misérablement un crâne dégarni et ridé. Des bulles de souvenirs remontèrent à la surface et crevèrent cinquante années d'oubli. Ces yeux, ces fossettes, ce nez aquilin. Une certitude se dessinait en elle : c'était Rowan. Son ex-fiancé, plus vieux d'un demi-siècle. Il n'était pas mort, seulement prisonnier d'une sim-tot.

Elle se sentit défaillir. Elle imaginait découvrir un sordide petit secret de Logan et tombait sur ça. Une monstruosité inhumaine accouplée à une machine. Elle s'assit sur le sol froid de la pièce. Cette fraîcheur lui apporta un peu de lucidité. Son regard n'osait plus se poser sur l'objet de sa découverte. Elle ne parvenait pas à croire ce que ses yeux lui montraient.

Guerre sans faim

Que s'était-il passé dans la tête de Logan ? Qu'avait-il donc fait ? Elle avait tout à la fois envie de couvrir ce corps décharné, sans parvenir à y toucher, autant par dégoût que par crainte de le blesser. Rowan était devenu un cauchemar vivant, encore que vivant fut un terme plutôt inadéquat. Elle voulut hurler, mais se retint de peur de réveiller Logan. Le sanglot qu'elle étouffa avait un relent amer du passé.

Daphné conservait des bribes d'amour pour Rowan qui était « mort » sur Yakusa. Curieux hasard, Logan s'était chargé de la mauvaise nouvelle. Elle n'avait jamais vu le corps et revoyait avec précision la manière dont Logan l'en avait dissuadé : « N'y va pas, il est totalement carbonisé. » Elle s'était inclinée, ne souhaitant conserver de son fiancé qu'un souvenir sans tache.

C'était la deuxième fois qu'ils se voyaient et contrairement à leur première rencontre, il se montra charmant. Envolé le séducteur de bas étage, disparues ses assurances machistes, toujours présent pour la consoler les mois qui suivirent la disparition de son frère, Logan avait été parfait. Fondant devant tant de prévenance et d'intelligence réunies, Daphné avait commencé à l'apprécier et, finalement, presque à l'aimer.

Deux ans plus tard, ils se mariaient en grande pompe devant toute sa famille, conquise devant tant de qualités réunis en un seul homme (extra-planétaire de surcroît). Puis, ils allèrent vivre sur Carthage, centre névralgique des principales opérations militaires.

Les premières années furent heureuses. Logan, encore prévenant, ne s'énervait pas trop souvent. Essentiellement lorsque Daphné se refusait à lui, prétextant une migraine ou toute autre mauvaise raison que lui dictait son imagination. Les années passant, elle avait appris à se montrer soumise pour éviter les conflits et les coups. Elle regardait son bonheur dans le rétroviseur, tout en se voyant vieillir avec un homme qui, chaque jour, devenait pire qu'un étranger.

Peu à peu, l'évidence se fit jour : Logan avait tout organisé pour voler la femme de son frère. Qui plus est, ce dernier avait passé cinquante ans dans un vulgaire simulateur au fin fond d'une cave. Cinq décennies de faux souvenirs qui devaient l'avoir amené au bord de la folie.

Face à ce mort-vivant, Daphné s'interrogeait. Pourquoi Logan n'avait-il pas tué son frère ? Un dernier lien familial, ou simplement l'extrême difficulté à se débarrasser d'un corps dans un monde ultra-policé ? Imperceptiblement, elle reconstituait l'indicible fratricide en pointillé. Les incursions régulières de son époux dans cette mystérieuse cave. « Je dois tenir la forme », invoquait-il. Foutaises !

Elle aurait voulu le délivrer, mais elle ne savait comment s'y prendre. Un geste inconsidéré ne le tuerait-il pas ? Par ailleurs, si Logan l'apprenait, et il l'apprendrait, elle se ferait assassiner. Cette certitude grandissait en elle, jusqu'à la dévorer tout entière.

Une larme perla de ses yeux tristes, dégringola sur ses joues jusqu'à atteindre la commissure de ses lèvres.

Elle se retourna, éteignit la lumière, referma la lourde porte en acier et repartit se coucher. Le sommeil fut long à venir cette nuit-là. Et toutes les autres aussi.

Energie libre

de Jean-Louis Bec

> **L'auteur** : Jean-Louis Bec est né en 1959. Docteur en Biochimie, il a été biochimiste à Toulouse et à Montréal avant de se tourner vers la Didactique des Sciences à Montpellier, en 1994. Il enseigne à présent auprès de jeunes malentendants. Outre l'écriture, il se passionne pour la photographie et a réalisé un diaporama pour une galerie d'art contemporain, à Figeac, dans le Lot.

1.

Le vent sifflait, et sa roublardise affolait les épineux, les plantes écailleuses et toute une foule de petits arbres rabougris au tronc atrophié. A flanc de colline, le semblant de piste se traînait entre les cailloux comme une rivière en terrain plat. Une boucle à droite, une boucle à gauche, avec de courts segments de ligne droite dont les extrémités semblaient déboucher sur le vide. Procyon était au zénith et le revêtement synthétique, surchauffé du fait de la proximité des blocs de pierre, laissait suinter des plaques visqueuses d'hydrocarbure prêtes à scotcher à la route le premier regard.

L'élécar ahanait sur la pente et l'augmentation de la déclivité ne cessait d'aggraver le malaise de la mécanique. Sous le capot décoloré, les deux moteurs électriques vibraient de révolte mal contenue.

– Allez, allez, encore un.

Franck fit circuler rapidement le demi-volant entre ses mains, et toute la masse grondante du véhicule s'engagea dans le virage, le museau en avant et les roues dérapantes. Bjorg dut saisir la poignée haute pour ne pas jouer les battants de cloche contre la portière.

Sur sa droite défilait un paysage sec et poussiéreux, aux reliefs abrupts, une succession de ravins taillés dans le roc dont les parois se hérissaient d'arêtes minérales et de troncs noueux. Franck tapa affectueusement sur le tableau de bord de l'élécar et l'envoya d'un coup de volant attaquer l'épingle sur deux roues.

— Le dernier, c'est le dernier. Je te le jure.

Le polymère de la carcasse craqua et il monta de tous ses rivets une plainte confuse, un coassement à la résonance sinistre.

— Tu es obligé de conduire si vite ? demanda Bjorg.

Il parlait sans perdre la route des yeux, toute son attention réquisitionnée par la prévision des secousses et des changements brusques de trajectoire.

— Sinon elle ne montera jamais. Son domaine de prédilection, c'est la descente, pas la montée. Surtout que la chaleur ne l'aide pas.

Franck jeta un rapide coup d'œil vers le haut puis se repositionna sur son siège, avec le désir de vaincre les lacets restants par une ultime charge.

Quand dans un grincement déchirant l'élécar émergea du dernier virage, elle se retrouva au centre d'une esplanade vide délimitée par un alignement de rochers. Le contact coupé, elle s'avachit le nez dans la poussière avec une expiration sifflante de suspensions hydrauliques fatiguées. Le claquement tonitruant des portières rebondit contre les pierres, puis on n'entendit plus que le vent et le bruissement des buissons.

— C'est juste là. De l'autre côté, précisa Franck. Il y en a pour cinq minutes de marche.

Il désignait d'un bras tendu un petit renflement de terrain à la végétation rare. Une casquette à longue visière sur la tête, il se mit en marche, légèrement courbé, ses épaules cherchant à s'effacer sous la chaleur. A quelques pas derrière lui, Bjorg suivait d'un pas nonchalant et avait l'air visiblement ailleurs.

En bas, la plaine brillait comme la mer sous le soleil. Les roches éclatées, leurs éclats tranchants, leurs courbes minérales, harponnaient et fouettaient la lumière pour la faire danser comme de l'eau. Dans cette atmosphère poussiéreuse, la station scintillait au loin d'une luminescence étrange, et sa blancheur semblait parfois irradier des éclairs. Conçue comme une étoile à huit branches, son port d'arachnide n'en paraissait que plus affirmé.

En équilibre instable au-dessus du vide, deux moignons de tour avaient encore la force de s'opposer à la planéité du paysage en contrebas. Deux masses à la configuration carrée, reliées par quelques fragments de mur prêts à éjecter une pierre comme on crache une dent.

Les deux hommes s'avancèrent sur le champ de ruines, Franck en sautant de pierre en pierre, les bras écartés pour assurer son équilibre, Bjorg en les contournant l'une après l'autre, sans pourtant lâcher du regard

Energie libre

les deux sommets érodés des tours jumelles. L'un s'immobilisa au bord du vide pour en évaluer la profondeur, l'autre au pied d'une tour pour se mesurer à sa hauteur.

L'air vibrait autour d'eux, et quelques lourds insectes giclaient parfois des touffes desséchées pour zébrer le site de reflets métalliques.

Franck parcourait les ruines, grimpait, sautait et furetait. Il longeait les murs pour les caresser des doigts et évaluer du pied leur résistance, explorait les restes d'hypothétiques meurtrières ou les vestiges de poches obscures semblables à des caves.

A côté de lui, Bjorg semblait économe de ses mouvements. Il se tenait devant les tours mais ne les approchait pas. Une chose l'intéressait particulièrement : les reliefs partiellement édentés qui chapeautaient le haut des tours et dessinaient dans le ciel des motifs étranges. Il lisait en eux comme dans les viscères de quelque animal sacrifié, et avait, à force de les contempler, la tête pleine de tempêtes, d'orages, de vent. Brûlés par le temps, le ciel, l'Histoire...

Franck atterrit soudain à ses côtés.

– Alors, qu'en penses-tu ?

Il arborait un sourire enthousiaste, luisant de sueur.

– Etrange, ça fait rêver, répondit Bjorg. Je n'avais jamais visité ce genre de site. Depuis le temps que j'en entends parler...

– Moi, plus je bouge, mieux je peux essayer d'imaginer comment c'était, avant.

Il quitta d'un bond le promontoire, et le bruit sourd de sa chute déclencha la fuite désordonnée de gros scarabées aux yeux verts aussi brillants que des émeraudes.

– Ce décor me rappelle les ruines d'une abbaye qui se trouve là-bas, sur la Terre, reprit Bjorg. Bien sûr, ce n'en est pas la réplique à l'identique, mais il y a quelque chose de troublant dans cette ressemblance. Ces tours en particulier, leur profil émietté, rogné, cet effet du vent... Très curieux, conclut-il l'air songeur, le regard errant d'une tour à l'autre.

– Une abbaye habitée par des moines ?

– Hein ? Non, des nonnes... Elles ont succombé à l'isolement, à la crise de la foi, à la Révolution, aux pillards...

Ils se tenaient tous deux côte à côte, face aux tours. Franck, le front sourcilleux et le regard pointu, animait ce chaos de blocs bousculés de combats, d'incendies, du va-et-vient des torches dans la nuit cruelle. Il entendait presque distinctement le cliquetis des portes qu'on verrouille en hâte, le bruissement des longues robes dans les escaliers noirs et pentus, le choc des haches ébranlant le calme des voûtes d'un roulement mortel. Et des cris, beaucoup de cris. Ceux des hommes subjugués par l'attaque, profonds, rauques, haineux et concupiscents, ceux des femmes, stridents et violemment douloureux, entrecoupés de brèves prières à peine articulées.

Bjorg, appuyé nonchalamment à un tronc tortueux, se trouvait loin de ces pensées guerrières. Il mâchonnait un fil de polyéthylène en écoutant les sifflements du vent alourdis du crissement des insectes, et songeait au regard baissé des nonnes, à leur pas pressés répercutés en échos sous les voûtes minérales, à leur trottinement de souris soyeuses et au silence de leur passion face aux statues éternellement froides.

– Et ici ? reprit Franck.

– Ici ? Bjorg sourit et ses épaules ondulèrent d'impuissance. Quelques vestiges d'une civilisation éteinte dans un décor minéral noyé de lumière... Pourquoi pas des nonnes après tout. Une société semblable à celle de notre Moyen Age. Resterait à définir pour quel type d'êtres, bien sûr.

Un coup de vent cingla la poussière, et tous deux enfouirent leur visage au creux de leur bras.

– Quel vent, grogna Frank en s'enfonçant littéralement les globes oculaires dans leurs orbites pour soulager ses yeux. Je parlais l'autre jour avec Khan, l'archéologue. Jusqu'à présent, ils ont recensé six constructions semblables à celle-ci dans un rayon de trois mille kilomètres. Deux tours, quelques pans de murs, des trous. Toutes dans le même état de dégradation. Et toujours rien autour. Pas de tombe, pas d'outils, aucun reste quelconque. Le désert, comme ici. A croire que tout s'est envolé, que tout a disparu comme ça, d'un coup. Ces pierres ont été taillées, transportées, agencées, mais comment et par qui ?

Préoccupé, Bjorg gardait le regard rivé aux ruines. Il reporta soudain son attention sur le sol, d'abord sur un insecte semblable à un criquet terrestre orné d'une collerette épineuse, puis sur une pierre grise et carrée, élément évincé d'une tour. S'approchant d'elle, il en longea de la main les arêtes et les reliefs, en sonda les interstices.

Cette planète ne cessait de l'intriguer. Depuis qu'il avait rejoint la station pour intégrer une équipe de physiologistes, il y avait de cela à peine deux semaines, les questions qu'il était amené à se poser ne cessaient de le déranger. Bien sûr, le paysage semi-désertique présentait de nombreuses caractéristiques terrestres, la station fêtait ses dix ans d'exploration tranquille. Mais même dans ces faits rassurants, dans le déroulement de la vie quotidienne, se trouvaient des riens indéfinissables, des germes

Energie libre

d'étrangeté, des successions de détails baroques, décalés, qui voilaient tout d'un mystère latent.

– Tu cherches à déchiffrer quelque chose ?

Se tenant droit devant lui, Frank respirait vite et, dans la lumière, son front paraissait se liquéfier. Bjorg étira sa lèvre inférieure en une moue circonspecte puis regarda ses doigts en hochant de la tête.

– Je crois que je suis mal outillé. Ils sont tout juste bons à me gratter de temps à autre.

Franck rit franchement :

– Un peu plus que ça quand même.

Il se tourna alors à nouveau vers les tours puis, retrouvant son sérieux, demeura un moment pensif.

– Tu sais, je suis en train de penser aux travaux de Phil Bard. Tu le connais ?

Bjorg fit non de la tête.

– C'est un physicien de la station. Il était chargé de recenser tous les cailloux de cette planète, enfin, d'une région la plus vaste possible. Etablir un catalogue géologique d'identification en quelque sorte.

– Pourquoi *était* ?

– Parce que Bard ne travaille plus à sa collection d'échantillons. Il refuse. Il a trouvé mieux, ce qui scandalise aussi bien ses collègues que la hiérarchie scientifique, laquelle évidemment fait tout pour nuire à ses travaux actuels.

Franck se rapprocha de Bjorg.

– Bard prétend avoir trouvé à proximité de ces deux tours, des cristaux particuliers capables de stocker l'énergie lumineuse. Ils gonflent... ou un truc comme ça, dit-il en esquissant une sphère de ses bras. Ils changent de forme. Un peu comme des éponges avec l'eau. Et là où ça fait mal dans les têtes bien faites des autres physiciens de la station, c'est que ses conclusions sont en total désaccord avec toutes les conceptions jusqu'alors admises sur les minéraux, cristaux et tout ce que tu veux. Même en admettant que nous ne sommes pas sur la Terre. Ses détracteurs assurent qu'un tel phénomène n'est pas sérieusement envisageable et Bard, évidemment, s'efforce de démontrer le contraire. Etonnant, non ? conclut Franck en taquinant du pied une sorte de gros scarabée pataud. Bjorg secoua la tête en signe de compréhension.

– Etonnant, reprit-il. Je comprends mieux pourquoi Bard a des problèmes avec la hiérarchie.

Il laissa filer un court moment de silence.

– Tu le connais ? Je souhaiterais le rencontrer.
– C'est facile. Il est assez disponible, d'habitude. Surtout si tu lui parles de ses travaux. On rentre à la station ?

Bjorg acquiesça d'un mouvement de tête et tous deux rejoignirent l'habitacle de l'élécar. Gonflé de chaleur, celui-ci leur envoya au visage un souffle nauséabond de dormeur fiévreux quand ils ouvrirent les portières.

2.

Bjorg avait cerné d'un seul regard la façade morne du département de physique et s'était enfilé par la première ouverture rencontrée. Le couloir était long et étroit, exagérément encombré d'un alignement hétéroclite d'armoires de rangement, de vieux ordinateurs, de caisses et d'appareils à l'architecture torturée dont il ignorait l'usage. Du plafond fissuré, quelques lampes poussiéreuses dispensaient une lumière froide et terne, et cet éclairage un peu chiche donnait à l'ensemble un air désuet de science fatiguée. Suivant cet étroit goulet, il franchit une nouvelle ouverture, puis encore une autre.

– Vous cherchez quelque chose, peut-être ?

Une femme d'un certain âge, une main agrippée au col d'une combinaison grise, le toisait du regard. Il fit un pas vers elle mais elle se recula aussitôt, le visage soudain crispé, les yeux fébrilement plissés. Ses lèvres fines étaient hermétiquement serrées.

Bjorg s'adressa à elle avec toute la bonhomie dont il était capable.

– Je cherche Phil Bard. Il travaille ici, non ?

– Si on veut, oui. Vous le trouverez au fond du couloir, dernière porte à droite.

Elle haussa les épaules et fit un rapide demi-tour pour se diriger vers un passage minuscule dont l'ouverture s'encastrait dans le mur, entre un module informatique et un casier métallique. Elle s'apprêtait à disparaître quand Bjorg la vit se retourner et le considérer assez longuement tout en dodelinant de la tête. Sans savoir pourquoi, il eut une réelle envie de lui tirer la langue, mais il s'abstint.

Le fond du couloir sentait le renfermé, la poussière. Il y régnait d'ailleurs une obscurité pernicieuse qui suggérait plus la cave désaffectée que le laboratoire de recherche à la pointe de la technologie.

Il découvrit la dernière porte au centre d'un rayonnage surchargé, lourdement encadrée par de multiples appareils et des échantillons de

Energie libre

roches. Aucun nom n'était signalé nulle part.

Deux coups brefs donnés à la porte et Bjorg perçut un juron, le crissement d'un fauteuil. Il eut bientôt devant lui la vision d'un homme jeune au nez extrêmement long et aux yeux partiellement dissimulés par une frange basse de cheveux blonds et raides.

– Phil Bard ?

L'homme acquiesça sans répondre. Bjorg tendit la main et se présenta.

– Nous avons un ami commun, Franck Jill.

Puis comme Bard persistait à rester silencieux :

– Le couloir est sombre, j'ai eu du mal à vous trouver.

– L'éclairage a grillé le mois dernier. De toute façon, cette aile de la station a été construite en dépit du bon sens. C'est un véritable labyrinthe.

Il parlait d'une voix forte comme s'il avait souhaité en imposer à son visiteur.

Bjorg pénétra dans un réduit de trois mètres sur quatre dont le centre était occupé par une table et un fauteuil. Les murs étaient saturés d'étagères, les étagères surchargées de papiers, de disques et de bandes magnétiques. Il y en avait partout, entassés dans tous les sens. A même le sol également, ce qui rendait délicat le court trajet entre la porte et le bureau. Le tout était baigné d'une poussière abondante qui fuyait au moindre geste sous la lumière incidente de la lampe en une foule désordonnée de grains.

Bard fit signe à Bjorg de s'asseoir.

– Je n'ai qu'un fauteuil. Cela me permet de gagner un peu de place. Comme je ne reçois que très peu de visites actuellement... ajouta-t-il avec un sourire forcé.

Bjorg s'appuya à la table selon son habitude. A côté de lui, Bard, bien droit, le dépassait d'une tête.

– J'ai entendu parler de vos travaux par Franck. Vous travaillez sur des cristaux capables d'emmagasiner l'énergie, c'est bien ça ?

Bjorg vit le nez de Bard bouger, sa frange battre son front plusieurs fois.

– Exact, répondit-il.

Il inspira bruyamment et un silence pesant sembla encore rétrécir la pièce.

– J'ai découvert ces cristaux par hasard, en ramassant des échantillons de roches. Ils se trouvaient peu profondément enfouis dans le sol. Deux, l'un à côté de l'autre. D'une pureté parfaite.

Il se tourna vers Bjorg de façon à juger de l'effet de ses paroles. Puis adoptant un ton plus grave, une articulation plus lente :

– Je suis actuellement en train de démontrer que, laissés à la lumière, ils sont capables de changer de structure. Ce sont de véritables pompes à énergie. Ils pourraient constituer de fantastiques accumulateurs.

Au fil de ses paroles, Bard s'animait et ses mains allaient et venaient pour dessiner de grandes courbes.

– Vous comprenez, continua-t-il, si je parviens à décrire la nature de ces cristaux, leur structure, comment s'organisent leurs atomes, alors cela pourrait déboucher sur des théories atomiques intéressantes, révolutionnaires même. Imaginez...

– Surtout, n'oubliez pas d'éteindre vos appareils en quittant le laboratoire.

Interloqués, Bjorg et Bard se tournèrent d'un seul mouvement vers la porte Deux yeux perçants allaient de l'un à l'autre avec acharnement. La moue inquisitrice, Spitz avait engagé son buste par la porte entrouverte et semblait les pointer de son nez.

– Hier, votre lampe est restée allumée toute la nuit, continua-t-elle. Vous savez pourtant que nos photopiles d'alimentation connaissent quelques problèmes actuellement.

Elle se retira après quelques froncements de sourcils, une dernière crispation de la bouche.

– Vous prévoyez quel type de développement ? se força à enchaîner Bjorg en se frottant les mains pour les dépoussiérer.

Bard demeura silencieux. Il semblait soucieux, et ses doigts pianotaient nerveusement sur le rebord de son bureau.

– Excusez-moi, dit-il, je pensais à Spitz... Oui...

Un cliquetis lui coupa la parole. Poussée lentement, la porte révéla cette fois une tête d'homme chauve. Faiblement éclairée, son crâne brillait et renvoyait des reflets de boule métallique bien astiquée.

– Bard, je quitte le laboratoire. N'oubliez pas de couper le courant, surtout.

La voix était douce, sirupeuse, légèrement hésitante. Bjorg crut y déceler une pointe forcée de paternalisme bienveillant. L'homme referma la porte précautionneusement. Resté silencieux, Bard n'avait pas esquissé le moindre mouvement.

– Vous attendez beaucoup de visites de ce genre ? demanda Bjorg sur le ton de la plaisanterie.

– Je pense que c'est la dernière pour ce soir, répondit Bard avec un sourire qui cachait mal son amertume. Mais ne vous fiez pas au ton utilisé par celui-là. Palmid est un hypocrite qui sait très bien montrer les dents en conseil d'administration. Surtout, quand il s'agit de la répartition des crédits au sein de l'équipe et plus particulièrement du financement de mes expériences. On a beau se trouver sur une nouvelle planète, ses habitudes n'en ont pas changé pour autant, loin de là.

– Vous voulez dire qu'il ne croit pas suffisamment en ce que vous faîtes pour vous accorder l'aide financière et matérielle que nécessitent vos expériences ?

– Exactement. Non seulement il me reproche de sortir du cadre de mes fonctions, mais il refuse également de considérer ces nouveaux cristaux en tant que découverte scientifique. Il paraît que ce n'est pas le moment, que ce n'est pas important. Pourtant, je pense avoir les premières preuves de ce que j'avance. Je ne comprends pas son obstination, son manque de lucidité.

Il grimaça plusieurs fois et son visage se durcit.

– Vous comprenez, si je n'avais pas réfléchi aussi activement sur le sujet, je ne continuerais pas mes recherches avec une telle obstination. Je suivrais tous les conseils prodigués à droite et à gauche par mes collègues toujours bien intentionnés, et mon travail pourrait se cantonner à l'échantillonnage de roches. Cela me permettrait au moins de me faire bien voir de mes supérieurs.

Il ricana avec hargne.

– Mais actuellement, je me suis pris au jeu, et plus j'essuie de critiques, plus je m'obstine.

Deux coups brefs retentirent à la porte et celle-ci s'ouvrit sur une jeune femme aussi souriante qu'élancée. Elle fit quelques pas en avant, évita une pile chancelante de documents et déposa un baiser rapide sur les lèvres de Bard, qui sourit d'une mine triste. Après quoi, elle se tourna vers Bjorg.

– Mylène, mais tout le monde m'appelle Myl. On se connaît de vue... Vous faites partie des derniers arrivés... Je travaille dans le département de chimie.

– Bjorg. C'est un nom d'origine scandinave, précisa-t-il quand il comprit qu'elle croyait avoir mal entendu.

Myl se tortilla pour retirer de ses épaules une sorte de minuscule sac à dos.

– Je t'ai amené le disque, dit-elle en s'adressant à Bard. Le service informatique me l'a fait passer en début d'après-midi. Le directeur est d'un collant... Il ne rate pas une occasion pour m'attraper le bras ou la main. En plus, il a les doigts visqueux comme des anguilles.

Immobile et silencieux, Bard regardait le disque à travers le rideau de ses cheveux.

– Alors Phil, on l'essaie ce nouveau programme ? dit Myl avec impatience.

Il acquiesça par des mouvements de tête et murmura un OK à peine audible.

3.

Bard franchit la porte de son bureau et, dans la pénombre, se dirigea vers l'entrée d'un passage étroit dont le fond débouchait sur une pièce encombrée de nombreux appareils. La plupart étaient hors d'usage, finement nappés d'une couche de poussière. Se faufilant dans ce dédale technologique décadent, il gagna son montage, puis se pencha jusqu'au sol pour allumer une lampe à la lumière avare.

Myl jetait des regards autour d'elle et faisait la moue.

– Chaque fois que je rentre ici, je me demande comment tu peux y travailler. Quelle pagaille là-dedans !

– Oui, je sais, c'est un peu poussiéreux mais ici, au moins, on me fiche la paix.

Bjorg s'approcha à son tour d'une longue paillasse où s'entassaient un bon nombre d'appareils dont la forme et la fonction lui parurent, au premier abord, mystérieux. Il reconnut un ordinateur classique à clavier, mais ne put comprendre le sens de la construction où optique et électronique se côtoyaient. S'il hésita un court moment à distraire Bard de sa concentration, sa curiosité fut toutefois trop forte pour qu'il parvienne à censurer la question qu'il se posait.

– Comment ça marche ? Excusez ma question, reprit-il aussitôt, mon truc, c'est les plantes... La physiologie végétale.

Bard pointa sur lui un regard mi-étonné, mi-impatient puis esquissa un sourire. Il aimait trop son sujet pour refuser à Bjorg une petite explication.

– Vous savez, dit-il presque sur le ton de la confidence, je ne peux que travailler empiriquement ici. Pas de matériel suffisamment sophistiqué, pas d'aide. Et puis je ne connais rien à ces cristaux. Tous les tests visant à identifier leur nature atomique se sont révélés négatifs. De quoi sont-ils faits ?

Il eut un geste vague.

– Alors, pour les étudier j'ai construit ce montage. C'est très simple. Je me demande d'ailleurs si cela permettra un jour d'obtenir un résultat.

Il posa sa main sur un tube sombre.

– Ici un laser, lumière rouge, basse énergie.

Il se tourna vers Bard en souriant.

Energie libre 105

– Vous comprenez, comme je pense que ces cristaux changent de structure à la lumière, il est impératif de choisir pour l'étude un rayon lumineux dont la fréquence est absente du spectre de Procyon. Le cristal est posé sur une platine. Il reçoit le rayon et ici, les détecteurs affichent les résultats. J'étudie ainsi l'absorption du faisceau, sa diffraction... L'ordinateur situé derrière stocke les données. Le nouveau programme devrait permettre de les cumuler, de les comparer, de mener des études plus fines, beaucoup plus complexes que celles déjà réalisées. Vous voyez, dit-il en montrant à Bard un dispositif optique monté sur un rail, le faisceau est capable de se déplacer suivant toute la longueur du cristal. On fait ensuite tourner le cristal d'un certain angle et on recommence pour obtenir une suite de scans. Il est prévu d'étudier ainsi deux types de cristaux, l'un avant irradiation lumineuse, l'autre après.

Il sourit.

– Peut-être cela nous renseignera-t-il sur la géométrie et l'activité de ces cristaux, la disposition de leurs atomes.

Myl sortit alors d'un casier une boîte métallique et fit sauter précautionneusement le couvercle. Posés sur un lit de coton, deux cristaux translucides jouaient les œufs parallélépipédiques d'un curieux volatile. Elle en prit un, le tendit lentement à Bard qui le déposa avec attention sur la platine. Après quoi, il poussa les interrupteurs du laser et de l'ordinateur sur On et se détourna du montage.

– Je vais faire un premier run rapide, mais il y en a quand même pour plus d'une heure.

Il fila vers la porte d'un pas pressé qui tenait de la fuite.

– Toujours énervé, Phil, commenta Myl en lui emboîtant le pas.

Bjorg suivait derrière et s'étonnait encore de la dégradation des lieux. Les dix ans de la station semblaient ici avoir été multipliés par deux ou trois.

Bard pianota rapidement sur l'ordinateur d'une main agile puis se détourna de l'écran pour reporter son attention sur un tournevis. L'exclamation de Myl le fit sursauter, et il virevolta sur son siège tout en portant une main à son front.

– Eh ! c'est quoi, ça ?

Bard s'approcha si près de l'ordinateur que Bjorg dut se pencher en avant pour distinguer quelque chose. Sur l'écran apparaissaient des colonnes clignotantes de chiffres qui, à peine constituées, s'écroulaient et se désintégraient. Des ensembles de points fusaient dans tous les sens, révélant une géométrie complexe, immatérielle et déconcertante. Ils s'entrechoquaient et zébraient l'écran de trajectoires lumineuses. Parfois immobiles, ils se mettaient alors à briller intensément, semblables à des étoiles nées de l'obscurité informatique. Il arrivait aussi que les données réapparaissent un court instant avant de se décomposer à nouveau.

Le visage de Bard était livide. Le doigt pointé sur l'écran, il cherchait à se concentrer, suivant parfois les traînées lumineuses.

– Gros problème, laissa-t-il tomber dans le lourd silence qui les avait gagnés tous les trois. Est-ce dû à l'ordinateur, au programme ? J'arrête tout et on refait un *run*.

Sa voix s'était durcie. De la sensation d'échec, Bard évoluait vers une révolte sourde. Il se retourna d'un bloc, eut une ondulation nerveuse de tout le corps. Myl connaissait bien cette attitude, aussi jugea-t-elle sage de prendre les devants.

– Il vaut mieux le laisser seul, dit-elle en s'adressant à Bjorg. On a le temps de prendre un café si vous voulez.

Bjorg acquiesça. Myl déposa un rapide baiser au sommet de la tête ébouriffée de Bard, puis tous deux quittèrent la pièce pour s'engager dans un passage sombre et tortueux. Marchant courbés à cause de la faible hauteur du plafond, ils se glissèrent entre des armoires pour longer des mètres d'étagères. Ils traversèrent aussi des zones obscures où il n'était possible de progresser qu'à tâtons.

– Le distributeur se trouve dans le passage qui mène au bureau de Spitz. Autrefois, ce bureau constituait une pièce indépendante et le couloir était fermé par une cloison, dit-elle tout en marchant. Quand Palmid a décidé d'annexer ces quelques mètres carrés de plus à son laboratoire, il a fait creuser une ouverture et a utilisé une armoire en guise de porte. Original, non ? En physique comme en chimie, rien ne se crée, tout se transforme.

Soudain, un cri déchirant parcourut les couloirs comme un souffle de bombe et les laissa pantois, la respiration coupée, les figeant net dans leurs paroles et leurs pensées. L'effet de surprise dissipé, Myl se précipita en appelant.

– Phil ! Phil...

Sa voix se voulait tonique mais se fendillait au fil des appels. Résonnant dans le silence, le martèlement de ses pas se répercutait de coin obscur en armoire vide pour composer un son continu de tremblement de terre. Derrière elle, Bjorg suivait difficilement.

– Phil...

Energie libre

Myl appelait sans cesse, et plus elle se rapprochait du bureau de Bard, plus elle appelait.

Elle poussa la porte du laboratoire de Bard avec une détermination craintive, un élan paradoxalement motivé et freiné par la peur. Le temps d'apercevoir Bard assis devant son ordinateur et elle trébucha sur une pile de boîtes avant de chuter lourdement en criant.

Il était là, assis, et se frottait les yeux. Elle se releva, rassurée.

– Ça va, Phil ?

Il répondit d'un hochement de tête, l'air hagard et les yeux rouges. Il tremblait encore, et ses cheveux dressés sur sa tête renâclaient à reprendre leur place Le sang pulsait à son cou comme un fleuve en crue, et il dut déglutir plusieurs fois avant de prononcer un son intelligible.

– C'est incroyable, incroyable... murmura-t-il.

Myl posa sa main sur son épaule et tenta de lui parler d'une voix calme.

– Qu'est-ce qui est incroyable ?

– Ce que j'ai vu, là, dit-il en désignant l'écran d'un geste large. Et puis après...

Bjorg s'avança et considéra Bard avec attention tout en jetant des coups d'œil interrogateurs à Myl.

– Vous pouvez nous expliquer ça plus précisément ?

Bard tenta de se soulever de son siège sans toutefois y parvenir. Il était encore choqué, ses mains tremblaient. Il donnait l'impression d'avoir froid et chaud en même temps et avait dans les yeux cet éclat trouble dû à la peur.

– J'ai d'abord aperçu une lumière, dit-il, sur l'écran.

Il accrochait sur les mots. Sa langue allait trop vite, se tortillait stérilement dans sa bouche.

– Non, reprit-il, il y a d'abord eu les chiffres, les résultats des mesures. Mais je n'ai pas eu le temps de les voir, ils se sont effacés comme la première fois.

– Et ensuite ? questionna Bjorg.

– Ensuite, reprit-il au bout de quelques secondes, une lumière blanche, très blanche, une sorte d'éclair... Elle partait, revenait, s'estompait. Puis soudain, son intensité s'est multipliée et elle est devenue aveuglante, insupportable.

Il se mit à respirer sur un rythme plus élevé et se voûta sur son fauteuil.

– Ensuite, je n'ai pas compris ce qui s'est passé. Il m'a semblé que la lumière grossissait, grossissait, qu'elle devenait énorme et quittait l'écran pour me sauter dessus, qu'autour de moi tout se dilatait et explosait. J'ai reçu un grand choc en pleine poitrine suivi par la sensation d'une brûlure intense. Je ne parvenais plus à respirer et me suis mis à trembler de tous mes muscles. Une douleur diffuse me donnait l'impression d'être totalement broyé.

Il arrêta son récit pour reprendre haleine, la tête basse et le regard ancré au sol.

– J'ai ressenti une peur phénoménale, quelque chose de monstrueux.

Myl le considérait, inquiète.

– Et maintenant, ça va ?

– Oui, oui, je crois que c'est passé.

Bard se mit difficilement debout et s'ébroua comme s'il émergeait d'un bac de douche.

Bjorg était perplexe sur ce qu'il venait d'entendre. Y avait-il eu un court circuit quelque part et Bard avait-il été électrocuté ? Possible mais peu probable. A moins qu'il n'ait volontairement mis les doigts dans les entrailles de la machine... Peut-être avait-il connu un délire passager, un éblouissement. Il avait parlé d'une grande quantité de lumière... Que Bard ait cédé ainsi à un excès de tension nerveuse au cours de cette soirée si importante pour lui était au demeurant compréhensible.

Bjorg recula de deux pas, pivota en direction de Bard.

– C'est vous qui avez éteint l'ordinateur ?

Bard jeta un coup d'œil sur la noirceur de l'écran.

– Je pense qu'il a grillé. S'il a reçu une décharge équivalente à la mienne, il n'y a rien d'étonnant.

Bjorg actionna plusieurs fois l'interrupteur mais la machine resta muette et son écran obstinément sombre. Il hésita un très court instant avant de poser une autre question. Bard paraissait fatigué, peu enclin à la réflexion. De plus, Myl le considérait avec une moue désapprobatrice, un rictus de chatte dont on taquinerait les petits. Les mots jaillirent pourtant sans qu'il puisse les contenir.

– Que pensez-vous avoir vraiment vécu ? Comment interprétez-vous ce phénomène ? C'est curieux quand même...

Il essayait d'entraîner Bard mais celui-ci refusa tout net de poursuivre la conversation. La tête dodelinante et la main en avant en signe de rejet, il passa un bras autour des épaules de Myl pour parvenir à tenir debout.

– Demain, peut-être, j'y verrai plus clair, mais pour l'instant...

Il porta sa main libre à ses yeux. La tête lui tournait et Myl le saisit à bras le corps. Ils se dirigèrent vers la porte, soudés l'un à l'autre, Bard tantôt précédé de Myl, tantôt suivi par elle.

Bjorg leur emboîta le pas. Comme il allait refermer la porte coulissante, il jeta au montage un dernier coup d'œil, comme s'il avait voulu, par surprise, saisir un peu du mystère qu'il renfermait. Sur les touches blanches du clavier, un insecte à la couleur d'encre semblait, de sa démarche dégingandée, écrire un énigmatique message.

4.

Bjorg se réveilla la tête saturée d'images. Des éclairs télescopaient des nonnes poursuivies par un insecte géant dont le faciès chitineux se métamorphosait parfois pour adopter le visage de Bard. Dans les couloirs jonchés de claviers, des armoires jouaient avec malice à obstruer leur fuite.

Il se secoua, quitta d'un bond sa couchette pour revêtir rapidement sa combinaison et gagner un grand couloir fortement éclairé.

La cafétéria, le temps d'absorber un liquide pâteux au fort goût d'orange, et il rejoignit le département de chimie d'un pas vif, n'accordant sur son chemin que peu d'attention aux saluts de ses collègues. Il lui tardait de savoir...

L'air songeur, Myl se tenait appuyée à une paillasse avec sous les yeux le mauvais maquillage des cernes sombres. Elle l'aperçut et lui sourit.

– Bard ? demanda Bjorg avec empressement

Elle tourna légèrement la tête, haussa les épaules avec agacement.

– *Out,* dit-elle comme une sentence. Totalement *out*. Il fait crise sur crise, a cassé tout ce qui pouvait l'être dans le studio. Il est coléreux, violent, jamais je ne l'avais vu comme ça. Il est nerveux de nature mais là, son comportement est incompréhensible. Et puis il parle de vengeance à la façon d'un paranoïaque. Son langage est obscène, ordurier. Il est impossible, conclut-elle.

– Vous pensez que c'est à cause des événements d'hier soir ?

– C'est évident, non ?

L'ironie perlait dans chacun des traits de son visage mais Bjorg tâcha de ne pas y prêter attention.

– Et que fait-il, ce matin ?

Elle eut un geste brusque.

– Qu'est-ce que j'en sais...

Bjorg eut un mouvement d'assentiment de la tête et fit demi-tour.

Bard avait quitté le studio en claquant la porte et déambulait à présent dans les couloirs d'une allure faussement nonchalante, un sourire venimeux sur les lèvres et le regard fixe. Outre l'épuisement de Myl, il laissait derrière lui quelques dégâts tel le démontage minutieux du boîtier commandant la climatisation, ou l'éparpillement travaillé des débris d'objets divers.

Il croisa des chercheurs, perçut vaguement des « Bonjour » et des petites phrases anodines auxquels il ne répondit pas. Son cerveau était verrouillé sur une idée unique, une idée qui soulevait dans son estomac et sur son visage des nuées de chaleur, lui insufflait des picotements jusque dans le bout de ses doigts. Spitz. Sa cible était Spitz.

Il s'engagea d'un pas lent et régulier dans le couloir sombre qui menait au bureau de la physicienne, puis se glissa silencieusement à l'intérieur de la porte-armoire. Ses poings étaient serrés et son corps vibrait comme une lame. Personne derrière lui, tout était silencieux. Assise et à son bureau, Spitz devait se tenir raide et s'appliquer à son travail. L'image roula dans sa tête comme une bille de flipper gagnante, et Bard ne put tenir plus longtemps le silence. Un grognement rauque explosa dans sa gorge, une espèce de rire teinté des couleurs de la guerre. La porte vola hors de ses rails dans un crissement de métal froissé. De sa place, Spitz vit s'approcher lentement d'elle un pantin aux gestes désordonnés, le visage et la voix déformés par une hilarité sadique.

– Ah ! Spitz ! Cette chère Spitz ! s'écria Bard en s'avançant, le dos rond et les bras écartés.

Sur son fauteuil, Spitz se raidit. Les pupilles dilatées, elle ramena instinctivement les mains sur sa poitrine. Bard glissait vers elle et cette approche inexorable la laissait muette, les cris écrasés dans sa gorge et le cœur survolté.

– Bard, parvint-elle à articuler enfin d'une petite voix aigrelette, Bard, calmez-vous.

– Sûrement pas, Spitz. Pas si vite.

Abandonnant son approche lente, il fit d'un bond le tour du bureau, se saisit du fauteuil de Spitz. Il y eut un cri, des bras projetés en l'air, une tête qui bâtit violemment vers l'arrière. Bard tirait de toutes ses forces pour ôter à Spitz la protection de son bureau.

– Ah ! Spitz ! rugit-il en montrant les dents puis en éclatant de rire. Je te tiens ! Je te tiens !

D'une main ferme, il l'agrippa aux épaules, l'éjecta de son siège et la saisit à bras le corps. Il l'aplatit sur le bureau, les mains refermées sur la chair sèche et osseuse de ses bras. Spitz se sentit perdue. Ses yeux roulaient

Energie libre

dans leurs orbites comme ceux d'une démente, et sa bouche était celle d'un poisson au bord de l'asphyxie.

Bard la poussa, la tirailla. Il ne riait plus. Son visage était de marbre et il avait dans les yeux une lumière trouble. Lâchant les bras pour se saisir des jambes, il les replia sur la poitrine, positionna le bassin au bord du bureau. Il pesa alors de tout son poids sur le corps de Spitz, le visage au ras du sien, soufflant sur ses yeux une haleine fiévreuse. Spitz suffoquait. L'horreur bondissait dans sa tête en parasite vorace. Elle exprima sa détresse quand Bard desserra son étau et étira ses jambes en compas. Ce fut une longue plainte, aiguë, terrible. Un concentré de panique. Bard y répondit par un éclat de rire et les deux sons antagonistes se mêlèrent pour former un chaos dissonant.

– Et maintenant, Spitz, si on jouait ?

Des pas martelèrent le couloir, firent vibrer la porte-armoire. Deux physiciens surgirent dans le bureau pour s'immobiliser dès qu'ils perçurent la scène, leurs traits figés par une incrédulité angoissée. Bard recula lentement, les mains en avant pour signifier sa volonté de paix. Il fut le premier à rompre le silence.

– OK, dit-il, c'est une farce que je voulais lui faire... Une simple farce...

Bien que son excitation ait soudain baissé d'intensité, qu'il soit parvenu tant bien que mal à reprendre le contrôle de lui-même, son maintien et le ton de ses paroles trahissaient une profonde agitation, un trouble nerveux persistant.

Il désigna Spitz d'un mouvement de tête. Maintenant qu'elle était libérée, ses nerfs craquaient. Des tremblements agitaient son corps et couraient sur sa peau en ondes sismiques régulières. Face à elle, les deux physiciens embarrassés demeuraient silencieux et immobiles.

Alors que Bard disparaissait dans l'obscurité du couloir tout en grinçant des dents, l'un d'eux s'approcha d'elle, maladroitement. Refusant d'entendre la moindre parole, elle lui décocha un regard de chat en colère et quitta à son tour la pièce avec une raideur forcée.

5.

Bjorg marchait sous le plafond lumineux du couloir menant au département de physique. Il songeait à Bard, et ses préoccupations provoquaient chez lui, de temps à autre, des mouvements du bras en direction du revêtement synthétique mural, comme s'il cherchait à puiser dans les fibres artificielles des éléments de réponse à ses questions.

Il poussa la porte et dut patienter quelques secondes, le temps que ses yeux s'habituent à la pénombre. Devant lui se profilait le dédale poussiéreux des armoires, casiers et appareils non utilisés. Des éclats de voix lui parvinrent sur sa droite, et il avança jusqu'à la porte d'un laboratoire mieux éclairé mais tout aussi encombré. Les quatre personnes cessèrent toute conversation à son entrée. Repliées dans leur silence, chacune fixait Bjorg d'un regard interrogateur.

– Je cherche Phil Bard, dit Bjorg après un rapide salut.

Les quatre se regardèrent, échangèrent des mimiques de connivence.

– Pour quelle raison ? demanda celui qui se trouvait le plus à droite de Bjorg.

Puis sans attendre la réponse :

– C'est un individu dangereux, continua-t-il.

– Vous lui reprochez l'originalité de ses travaux ?

La phrase de Bjorg avait giclé comme un acide, et ils le regardèrent, surpris.

– Il a agressé Spitz.

– Bard ?

– Oui, tentative de viol.

– Bard, une tentative de viol ? Sur Spitz ?

Les quatre acquiescèrent d'un seul mouvement de tête.

– Vous plaisantez, dit Bjorg en réprimant difficilement un sourire. Bard est incapable d'une telle chose.

Cette accusation confirmait pourtant les paroles de Myl, mais la scène présentait pour lui un caractère si désopilant qu'il crut bon de cacher ses sentiments sous quelque phrase stupide.

– C'est sérieux, reprit le physicien. Palmid a convoqué le service de sécurité.

– Et Bard, où se trouve-t-il à présent ?

Ils eurent tous quatre un geste de désintérêt et resserrèrent leur rang pour reprendre leur conversation.

Bjorg fila au laboratoire. Le temps d'apercevoir la silhouette du montage au centre du désordre général, et il se dirigea vers le bureau de Bard. Il le trouva assis dans son fauteuil, le visage penché sur l'écran d'un petit ordinateur. Sa main droite pianotait les quelques touches d'un clavier miniaturisé et il répétait sans se lasser la même phrase d'une voix atone :

– Bard demande ouverture à Mémoire Centrale.

Energie libre

Il ne se détourna de son pôle d'intérêt qu'une fois Bjorg à ses côtés.
– Il y a un problème, dit-il en balançant sa frange et en considérant Bjorg comme s'il l'avait déjà vu deux minutes auparavant.
– Important ?
Bjorg ne le quittait pas des yeux. Bard l'intriguait, et il cherchait dans ses paroles et ses attitudes des indices lui permettant de mieux cerner sa personnalité. Les événements que Bard avait vécus depuis la veille étaient trop étranges pour qu'il ne cherche pas à en savoir davantage. Il se rappelait les propos de Myl, son insistance à préciser que jamais elle ne l'avait vu ainsi auparavant. Avait-il été victime de la pression de ses collègues, de l'échec de son expérience ? Bjorg réfléchissait à toute vitesse face à un Bard dont la nervosité paraissait actuellement bien basse. La question s'imposa à lui. Intuitivement, il sentit que c'était le moment, que Bard répondrait.
– Spitz ?
Bard balança lentement sa tête comme un ours en cage.
– Un accident, une erreur dit-il en se levant. Je ne m'appartenais plus, plus du tout. Mon excitation était à son comble et je n'ai pas pu me contrôler.
Son visage soudain défait exprimait un regret sincère.
– Elle m'en a fait tellement voir, conclut-il un peu malgré lui.
Il effaça sa dernière phrase d'un geste de la main.
– Palmid a prévenu la sécurité reprit Bjorg. Je pense que vous devriez devancer votre arrestation.
– Oui, oui. J'ai passé seize heures standards dans cet espèce d'état second. Du moment où les mesures ont été effectuées jusqu'à maintenant. Je me rends compte à présent que je me sens, comment dire, tout à fait normal.
Puis se reprenant :
– Je me sens mieux depuis le moment où j'ai commencé à utiliser l'ordinateur. Mais je vous l'ai dit, il y a un problème dans le réseau.
Appuyé contre le bureau il accentua la voussure de son dos. Bjorg le considérait avec une attention redoublée.
– Il y aurait un lien logique entre les deux ?
– Entre quoi et quoi ?
Bjorg n'eut pas le temps de préciser. Palmid se tenait devant la porte du bureau, la mine grave et le crâne luisant. Deux hommes attendaient derrière lui, dans l'obscurité, leur combinaison couleur sable soulignant leur allure athlétique. Chacun d'eux serrait dans ses mains une matraque.

Palmid s'avança d'un pas, engloutissant sous sa chaussure un scarabée jaune dont tous perçurent le craquement sec de la carapace.

– Bard ! appela-t-il d'une voix forte.

Celui-ci se redressa, sortit sans dire un mot. La porte se referma aussitôt sur les quatre hommes, laissant Bjorg seul, l'esprit vide et le regard errant. Un coup d'œil sur l'ordinateur le tira soudain de sa torpeur pour lui faire exécuter un véritable bond en avant.

Des bribes de texte ondulaient sur l'écran et des colonnes de chiffres éclataient pour s'écrouler en coulées de fragments disparates. Parfois, son centre jouait les trous noirs, et l'amalgame composite des symboles estropiés fusait vers lui pour dessiner une tache lumineuse de forte intensité.

Bjorg coupa le contact et l'image disparut sous un voile noir. Il pensait à ce qu'il avait lui-même constaté sur l'écran lors des premières mesures, aux paroles de Bard, celles qu'il avait prononcées juste après son éblouissement : ces chiffres qui jouaient les fantômes, se déformaient, fuyaient sous le regard. Phénomène semblable à celui-ci. S'il ne voyait pas, pour l'instant, en quoi les états psychiques de Bard et les comportements fantasques de l'informatique pouvaient être reliés les uns aux autres, il sentait quand même confusément, intuitivement, que le rapprochement des deux était susceptible de lui fournir une piste de réflexion. Bard et l'ordinateur constituaient pour Bjorg un couple peu ordinaire dont il souhaitait préciser la relation.

Quand Myl pénétra dans le bureau, Bjorg était toujours penché sur l'écran du petit ordinateur, comme s'il avait attendu que l'appareil, maintenant éteint, lui livre quelques-uns uns de ses secrets intimes.

– Alors ils ont arrêté Phil ? s'exclama Myl

Elle contenait difficilement sa colère, et ses gestes firent voler quelques feuilles.

– Il n'était pas dans son état normal... Il était... excité... Peut-être parce que sa manip n'avait pas marché comme il l'aurait souhaité. Je l'ai dit à Palmid mais il ne le relâchera pas. Comme si Phil représentait un réel danger.

Elle eut un geste d'écœurement, marmonna une phrase qu'elle garda pour elle.

Bjorg s'apprêtait à lui livrer une ou deux réflexions quand, dans le couloir, retentirent des bruits de pas, des vibrations métalliques et des chutes d'objets. Il fronça les sourcils, se dirigea calmement vers la porte coulissante. Le couloir était plongé dans l'obscurité et seul se découpait un carré de lumière issu de la porte ouverte d'un bureau voisin. Titubant d'un bord à l'autre comme sans cesse repoussé par les alignements d'armoires, un homme progressait dans sa direction. Une main sur la tempe, l'autre tendue en avant pour maintenir un équilibre précaire, il émettait des sons confus où se mêlaient plainte et hargne. Bjorg fut sur lui en trois pas. L'homme saignait. Sa tempe droite expulsait de grosses gouttes de sang qui teintaient la moitié de son visage.

– Ils sont fous, fous, complètement fous, dit-il.

Lui-même semblait sur le point d'exploser et de s'effondrer sous un déferlement de panique. Bjorg tenta de le calmer. Il l'immobilisa, le cala entre deux meubles pour lui parler lentement, avant de le guider vers le bureau de Bard. Ce n'est qu'une fois rassuré sur le caractère superficiel de sa blessure qu'il attaqua franchement le sujet.

– De qui parlez-vous ? demanda-t-il.

L'homme répondit par un gémissement puis parut s'énerver, comme si Bjorg lui posait une question dont il connaissait la réponse.

– Des trois. Vous n'avez pas entendu ? Blédia, Smith, Gallo.

Bjorg fit non de la tête.

– Ils sont devenus fous, subitement, dit-il en ajustant une compresse sur sa plaie.

– Expliquez-vous à la fin ! intervint Myl avec agacement.

L'homme leva vers elle un regard mauvais.

– Ils travaillaient devant leurs ordinateurs, dans leur bureau, seuls. Et soudain, ils se sont retrouvés tous les trois dans le couloir à rire et à faire des gestes obscènes. Ils ont démonté les boîtiers électriques, cassé les systèmes d'alarme. J'ai essayé de les arrêter avec l'aide de plusieurs collègues. Ils faisaient un tel bruit que tout le monde a été rapidement au courant de leur comportement... C'est là que j'ai pris un mauvais coup.

Comme il se taisait, ils entendirent des bruits de course, puis une silhouette apparut dans l'ombre du couloir. Bjorg identifia Blédia. Il ne le connaissait pas particulièrement, mais fut tout de même capable de mettre un nom sur ce visage. Blédia les considéra d'abord calmement. Puis, après un petit saut, son dos se voûta, ses bras et ses jambes s'écartèrent. Une grimace grotesque tordit son visage comme un chiffon. La bouche ouverte et le rire cruel, il les dévisagea l'un après l'autre en accordant une attention soutenue à Myl. Gonflant alors les joues, il émit un bruit de flatulence, et dans un éclat de rire qui lui vrilla le corps, exécuta un geste obscène. Le poing du bras droit haut levé, il s'étrangla sur un cri rauque.

– Spitz, Spitz... Cette chère Spitz...

Il se frotta les mains, jeta un dernier coup d'œil aux trois spectateurs qui, bien qu'un peu abasourdis, n'avaient rien perdu du spectacle, puis fila dans le couloir.

Bjorg s'élança à son tour, Myl sur ses talons.

6.

Blédia allait vite. Il se faufilait au sein de ce labyrinthe avec l'agilité d'un reptile en caoutchouc et parvint à la porte-armoire avec une avance confortable sur Bjorg. Si, d'après sa course, il semblait être resté totalement concentré sur son objectif et avait négligé son poursuivant, il n'en fut pas ainsi une fois parvenu à ce point du parcours. Emettant un rire gras, il jeta un coup d'œil en arrière puis, revenant légèrement sur ses pas, fit basculer, dans un seul élan, deux armoires vides. Il se rua ensuite dans le bureau de Spitz en hurlant un cri saturé de folie guerrière.

Spitz était assise, la tête penchée sur un document, le dos raide et délicatement décollé du dossier. La chute sonnante des armoires provoqua chez elle l'apparition de tremblements ; l'entrée hystérique de Blédia lui dilata les pupilles et lui fit porter les mains à ses tempes Elle reconnut instantanément le rictus de Bard, cette grimace cruelle qui retournait la lèvre supérieure et plissait le nez.

La scène qui suivit fut une redite éprouvante, une nouvelle immersion dans l'angoisse. Blédia la saisit aux épaules, la tira par les cheveux. Il la bouscula pour la faire rouler sur le bureau puis porta la main sur sa combinaison dont il entreprit de déchirer les mailles synthétiques. Spitz fit un violent effort sur elle-même. Elle poussa un cri si aigu que Blédia en fut interloqué, qu'un bref instant son visage retrouva le naturel de ses traits. Il y eut une seconde de paix, puis sa face fut ravagée par une grimace douloureuse. Ses yeux se plissèrent, sa mâchoire céda pour laisser sa bouche grande ouverte. Subitement tordu, le cou s'étira et projeta le visage vers le haut. Bjorg se tenait derrière lui, cinq doigts arrimés à ses cheveux, un genou planté dans ses reins. Il fit tourner lentement Blédia sur lui-même puis renforça sa prise d'une clé au bras.

L'arrivée de Myl et de deux agents de la sécurité mit fin à son intervention musclée. Blédia maîtrisé, ses membres entravés, toute sa hargne se jeta à l'assaut de son visage. Il exécuta des grimaces terribles, des rictus de dément. Son rire devint encore plus lourd de menaces.

Energie libre   117

Evitant Bjorg du regard, Spitz s'était relevée et tentait de reprendre ses esprits en tapotant sa combinaison. Bjorg se tourna alors vers les agents qui s'engageaient dans la porte-armoire.

– Les deux autres ont été capturés ?

La réponse fut évasive. Smith avait été appréhendé mais était parvenu à se libérer. Quant à Gallo, il n'avait pas encore été localisé et les recherches demeuraient vaines. Bjorg trouvait la situation surréaliste. Que deux hommes présentant de tels comportements puissent passer inaperçus dans une station où se côtoyaient trois cents individus lui paraissait difficile. Il en sourit même. Mais presque aussitôt, il porta une main à son front et entreprit de réfléchir. A ses côtés, Myl tentait elle aussi de faire le point.

– Bard, Blédia... Leur agression contre Spitz...

Elle prononça Spitz avec une vive rancœur, en accentuant la sonorité sifflante du nom.

Bjorg acquiesça.

– Mêmes symptômes, mêmes phénomènes, compléta Bjorg en se dirigeant vers le couloir. Un homme devant un ordinateur. Que se passe-t-il ? On l'ignore, mais on le retrouve à courir la station en jouant les satyres.

– Et les deux autres ?

Ils quittèrent le bureau, passèrent avec prudence par-dessus l'enchevêtrement d'armoires provoqué par Blédia.

– Ils semblent plus discrets ou plus malins, répondit Bjorg. Dommage que Spitz ne semble pas constituer un grand centre d'intérêt pour eux, ajouta-t-il en souriant, cela aurait peut-être permis de les appréhender.

Puis se reprenant :

– Si l'on considère qu'après avoir subi ce type de choc, chacun de ces individus se laisse aller à suivre ses penchants, disons... les plus obscurs, Smith et Gallo peuvent constituer un danger sérieux pour la station. Imaginez le sabotage du générateur nucléaire, par exemple.

Tous deux accrochés à leurs pensées inquiètes, Bjorg et Myl se dirigeaient vers le bureau de Bard quand retentit un bruit sourd et bref. Au même instant, ils sentirent sous leurs pieds monter une vibration qui affola les armoires vides, leur arracha des grincements. Ils échangèrent un rapide regard. Tous deux avaient compris. Avant qu'ils aient pu échanger un seul mot, retentirent des appels, des cris. Ils perçurent des courses précipitées dans les couloirs. Puis, de point en point, les alarmes épargnées par les trois démoniaques retentirent, des signaux lumineux clignotèrent. Un rouge et un jaune. Le premier signalait un incendie, le second un risque chimique.

7.

Bjorg et Myl se précipitèrent vers le centre de la station. Avec le même empressement, tous les chercheurs avaient jailli hors de leurs laboratoires et, de porte en porte, retentissaient les mots explosion, incendie, toxique. Un cordon de sécurité était déjà en place quand ils parvinrent au niveau des ascenseurs, et ils furent stoppés par deux agents à la matraque portée à hauteur de la poitrine. Des jointures d'une des portes coulissantes sourdait une lourde fumée noire qui rampait sur le sol en explorateur prudent mais déterminé.

L'explosion avait eu lieu au premier sous-sol, au niveau de la réserve des produits chimiques. A présent, un incendie vorace léchait les cloisons ignifugées de la soute. Bjorg chercha à en savoir davantage, mais entre le silence tendu des agents et le brouhaha ignorant et inquiet des chercheurs, ses questions restèrent sans réponse. Il commençait à trépigner d'impatience quand un homme, vêtu d'une combinaison isolante et portant son heaume sous le bras, apparut au bout du couloir. Toutes les têtes se tournèrent instantanément vers lui. Souriant et affichant une allure de grande décontraction qui détonnait face à l'agitation ambiante, il s'adressa à l'assistance alors qu'il se trouvait encore éloigné d'une trentaine de mètres :

– Calmez-vous, calmez-vous !

Palmid marcha à sa rencontre d'un pas mesuré, avec la volonté évidente d'endiguer ses craintes par le ralenti de ses mouvements. De dos, son crâne étincelait sous les lampes et le coiffait d'un casque à la brillance poisseuse. Le pompier le rassura d'un geste et, dans l'assemblée des chercheurs, une vague de soulagement tarit les sources d'inquiétude.

– Il n'y a pas de problème particulier, coupa le pompier alors que Palmid le pressait de questions. Ça n'ira pas plus loin. L'étanchéité de la soute a tenu le coup et on perfuse du CO_2.

– Et le générateur nucléaire ? s'enquit Palmid, le visage ridé par l'anxiété.

– Le troisième sous-sol n'est pas touché. Je vous l'ai dit, l'incendie est maîtrisé. A part la soute des produits chimiques n° 4, il n'y a pas de dégâts.

Energie libre

– Et ça ? questionna Palmid en désignant le filet de fumée qui rasait les angles du couloir. Le pompier eut un geste bref et ironique.
– On est entré pour voir et il y a eu quelques fuites. Normal.

Palmid hocha la tête tout en déglutissant. Il parut se détendre un peu mais la question de Bjorg ranima aussitôt sa concentration.
– Vous connaissez les causes de l'incendie ?
– Constitution d'un mélange détonnant. Phosphore rouge et permanganate de potassium. Tous les stocks y sont passés. D'autres réactifs semblent également avoir été utilisés, et des bidons d'acétone et de chloroforme ont été renversés.

Puis après une courte pause :
– Gallo et Smith sont morts. Carbonisés.

Le dernier mot gomma aussitôt toute conversation et un silence lourd gagna l'assistance. Considérant le pompier d'un regard scrutateur, les chercheurs, leurs visages défaits, sourcillaient et semblaient ne pas vouloir comprendre. Quelques secondes furent nécessaires pour que réapparaissent des échanges limités à de simples murmures. Bjorg fut l'un des premiers à réagir.
– S'agit-il d'un accident ? demanda-t-il au pompier.
– Les bidons ont été volontairement renversés et l'explosion a été provoquée, commenta celui-ci. Par Gallo et Smith, sans aucun doute. On a également tenté de neutraliser les systèmes de sécurité du sous-sol. De plus, les fûts de solvants retrouvés dans cette partie de la soute sont ordinairement stockés ailleurs et ont donc dû être transportés.

Palmid se rapprocha du pompier. Son teint avait rosi et il cillait nerveusement des paupières.
– Si je vous comprends bien, Gallo et Smith s'étaient mis en tête de faire sauter la station ?
– Je ne crois pas, dit le pompier d'une voix grave après avoir reculé d'un pas. Ils savaient qu'une explosion de ce type ne pourrait venir à bout de la structure. Ils connaissaient les produits, les dispositifs de sécurité. Leur motivation tient plus du suicide que de l'attentat.

Bjorg restait silencieux. Dans sa tête, la pression ne cessait de croître sous l'accumulation des faits : les agressions, l'incendie, des morts et des arrestations... La liste s'allongeait avec une rapidité stupéfiante. Il se tourna soudain vers Palmid qui conversait avec le pompier.
– Palmid, l'interpella-t-il. Je souhaiterais rencontrer Bard. C'est très important.

Il s'y était mal pris. Il le devina instantanément, car Palmid leva vers lui un regard sourcilleux tout en continuant sa conversation comme si de rien n'était. Ce fut le pompier qui prit l'initiative d'interrompre l'échange alors que Bjorg interpellait Palmid pour la troisième fois. Celui-ci se tourna alors d'un bloc. Grimaçant, il paraissait vouloir se donner les attitudes d'un homme en colère et exprima de la tête une négation forcenée.

– Vous n'y pensez pas, Bjorg. Bard est aux arrêts et il est hors de question qu'il passe son temps à recevoir des visites.

Une onde de murmures et de commentaires monta de l'assistance à laquelle Palmid répondit par une série de coups d'œil assassins.

– D'ailleurs, continua-t-il, d'une certaine manière, le hasard fait bien les choses puisque dans quelques heures, une navette doit s'envoler pour la Terre. Bard fera partie du voyage.

Bjorg sentit son sang se glacer, ses nerfs se tendre à l'extrême. S'il n'éclata pas, c'est qu'il eut soudain la lucidité de considérer le moment où tombait sa demande : alors que l'incendie n'était pas entièrement maîtrisé, que le groupe de chercheurs piétinait autour d'eux, chacun y allant de son commentaire, que toute une effusion de sentiments divers se répandait, refluait et agitait les conversations. Palmid ne pouvait accepter un quelconque passe-droit dans ces conditions. Son autorité se voyait trop souvent malmenée au cours des différentes réunions de laboratoire.

Bjorg recula, tourna le dos à l'agitation du groupe et fila dans la blancheur diffuse du couloir en direction du département de physique. Il fut rattrapé par Myl. Ses quelques pas de course l'avait essoufflée, et son visage reflétait une tristesse d'où sourdait parfois une révolte meurtrière. Ses questions furent muettes, et seule sa main agrippa l'épaule de Bjorg.

– La partie n'est pas perdue, dit très vite celui-ci. Dès que Palmid aura rejoint son bureau, j'irai lui parler et tenterai de le convaincre de me laisser rendre visite à Bard. Peut-être qu'après avoir parlé avec Bard des faits étranges qui frappent la station, il nous sera plus facile de l'innocenter. Il pourra sûrement nous aider, aura des idées d'explication.

Myl exprima sa perplexité d'une moue qui lui gonflait les joues.

– Il a tout de même agressé Spitz, c'est indéniable.

– Oui, mais il n'est pas le seul... A croire que Spitz éveille des troubles obscurs, mais peu importe, ajouta-t-il en esquissant un sourire méchant. Un phénomène se cache derrière ces agressions, et si cela peut être mis en évidence, Bard sera innocenté.

Energie libre
121

Bjorg reprit son avance à grands pas. A ses côtés, Myl se ressaisissait. La boule qui obstruait sa gorge à l'annonce du transfert de Phil s'effritait peu à peu sous un regain d'énergie.

8.

Bjorg quitta le département de physique et son dédale sombre avec soulagement. Pris en tête-à-tête, Palmid ne s'était pas révélé aussi fermé qu'en public et, bien qu'il ait refusé de croire que les agressions aient une seule et même cause, il l'avait autorisé à rendre visite à Bard.

Ascenseur, couloir à la blancheur clinique. Bjorg parvint au deuxième sous-sol, au centre d'une pièce ronde dont l'éclairage puissant oppressa douloureusement ses rétines. Son premier pas éveilla sur le mur plusieurs témoins lumineux et il subit les contrôles jumelés des détecteurs d'identité, de métal et de produits chimiques. Bjorg avança ensuite jusqu'à une grille laser dont les rayons verticaux protégeaient un long couloir également blanc. Une fois sa main posée sur une plaque sensitive, chacun d'eux se volatilisa dans un claquement de fouet. Au bout du couloir apparut alors un homme armé qui escorta Bjorg jusqu'à une nouvelle grille et lui indiqua une petite porte sur la droite.

Bjorg n'avait jamais pénétré dans cette partie de la station. Le silence, la surveillance pesaient sur ses épaules. Il ressentait également une certaine appréhension à l'idée de rencontrer Bard dans sa prison.

La petite porte s'ouvrit automatiquement devant lui et, après une expiration un peu plus appuyée, Bjorg pénétra dans la cellule.

Bard était à son aise. Assis dans un fauteuil et les pieds sur la table, il tapotait d'une main nonchalante sur le clavier d'un petit ordinateur tout en jouant de l'autre avec ses cheveux.

Sa cellule était spacieuse, les murs de couleur douce, le confort bien réel. Pas de fenêtre au deuxième sous-sol, mais la présence d'un écran large révélait que Bard avait accès à la banque image et son de la station et pouvait, également, se connecter aux caméras extérieures pour obtenir la vision du désert environnant. Quant au fait d'être isolé et consigné au sein d'un périmètre limité mais confortable, Bjorg imagina sans peine que Bard ne devait en ressentir qu'une frustration théorique. Il était trop habitué à passer ses journées en solitaire dans un local clos pour se plaindre ici de quoi que ce soit.

Bard se leva d'un bond à l'entrée de Bjorg.

– Salut, Bjorg.

Sa haute taille dépliée, il étira ses bras au-dessus de sa tête comme s'il cherchait à s'élever encore. Il souriait franchement et s'il ne sauta pas au cou de Bjorg, la force avec laquelle il lui étreignit le bras équivalait à une belle démonstration d'amitié. Bjorg ne l'avait jamais connu aussi enjoué et il en fut déstabilisé au point de ne plus savoir quels mots prononcer. Comme il se taisait, Bard parla de sa cellule, la décrivit en énonçant toutes ses commodités avec une profusion de détails.

– Mais surtout, dit-il avec un large sourire, ici, j'ai le temps de réfléchir.

Il montra d'un doigt l'ordinateur.

– Avec ça, je peux accéder à toutes les bases de données de la station. Et puis, plus de réunions stupides.   Finis aussi les Palmid et les Spitz. Ici, le calme !

Il frotta ses mains l'une contre l'autre.

– Je comprends mieux votre bonne humeur maintenant, dit Bjorg dans un sourire.

– Exactement.

Bard devint sérieux et proposa à Bjorg de s'asseoir.

– Vous savez, reprit-il en s'asseyant à son tour, j'ai beaucoup réfléchi. Je ne suis ici que depuis quelques heures mais je n'ai pas perdu mon temps. Et si vous me trouvez actuellement dans un état proche de l'euphorie, c'est que j'ai une hypothèse sur ce qui m'est arrivé. Une hypothèse tout à fait plausible, insista-t-il.

La main en couperet, il eut un geste sec.

– Dès que je sors d'ici, je procède à quelques vérifications.

Bjorg le considéra gravement

– Je vois que vous n'êtes pas au courant.

Il laissa s'égrener trois secondes.

– Palmid a annoncé votre transfert vers la Terre dans quelques heures. Vous partez avec la navette.

Bard demeura un long moment immobile et silencieux. Puis ses traits se durcirent, sa tête roula d'une épaule à l'autre et après quelques pas nerveux, il explosa, traita Palmid de tous les noms, maudit Spitz. Bjorg réussit difficilement à le calmer et quand enfin il parvint à le convaincre qu'il serait peut-être possible de prouver son innocence, Bard avait sa mine des mauvais jours. La nervosité agitait l'ensemble de ses muscles aussi efficacement qu'une décharge électrique, et il était d'une humeur où se côtoyaient colère et anxiété.

Bjorg lui apprit l'agression de Blédia, l'incendie de la soute, ainsi que la

Energie libre

mort de Gallo et de Smith. Devenu subitement pâle, Bard lui accorda une attention pointilleuse, posa des questions en insistant sur la chronologie des événements.

Les traits de son visage un peu décontractés, il se leva puis se tourna vers Bjorg.

– Ce que vous venez de raconter me conforte dans mon hypothèse. Il est évident que ces symptômes de démence, passagère pour moi ou fatale dans le cas Gallo et de Smith, ne sont pas dûs au hasard.

Il considéra Bjorg.

– Qu'est devenu Blédia ?

– Dans une cellule voisine, je suppose.

Bard eut un hochement de tête et s'immergea à nouveau dans ses réflexions à haute voix.

– A mon sens, tout vient du cristal. Les faits s'emboîtent parfaitement mais révèlent une de mes erreurs. Je vous ai dit l'autre jour que le cristal est capable de stocker l'énergie lumineuse. C'est pour cette raison que l'étude de sa structure était réalisée avec une lumière de faible énergie. Il me semblait que théoriquement, celle-ci ne devait pas entraîner de modifications du réseau atomique.

Il désigna de son index un endroit fictif.

– C'était une erreur, reconnut-il avec déception. Je pense maintenant qu'il y a eu stockage à partir du rayon laser puis relargage de l'énergie emmagasinée. Peut-être la lumière incidente a-t-elle fini par déplacer une énergie préalablement stockée au sein du cristal.

Bjorg suivait Bard avec un intérêt croissant et absorbait ses paroles avec une avidité qui n'était pas sans évoquer la capture de la lumière par le cristal. Elles le plongeaient dans des visions moléculaires mouvantes, floues et totalement mystérieuses.

– C'est ici qu'intervient mon hypothèse. Imaginez... Imaginez que, une fois ses atomes saturés par une succession de sauts quantiques et redéfinis dans leurs positions, leurs liaisons chimiques, le cristal se décharge d'un coup pour retrouver spontanément son état initial. Réaction spontanée, massive.

Il leva une main sentencieuse.

– Mais pas d'explosion. Non, un transfert d'énergie. Le cristal se désactive et un autre ensemble d'atomes associés se charge. Et ainsi de suite, si celui-ci se désactive à son tour au profit d'un autre.

Il s'immobilisa.

– Je pense que c'est ce qui s'est passé, conclut-il d'un coup. L'énergie aurait quitté le cristal pour se propager dans les structures de l'ordinateur et modifier ses réseaux électroniques. Il se serait passé au sein de l'ordinateur les mêmes phénomènes de réorganisation qu'au sein du cristal. Cette boule d'énergie pure aurait pu rebondir un peu partout et trouver dans l'ordinateur un support pour se matérialiser. Et de l'ordinateur, elle aurait ensuite transité par moi. Infiltrée au sein de mes réseaux de neurones, cette énergie aurait pu en activer quelques-uns, en inhiber d'autres et en créer de nouveaux. Spitz en a fait les frais.

Bjorg restait interloqué, avait du mal à cerner exactement les phénomènes auxquels Bard faisait allusion.

– Et ce n'est pas tout, reprit ce dernier, car d'après votre récit, l'énergie aurait continué sa course, m'aurait quitté pour passer, par le biais de mon ordinateur, dans le réseau où elle se serait amplifiée et se serait ensuite répartie entre les différents chercheurs concentrés sur leurs machines. D'où une similarité de comportements chez Blédia, Gallo et Smith. Je regrette pour eux, dit-il sans transition. Bien que nous n'ayons pas toujours été d'accord, ils m'étaient tous deux sympathiques.

Il se tut, mais vite embarrassé, considéra Bjorg avec un sourire désolé.

– Votre hypothèse est intéressante, commenta celui-ci, mais une chose me surprend. L'énergie n'est pas palpable, elle ne saute ordinairement pas d'un lieu à un autre comme le ferait une puce. Si, par exemple, un objet perd de l'énergie, celle-ci se répartit au hasard dans son environnement et ne se reporte pas sur une seule cible. Toute migration d'énergie entre deux entités implique donc une fuite, une perte. Or, dans votre hypothèse, non seulement on ne constaterait pas de dissipation d'énergie en cours de transfert, mais, au contraire, on assisterait à une amplification.

– Oui, exactement ! s'exclama Bard dans un sourire évident de satisfaction. Le cristal, les hommes et les ordinateurs auraient constitué une chaîne parcourue par une énergie en voie d'amplification.

Bjorg hochait la tête. Il ne refusait pas l'hypothèse formulée mais ne parvenait pas non plus à y adhérer pleinement. L'imagination délirante de Bard ciselait en lui une faille pour le plonger dans un léger détachement, et il hésitait à qualifier le chercheur soit d'inspiré soit de farfelu.

– Il s'agirait alors de phénomènes totalement nouveaux, reprit-il platement.

Bard se laissa tomber dans son fauteuil et, les jambes perchées sur le bureau, parut s'adresser à ses pieds.

– Je pense, oui... Etrange, hein ? De plus, je ne sais toujours pas de quoi ce cristal est fait. D'ailleurs, songea-t-il tout haut, cristal est sûrement un terme impropre.

Il se dressa d'un coup.

– Il faut que je reprenne mes expériences, reprit-il avec force. Amenez-moi le matériel ici. On pourra travailler tranquillement. Demandez à Palmid.

Bjorg renonça à le convaincre de l'inutilité de ce type de démarche et jugea que Bard savait cela aussi bien que lui. Il garda le silence puis, se levant pour faire le tour de la pièce, il inspecta les murs sans noter de dispositif de surveillance particulier.

– Nous n'avons que peu de temps, dit-il. Pensez-vous qu'il soit possible de valider votre explication par quelques éléments de preuve ? Cela permettrait peut être de différer votre départ ?

– Peut-être, en effet, reprit Bard. Palmid est têtu et de plus Spitz a une grande influence sur lui... Mais pourquoi pas ?

Il s'isola dans une réflexion profonde.

– Ecoutez, refaites la manip. Inutile d'aller jusqu'à l'agression de Spitz, précisa-t-il devant la grimace de Bjorg. Si l'ordinateur n'est pas totalement grillé, consultez les données qu'il a recueillies. Le début du *run* a pu être conservé. Observez le cristal. On comparera par la suite les analyses réalisées avant et après la décharge.

Bjorg répondit par un hochement de tête puis se dirigea vers la porte après un geste bref de la main. Il allait sortir quand il se retourna soudain.

– Au fait, dit-il, savez-vous pourquoi de tels systèmes de détection sont mis en place dans ce sous-sol ? La station n'a tout de même pas pour vocation d'être une prison.

– Une prison, non, mais ce souterrain est un lieu très surveillé. Y sont stockés les réserves d'éléments radioactifs. C'est un coffre-fort en quelque sorte.

Bjorg sortit rapidement, décidé à gagner aussitôt le bureau de Bard. Les différents systèmes de contrôle lui firent perdre des minutes qu'il jugeait précieuses.

9.

Bjorg heurta du genou l'angle métallique d'une armoire, et un fourmillement douloureux se propagea dans toute sa jambe. Il jura, et c'est le visage grimaçant qu'il pénétra dans le bureau de Bard où l'attendait Myl. Celle-ci lui posa une série de questions pressées. Phil ? Comment allait-il ? Surtout, comment se comportait-il ? Bjorg répondit de façon concise et enchaîna sur le récit abrégé de sa théorie.

Myl partit au quart de tour. Plantant là Bjorg et son genou amoché, elle se rua vers le laboratoire, fit retentir le couloir de sonorités métalliques variées en bousculant des armoires et en claquant des portes. Sur ses traces, Bjorg pestait comme un perdu.

Pénombre des couloirs, du laboratoire. Formes mystérieuses des appareils démontés où se côtoyaient le flou et l'angle aigu. Myl avait écrasé les interrupteurs du laser et de l'ordinateur avec force. Elle tenait à présent le cristal sur le plat de sa main et, malgré l'obscurité, cherchait à le sonder du regard. Il y avait dans ses gestes une grande gravité empreinte de respect et de curiosité, un rien de fascination qui rendait ses yeux fixes.

Dans la pénombre, le cristal réfléchissait une lumière faible et énigmatique, un reflet laiteux qui contrastait par sa douceur avec le faisceau tranchant du laser. Bjorg pénétra dans la pièce alors que Myl le déposait sur la platine. Elle lui accorda un sourire puis démarra le programme d'étude.

— Attention, hein, dit-il. Juste quelques minutes, sinon il va vous sauter à la tête, et après...

Il eut une mimique d'impuissance.

Elle pianota rapidement sur les touches de l'ordinateur.

— Quatre minutes d'étude, affichage immédiat de toutes les données, copie écran. Voilà. Nous n'avons qu'à attendre dans le couloir.

Ils sortirent.

Quatre minutes et l'écran afficha plusieurs colonnes stables de chiffres luminescents. Myl y jeta un coup d'œil rapide puis chargea le disque du précédent enregistrement. L'ordinateur patina quelque peu. L'écran fut cisaillé par de grandes zébrures, des éclairs à la géométrie rectiligne devant lesquels Bjorg et Myl s'écartèrent rapidement. Mais bientôt les nombres apparurent nettement en noir sur fond vert.

Myl fixait l'écran avec une attention vorace.

— Intéressant. Il y a effectivement des modifications de structure. Ici... Là...

Elle désignait du doigt des points particuliers où l'étude mettait en évidence des variations.

— Vous voyez ? demanda-t-elle à Bjorg. Les deux enregistrements diffèrent. Et là ? reprit-elle d'un ton qui s'apparentait plus à une question qu'à une désignation. Regardez. Il y a dans le cristal une zone à forte absorption lumineuse qui n'a pas varié de tout. Une zone noire.

Energie libre

Elle se releva brusquement et bouscula Bjorg qui s'était incliné pour suivre ses explications.

— Le second enregistrement n'est bien sûr que partiel, continua-t-elle, mais d'après le premier, cette zone pourrait être assez large pour qu'on la distingue sinon à l'œil nu, du moins sous une très forte loupe. Je me demande ce que c'est. Attention...

Elle se saisit du cristal, alluma la lampe de bureau d'un geste brusque. Bjorg esquissa un geste.

— Je sais, je sais... dit-elle, Je fais vite mais je ne pense pas qu'il stocke assez d'énergie sous cette lampe pour me tétaniser les neurones. Le phénomène doit être lent et comme ce cristal s'est théoriquement déjà vidé...

Déposé sur la platine de la loupe et enveloppé de lumière crue, le cristal apparaissait légèrement bleuté, d'une limpidité pure, aussi miroitant qu'une mer froide. L'œil de Myl dériva le long de ses plans minéraux pour en évaluer rigoureusement la translucidité, la teinte et la qualité optique.

— Alors ? s'impatienta Bjorg.

Le visage de Myl se contracta sous l'effet de l'attention.

— Il y a quelque chose, en effet.

Elle fit glisser le cristal de la platine pour le faire tourner entre ses doigts et la lumière fusa à sa surface.

— Dans cette zone, dit-elle en la désignant du doigt. Des points noirs, serrés les uns contre les autres. Ils dessinent une sorte de losange.

— Des impuretés ? Des poussières qui auraient pu être incluses au moment de sa formation ?

Myl exprima son ignorance d'un haussement d'épaule et plongea à nouveau le laboratoire dans l'obscurité.

— Je me demande si Phil avait remarqué cela, ajouta-t-elle.

Elle recouvrit le cristal d'un tissu noir et se lança dans une méditation silencieuse. Une succession de gestes secs révéla bientôt son agacement.

— Il faudrait du temps pour étudier tout ça. Une étude de ce type ne se conclut pas en cinq minutes. Quand je pense...

Il y avait du venin dans le ton de ses paroles.

— Et le second cristal, son frère jumeau ? coupa Bjorg. Si le losange est dû à des impuretés, il est peu probable qu'il soit présent sur les deux.

Myl acquiesça, faillit bondir mais se figea soudain, tout son corps tendu par la répression de l'élan.

— Il n'est pas désactivé, celui-là.

Elle prit deux secondes de réflexion.

– J'envoie un rapide coup de laser dans la zone où devrait se trouver le losange. Le risque, c'est qu'une zone noire absorbe toute la lumière qu'elle reçoit. Même en agissant rapidement, le cristal peut à tout moment relarguer son énergie.

Elle pivota sur elle-même.

– Je vais faire la manip, décida-t-elle d'un coup. S'il se passe quelque chose...

– Je verrai avec Palmid, répondit Bjorg. A la réflexion, ce serait la meilleure des preuves de l'existence du phénomène.

– Peut-être, mais si je peux éviter...

Bjorg sortit, ferma la porte. Adossé contre une armoire vide, il refit le tour de l'hypothèse de Bard. Elle aiguillonnait sa curiosité mais, au fond, ne le surprenait plus. Pris dans l'action et le désir d'aller vite, il était maintenant persuadé de son fondement. Le problème réel serait de convaincre Palmid.

Myl posa précautionneusement le deuxième cristal sur la platine et, le montage une fois calé, déclencha un run sans hésiter. Le faisceau percuta le cristal de son aiguillon de lumière. L'écran palpita en quelques pulsations rapides, puis afficha les données recueillies.

– OK, dit-elle pour elle-même. Même cristal, même losange sombre, même endroit.

Elle répéta la phrase une deuxième fois afin de stimuler sa réflexion. Il y avait dans ce fait quelque chose de curieux, quelque chose qui échappait à sa compréhension immédiate. Elle porta sa main à son visage, évalua la ride de concentration qui barrait son front puis, le sourcil froncé, alla chercher Bjorg dans le couloir.

Celui-ci ne parut pas surpris outre mesure du résultat. S'il avait proposé de faire l'expérience, c'est qu'il s'attendait à tout et n'avait pas de préjugé particulier.

– Une marque de fabrique, ajouta-t-il un peu au hasard avec un air faussement indifférent.

Mais il sentit aussitôt que ses paroles avaient plus de portée qu'il n'avait voulu leur en donner au départ. Face à lui, le regard de Myl devint luisant et attentif.

– Mais oui ! Ces cristaux bizarres ont été fabriqués quelque part. Le losange pourrait être effectivement une marque de fabrique, au sens premier du terme. Fabriqué par quelqu'un... Quelqu'un, répéta-t-elle aussitôt avec un ton insistant qui rendait compte de sa difficulté à croire ce qu'elle disait.

Face à elle, Bjorg restait calme et immobile Ils demeurèrent quelques secondes les yeux dans les yeux dans un échange intense de regards, chacun souhaitant évaluer ce que pensait l'autre.

– Le peuple des tours ? lança-t-elle.

Bjorg fit la moue, la question à peine formulée.

– Il n'y a que des tours, précisément. Rien d'autre. Des tours et le désert. Ces cristaux sont des objets élaborés. Je comprends mal comment un peuple encore au stade de l'architecture moyenâgeuse parviendrait à les fabriquer.

Myl douta de l'argumentation de Bjorg.

– Leur technologie a peut-être évolué ainsi : un retard sur nous en architecture, une avance sur autre chose.

– Peu probable, non ? Et des cristaux pour quoi faire ?

Il réfléchit dans ce sens mais, au fond de lui, une idée était déjà en cours de développement. S'il n'en fit pas instantanément part à Myl, c'est qu'il sentait qu'elle la heurterait, la rendrait sarcastique. Il considéra son air soucieux et concentré puis pénétra dans le laboratoire. Myl le suivit et c'est alors qu'il se lança.

– Ces cristaux ne peuvent avoir été conçus que par un peuple parvenu à un haut degré de technicité. Un peuple qui serait venu ici, les aurait déposés ou laissés et ensuite serait reparti.

Myl grimaça sous l'effet du doute.

– Dans quel but ? Prendre possession de la planète ? Eliminer le peuple des tours ?

– Sûrement. Les cristaux sont des armes redoutables. Perturbation des systèmes nerveux... Les autochtones ne leur ont pas survécu.

– Et le fait qu'on ne retrouve rien d'eux ?

– Nettoyage...

Soudain Bjorg fit claquer ses doigts.

– Ce peuple des tours n'a peut-être jamais existé. Si l'on considère les cristaux comme des armes à retardement, il est logique que les tours fassent partie intégrante des pièges tendus. Elles attirent les visiteurs, ils fouillent, trouvent les cristaux, les exposent à la lumière...

Myl cassa net son enthousiasme.

– Vous faites fausse route. C'est trop lourd à réaliser. De plus, ces cristaux ne provoquent pas de dommages importants.

– Ils rendent fous, avec une tendance à la destruction et à l'autodestruction, qu'est-ce que vous voulez de plus ? On peut très bien imaginer que...

Il ne finit pas sa phrase. Myl dodelinait de la tête avec un air buté et cet entêtement provoqua chez Bjorg une brusque exaspération. Vexé, il poursuivit néanmoins le développement de son idée.

– Il est possible que cette planète n'ait jamais été habitée par qui que se soit. Elle est gardée, protégée. Par qui, je n'en sais rien, mais le piège fonctionne. Bard a mordu à l'hameçon et il est à prévoir que d'autres s'y laisseront prendre également.

Myl ouvrait de grands yeux mais Bjorg persista à développer ses arguments

– Et puis, imaginez que plusieurs cristaux réagissent en phase, se désactivent au même moment. L'énergie dégagée pourrait provoquer des destructions massives. D'ailleurs, continua-t-il, pris à nouveau par l'enchaînement de ses idées, il est à prévoir que plus un peuple est évolué, plus les cristaux sont dangereux et efficaces puisque les ordinateurs agissent alors comme des relais. Myl restait silencieuse. Elle ne parvenait pas à accepter les idées de Bjorg.

– Vous allez trop loin. Des armes, des pièges, des méchants. Un peu guerrière votre analyse, non ?

Bjorg encaissa la moquerie d'un soulèvement d'épaules.

– Pourquoi pas ? Le raisonnement se tient.

– Pourquoi pas ! répéta-t-elle ironiquement.

Le scepticisme entêté de Myl surprit Bjorg mais il ne releva pas et choisit de recentrer la conversation sur leur préoccupation première.

– Je vais prévenir Palmid, lui expliquer. S'il reconnaît l'existence des losanges, peut-être admettra-t-il que Bard et les autres ne sont que des victimes.

Il se trouvait près de la porte et se préparait à quitter le laboratoire quand un ronflement sourd fit vibrer la station sur son assise. Bjorg et Myl se regardèrent de longues secondes, puis Myl se laissa glisser dans un fauteuil tout en portant une main à son front. D'un signe de la main, elle demanda à Bjorg de s'éloigner.

A quelques centaines de mètres de la station, la navette prenait lentement de l'altitude, et le nuage de poussière soulevé recouvrait peu à peu les bâtiments d'un voile sombre.

10.

Energie libre

Bjorg marchait dans les couloirs, la tête vide. La lumière crue exerçait sur lui une action légèrement soporifique et le plongeait dans un éblouissement qui neutralisait son excitation coléreuse. Le bureau de Palmid se trouvait au bout du couloir. Bjorg y pénétra après deux coups légers. Palmid se tenait debout contre la baie. Il lustrait la boule lisse de son crâne d'un geste vif et précis. Son visage s'éclaira d'une mimique au paternalisme convenu quand il se retourna.

– Bonjour, Bjorg.

Il s'installa derrière un bureau scrupuleusement rangé.

– Toujours préoccupé par les travaux de Bard ?

– Et par Bard lui-même. Il a été transféré alors que nous étions sur le point d'établir son innocence.

Palmid eut un sourire crispé.

– Prouver son irresponsabilité n'aurait pas évité son transfert. L'agression a eu lieu, il y aura jugement. Et comme personne dans cette station n'a le pouvoir de juger qui que ce soit...

Il jeta un regard en coin à Bjorg.

– Maintenant, vous pouvez ajouter au dossier toutes les pièces que vous voudrez.

Bjorg hocha la tête puis exposa la théorie de Bard sur le rôle des cristaux. Il mentionna également la présence des losanges noirs. Face à lui, la bonhomie de Palmid vira à l'aigre.

– Vous devriez calmer un peu votre imagination et votre sens de la catastrophe, commença-t-il. Je vous signale tout de même que, dans le cas où vous établiriez que le cristal et les comportements violents constatés seraient corrélés, tout ceci aurait pu être évité sans l'intervention et l'entêtement de Bard. Et il est improbable, je pense que vous serez d'accord avec moi, que quelqu'un d'autre dans la station passe son temps à irradier un cristal à coups de laser. Comme c'est ce qui, selon vous, a tout déclenché...

Bjorg sentit en lui une violente montée de colère.

– Tout cristal présente un danger. Pas uniquement ceux soumis à un rayon laser. Imaginez que d'autres cristaux soient ramassés, introduits dans la station. Il est nécessaire de prévenir l'ensemble du personnel.

– Vous voulez semer la panique dans la station ? Nous sommes ici pour travailler, Bjorg. On cherche, on trouve, on rend compte à la Terre. On ne donne ni dans le catastrophisme, ni dans le dispersement débridé.

Bjorg le considéra curieusement sans ajouter un mot et recula de trois pas. Son geste était instinctif et prémonitoire. La porte glissa avec violence et un homme surgit, un agent de la sécurité. Il brandissait une arme de poing et riait à s'étouffer. Le canon se leva vers Palmid, cracha silencieusement trois volées d'aiguilles, coup sur coup. Les yeux révulsés et la bouche ouverte, Palmid s'effondra sur le bureau. L'homme effectua alors une série de grimaces, lança quelques éclats de rire comme autant de cocoricos et sortit sans adresser un seul regard à Bjorg.

Immobile, celui-ci resta de longues minutes à contempler le corps de Palmid. Ses mains tremblaient et sa salive avait la consistance pâteuse de la résine. Pourtant, la vue du cadavre n'était que pour peu de chose dans le déclenchement de cette agitation. C'était la folie de l'agent qui l'inquiétait, ses attitudes, ses grimaces identifiées comme autant de symptômes. Et quand soudain il pensa à Myl, à ses expériences réalisées sur le cristal, son inquiétude s'accrut encore. Il imagina qu'elle avait poursuivi l'étude, que le cristal lui avait jeté son énergie comme un serpent son venin et qu'elle déambulait actuellement dans la station, la tête pleine d'idées destructrices.

Bjorg s'arracha à son immobilisme pour se jeter dans le couloir. Il perçut des cris, dépassa un homme en train de tituber, l'épaule déchirée, évita deux cadavres. L'entrée du département de physique lui parut aussi sombre que celle d'un four et il se glissa dans le dédale en tempêtant.

A chaque virage, chaque passage étroit, ses muscles s'écrasaient sur le pointu des angles métalliques, contre la rugosité des revêtements muraux. La porte du laboratoire de Bard vacilla sur ses rails et il se trouva face au regard de Myl. Il y eut quelques secondes de flottement au bout desquelles il la jugea totalement lucide. Alors, il se précipita, arracha les câbles de l'ordinateur pourtant éteint et écrasa les protestations de Myl d'une voix forte.

Quelques rapides explications et elle eut sous les yeux l'image alarmiste d'une station peuplée de fous et de cadavres.

– Je craignais que vous ne soyez la première victime du phénomène, enchaîna-t-il.

L'anxiété durcissait le visage de Myl.

– Avez-vous une idée de l'origine de cette énergie ?

Bjorg eut une longue expiration.

– Pas la moindre, mais il vaut mieux éviter de manipuler les ordinateurs. Je vais tenter de comprendre ce qui se passe exactement. On est isolé ici.

– Je vous accompagne.

Myl n'avait pas hésité et comme Bjorg semblait douter de la pertinence de sa décision, elle réaffirma sa volonté de le suivre.

Energie libre

Bjorg marchait en tête. Ils progressaient lentement. Tout était silencieux ; avec une attention scrupuleuse, ils évitaient de faire résonner la masse creuse des armoires. Gagnant ainsi la sortie du département de physique, ils longèrent des couloirs avant de parvenir à la porte d'un laboratoire de chimie. Etendu entre les paillasses, un cadavre gisait la face contre le sol, une tache rouge au milieu du dos. Ils n'échangèrent aucun mot, juste quelques regards inquiets, avant de poursuivre. Ce qu'ils découvrirent alors les pétrifia. Dans un des couloirs principaux de la station, une vingtaine de cadavres s'entassaient devant une porte, les membres enchevêtrés, les corps déchiquetés par une grêle mortelle d'aiguilles. Le sang gouttait des blessures pour ruisseler en filets épais et noirâtres. Les bureaux suivants proposaient des scènes semblables. Des morts, toujours des morts. A croire que sur l'ensemble du personnel présent dans la station, il n'y avait plus qu'eux deux de vivants.

Plus loin, encore d'autres cadavres, assis et recroquevillés devant leur bureau, les deux mains tétanisées enserrant leur visage crispé, un ordinateur à l'électronique détruit et à l'écran noirci jetant sur chacun d'eux un regard vide.

Soudain, alors que dans le silence, ils allaient de découverte macabre en découverte macabre, ils perçurent des cris. Aigus, tranchants Quelque chose entre la plainte et le rire, difficilement identifiable. Bjorg se tourna vers Myl, fit signe qu'il allait avancer, mais Myl attrapa son bras en faisant non de la tête.

– Ça suffit, dit-elle. J'en ai assez vu.

Ses yeux brillaient ; Bjorg la sentait démesurément tendue. Lui-même faisait des efforts prodigieux pour garder son calme et il renonça à poursuivre ce parcours morbide.

– OK, dit-il, gagnons l'extérieur pour faire le tour de la station. C'est moins risqué et cela nous permettra peut-être d'en apprendre davantage sur ces événements.

Il fit trois pas et se retourna vers Myl.

– Ce que je ne comprends pas, c'est la rapidité avec laquelle tout cela s'est produit... Le temps qu'on réfléchisse, que j'aille voir Palmid...

– Et le fait que nous ayons été épargnés jusque là, coupa Myl, que nous n'ayons presque rien entendu ?

S'il y avait une pointe d'humour noir dans la question de Myl, Bjorg la jugea involontaire.

– Sûrement à cause de l'inaccessibilité du labo de physique. Il n'y vient jamais personne.

Angoissés, ils avaient tous deux de grandes difficultés à réfléchir. Myl esquissa un sourire triste.

— Ce silence ?

— Ils sont morts instantanément. Les agents de la sécurité sont devenus des tueurs et ont surpris tout le monde. Il n'y a pas eu de mouvement de foule. Efficacité et précision.

Bjorg écrasa sur son front deux grosses gouttes de sueur et s'adossa au mur.

— Il nous faut sortir de là au plus vite, dit-il en se redressant.

Il sembla hésiter, puis entraînant Myl, il dévala les quelques mètres de couloir restant.

Le désert leur souffla au visage son haleine chaude embuée de poussière. Les reflets abrasifs de la silice dans la lumière laminèrent leurs yeux et leurs lèvres avec une cruauté de mandibules d'insectes. Quittant rapidement la station, ils amorcèrent l'escalade d'un amoncellement de cailloux. La pente minérale se dérobait sous leurs pieds, cassant net leurs efforts d'un roulement de roches. Les quelques arbustes décharnés auxquels ils s'agrippèrent, s'effritèrent sous leurs doigts en glissant de fines échardes sous leur peau. Quand enfin, le souffle court, ils parvinrent au sommet, la chaleur et le stress s'étaient conjugués pour tarir leurs forces, dessécher leurs poumons et durcir leur langue. La station irradiait une lumière à la blancheur insoutenable. Ils tentèrent de l'observer en clignant des yeux, les mains en guise de paupières mais ne découvrirent rien. Pas de signe de vie. Une station morte que la chaleur semblait digérer peu à peu.

— Bon Dieu, s'exclama Bjorg, trois cents personnes ne disparaissent pas aussi vite ! Ce n'est pas possible...

En proie à un grand trouble, il tourna le dos à la scène.

— Faisons le tour. On est mal placé, ici.

Myl désigna une dune plus haute, plus éloignée.

— De là-bas, on verrait mieux ce qui se passe.

Bjorg approuva et dévala la pente, accompagné involontairement par une kyrielle de cailloux bruyants et bondissants. Ils amorcèrent la boucle à pas mesurés et après quelques dizaines de mètres, eurent le choc de découvrir parmi les cailloux, un grand nombre de cadavres. Jetés au hasard, solitaires ou emmêlés, ils fixaient le ciel ou gisaient la face contre le sol.

L'effet horrible de la surprise un peu dissipé, Bjorg en dénombra silencieusement une soixantaine. Soixante. Il se répéta ce nombre, le

Energie libre 135

regard rivé à la scène, comme s'il cherchait à comprendre exactement le sens de ce mot.

Il serait resté là bien plus longtemps si Myl, après s'être éloignée, n'était revenue.

– J'ai trouvé, dit-elle d'une voix rauque. C'est juste là, derrière la pointe de la branche numéro six.

Bjorg la considéra quelques secondes sans rien dire, puis il vit ses yeux apeurés.

– Vous aviez raison, ajouta-t-elle, en avalant une salive rare.

Bjorg fit les quelques pas nécessaires et s'immobilisa en découvrant la scène. Un des volets permettant l'entrée dans la station était ouvert ; à moitié engagé dans l'ouverture stationnait un élécar. A côté se trouvait une remorque dont le contenu étincelant de reflets laiteux ne laissa à Bjorg aucun doute sur sa nature cristalline. Combien y avait-il de cristaux entassés là ? Une centaine ? Beaucoup plus peut-être. Bjorg frémit à cette pensée, songea à tous ces cristaux libérant d'un coup un colossal flux d'énergie.

Il y avait des cadavres partout. Ceux qui se trouvaient dans un périmètre de quinze mètres autour de l'élécar étaient carbonisés, réduits à un état de squelettes noircis. D'autres, plus éloignés de la source, n'étaient brûlés qu'en partie et avaient perdu un bras, une jambe ou le visage. La décharge avait dû être phénoménale pour provoquer autant de morts. Sans compter les fous qu'elle avait également générés et qui, après avoir éliminé les survivants, avaient sûrement trouvé très drôle de s'entre-tuer.

– On devrait s'éloigner, proposa Myl. Si l'un d'eux nous aperçoit ou fait sauter le générateur nucléaire... Nous avons eu de la chance jusque là, ce serait idiot.

Elle tentait de ramener Bjorg à la réalité, de casser chez lui cet engourdissement qui rendait son regard terne et fixe. Il sembla se réveiller quand elle lui saisit le bras.

– Oui, oui, vous avez raison. Il vaudrait mieux pour nous qu'ils soient tous morts maintenant.

La remarque était paradoxale, et il eut un sourire amer.

Tournant le dos à la station, ils s'enfoncèrent côte à côte et silencieux dans le désert, la poussière et la lumière.

Ils ne s'étaient entendus sur aucune marche à suivre, mais savaient tous deux qu'il ne leur restait qu'une seule possibilité. Attendre le plus longtemps possible avant de retourner à la station, à condition, bien sûr, que celle-ci n'ait pas explosé entre temps. Ils n'avaient pas d'eau, pas d'abri, et savaient pertinemment qu'ils ne pourraient pas tenir bien longtemps.

Ce soir là, Bjorg et Myl se couchèrent côte à côte dans un repli de dune pour regarder les étoiles. Quelque part cachée dans le noir profond, masquée par les multiples points scintillants, la Terre tournait, une navette sur sa trace. La navette qui emportait Bard. Bard qui serait innocenté quand les scientifiques de la Terre auraient connaissance des événements survenus à la station. « Il reviendra bientôt », se persuadait Myl à force d'espérer.

Allongé sur sa couchette, Bard guettait l'apparition de la Terre dans la noirceur étoilée du hublot sans savoir s'il devait s'en réjouir ou non. L'atterrissage de la navette ne serait en effet que le prélude à une succession d'événements difficiles à vivre pour ses nerfs : enquête scientifique, enquête judiciaire, procès, et peut-être condamnation. Coincé entre la lassitude et l'ulcération, Bard ruminait pour la énième fois ces pensées quand retentit derrière la porte un rire acide qu'il identifia instantanément. « Blédia est sorti de sa cellule », pensa-t-il à voix haute. Il se leva aussitôt, ouvrit sa porte avec précipitation. Personne. Maintenant atténué, le rire s'éloignait en direction de la cabine de pilotage. Bard remonta à son tour le couloir au pas de course. Il percevait à présent des cris et des invectives, des bruits de lutte. Il déboucha dans le cockpit alors que Blédia, échappant au pilote, percutait violemment les deux autres membres de l'équipage. Bard n'eut le temps que d'esquisser un geste, pousser un cri. Un sourire sinistre sur les lèvres, Blédia sauta sur les claviers et les consoles de commande. La réaction fut immédiate. Les écrans se zébrèrent d'éclairs blancs, d'images flottantes.

– Bon Dieu ! s'exclama Bard. Sortez, sortez vite !

Lui-même fit un bond en arrière, quitta sans se retourner la cabine de pilotage. Il avait fait une dizaine de pas quand il perçut dans son dos le déferlement d'une vague lumineuse. « Trop tard pour les autres », songea-t-il en courant jusqu'à sa cabine pour s'y calfeutrer. Maintenant que les moteurs étaient hors service, son objectif était de s'y maintenir jusqu'à ce qu'un des vaisseaux de sauvetage, en rotation autour de la Terre, appréhende la navette et lui permette d'atterrir.

A travers le hublot, le bleu de la planète gagnait à présent sur le noir de l'infini. Le couloir résonnait parfois de rires et de cris, mais Bard, les poings et la mâchoire crispés, n'y faisait guère attention. Alors que la Terre approchait, il avait dans la tête des images d'énergie se dispersant dans le réseau mondial pour rendre des foules folles furieuses et prêtes à s'entre-tuer.

∼

Energie libre

Sur la même longueur d'onde

de François Rebufat

> **L'auteur** : A trente-deux ans, après une carrière universitaire, François Rebufat oublie un peu l'inexpressif langage académique pour se perdre sur des chemins de traverse et retrouver l'essentiel : rêver, simplement rêver. Il attrape alors un pinceau, une guitare, un ciseau a bois ou un stylo. Il a publié quelques articles scientifiques, des articles dans un magazine de plongée sous-marine ou sur Internet, et un court texte poético-fantastique sur le site Internet d'Axiome Imaginaire, sous le pseudonyme de Frank Lyones.

Allongé sur le sable fin de la berge, Jad ajusta sa Vision. La distance s'évanouit et les mots prirent sens. Etoile Py chantait ce soir-là. Un chant lent et rythmé qui transcendait les amours de Jad. Il était heureux qu'Etoile Py lui parle ce soir, car depuis sa querelle avec Etoile Gamma, Etoile Py négligeait Jad, se repliant sur elle-même comme un enfant abandonné. Son chant de lumière, se répercutant maintenant en mille reflets sur les eaux du lac Qweldj, semblait onduler à l'infini, comme un océan tranquille. Eau, lumière, son : *communique,* pensa Jad en s'étirant langoureusement sur le sable. Il se rappela sa première réalisation à travers laquelle il avait exposé sa singularité. C'était une boîte de verre fermée contenant les huit gouttes essentielles de l'eau. Etoile Ui lui avait donné cinq rayons qu'il avait liés à l'eau et la boîte s'était mise à chanter. *Une réalisation bien puérile*, pensait-il aujourd'hui. Mais la simplicité et la force expressive de l'objet avaient ravi l'assemblée exceptionnellement regroupée pour ce moment unique. Après la présentation, Jad s'était enfui dans le désert de sable rose, intimidé et profondément bouleversé par la révélation de sa singularité. Pendant cent une nuits, allongé à même le sable, il avait écouté les Etoiles chanter.

Depuis ce temps, Jad avait appris beaucoup plus. Il entendait les Etoiles discourir entre elles, leur avait révélé sa présence et passait des nuits entières à disserter sur la poésie de l'univers. Depuis peu, il imprimait un cristal-enregistreur. Ainsi il conserverait une trace de sable de la lumière-son de l'univers. Et, quand viendrait le cycle de communion avec ses semblables, chacun pourrait, par le biais des sens communs, ressentir les échanges entre lui, les Etoiles et l'univers. Ainsi exposée devant tous, sa singularité apporterait à chacun un élément nouveau dans la quête individuelle du peuple de Sable.

Pour l'instant, Jad conversait de l'attirance mutuelle des particules de son entre elles. Il construisait une nappe circulaire, la faisant se déplacer dans l'espace vertical. Sur la nappe, il forma un cycle ondulatoire emprisonnant un silence, puis introduisant une colonne harmonique au centre, il fit converger les chants d'Etoile Py du centre vers la périphérie. Le sable s'envola et se mêla à l'eau en suspension. Sable, eau, son, lumière... L'ensemble paraissait stable, contenant les derniers souvenirs d'Etoile Py. Ce n'est que progressivement que Jad perçut le changement. Tout d'abord isolée et désorganisée, puis de plus en plus dense mais sans structure, une vague de son déferla sur la construction, perturbant la cohérence interne de l'ouvrage. Autour de Jad, la marée sonore déferla comme un ouragan chaotique, balayant tout sur son passage. L'eau du lac se mit à vibrer alors que la réalisation qu'il venait de créer était vaporisée par la déflagration. Une vive douleur envahit l'ensemble de ses organes sensibles. Son corps, long et annelé, fut pris de convulsions avant qu'il n'ait le temps de déconnecter sa Vision. Avant de sombrer, son sens commun connu sous le nom de « vue » enregistra la présence d'un monstrueux artefact en suspension au-dessus des eaux maintenant démontées du lac Qweldj. Un maelström de sable et d'eau envahit tout l'espace, masquant la lumière des étoiles. Jad perdit connaissance.

Quand il reprit conscience, l'univers familier des dunes de sable faisait place à un environnement froid, sombre et profondément déroutant. Sa vue ne lui était pas d'un grand secours, et il décida de rouler sur lui-même. Le sol dur et froid était parfaitement lisse. Après avoir fait cinq tours sur lui-

Sur la même longeur d'onde 141

même, il heurta une paroi tout aussi lisse. Cette manœuvre, il la réitéra onze fois avant de conclure sur la structure spatiale de son environnement. Un espace borné de dimension entière : une petite surface rectangulaire complètement entourée de parois. Le contact entre son épiderme et cette matière minérale étrangère accroissait son malaise. Son corps était parcouru de petits frissons à chaque changement de position. Jad sonda en lui-même. Les effets de la déflagration sonore s'étaient quasiment estompés. Il ajusta sa Vision. Un vertige nauséeux s'empara de lui. L'univers environnant semblait si incohérent. De son corps suintait une sueur épaisse. Rien, dans ses expériences passées, ne l'avait préparé à envisager un monde aussi étroit, aussi dénué de vie, de lumière. Les structures sonores qu'il projetait se répercutaient sur les parois, rendant leur contrôle incertain. Cela lui apprit que ce nouvel univers était clos dans toutes les directions envisageables : espace, son, lumière. Une terreur claustrophobique s'empara de lui.

A quelque distance du lac Qweltj, Oth aperçut une troupe d'une centaine de Communiants avançant le long de la rive. Sa Vision lui transmettait les sensations de friction et d'interaction entre les corps des Communiants et la masse de Sable. Plus loin, il perçut les émanations gravitationnelles d'un corps massif, entouré d'autres moins denses et mobiles. L'objet était partiellement creux, mais la densité du matériau minéral dans lequel étaient faites ses parois n'évoquait rien de connu pour Oth. Les choses mobiles semblaient organiques, vivantes même, mais enveloppées d'une carapace faite du même minéral dense et inconnu.

Les Communiants avançaient maintenant en désordre vers un groupe de ces créatures à l'épiderme rigide, envoyant des émanations emphatiques élémentaires, invitant chacun à rejoindre leur communion. Oth ne comprenait pas les Communiants. Echanger sa quête individuelle pour un bonheur virtuel dans une communion globale lui semblait répugnant. Il était fier de sa singularité, et s'amalgamer à une conscience collective provoquait chez lui une intense sudation.

Malgré la noirceur de la nuit, son altitude élevée – Oth avait pris l'habitude de résider dans les airs – lui permit d'entrer en contact visuel avec le dense et massif objet. Ce dernier reposait sur le flanc d'une dune de sable fin, maintenu parfaitement en équilibre par un ensemble d'excroissances le reliant au sol. Sa forme sombre et imposante, toute en angles et en surfaces planes, apparaissait particulièrement inesthétique à Oth. Autour, le paysage n'était que courbes douces et sable clair.

A la verticale de Oth, les Communiants étaient maintenant massés à faible distance du groupe des créatures étrangères, sombres et pesantes. Ces dernières formaient une ligne devant les Communiants, et un objet mobile, massif comme vingt d'entre elles, survolait la situation.

La décharge mentale de douleur, de peur et de mort atteignit Oth à l'instant même où une pluie de feu s'abattait sur le groupe des Communiants. Simultanément, de l'objet aérien ainsi que de la ligne des créatures venait de jaillir une multitude de faisceaux d'énergie concentrée, submergeant ces derniers de particules dévastatrices. Des communiants, pris dans un maelström de flammes ponctué d'explosions, il ne resta bientôt plus qu'un fin tapis de matière organique carbonisée, agglutinée au sable vitrifié.

Oth, frappé de plein fouet par la double déflagration physique et mentale, s'envola dans les airs suivant une trajectoire chaotique. Sa Vision temporairement déconnectée, il profita de ce répit pour se reconcentrer sur lui-même. Le choc le blessa physiquement lorsqu'il percuta le sol.

Quand il reprit conscience, l'astre solaire juste à sa verticale, sa première réaction fut de prendre les airs. Autour de lui, le désert s'étendait à perte de vue. A quelque distance, Oth perçut une émanation ponctuelle d'énergie brute. Son métabolisme en assimila une parcelle qui se révéla sans danger immédiat.

Suivant une trajectoire douce, il se propulsa jusqu'à la source. Là, éparpillés dans le sable, plusieurs débris résultant de l'explosion d'un objet massif exhibaient leurs formes torturées. Suite à la libération énergétique anarchique, un large cratère de sable vitrifié ornait maintenant les dunes de sable rose.

Oth descendit jusqu'au sol. A l'aide d'un de ses appendices rétractiles, il extirpa du sable un des nombreux résidus du sinistre. L'objet n'avait pas de forme définie, mais une masse conséquente. Son matériau primaire constitutif lui était inconnu. Son contact lui était désagréable, à la limite du malaise. A travers l'objet déchiqueté, il percevait une parcelle de la sensibilité de son créateur, car il le sentait bien, un être sentient en était la source.

Oth vit l'accouchement dans le feu et la force, la mutilation et la frustration pour s'adapter à un univers hostile, la douleur et la peur, la raison et la rationalisation. Il ne comprenait pas vraiment toutes ces choses. Derrière, souvent dissimulées dans des arabesques de sentiments qu'on ne pouvait appréhender, Oth pouvait ressentir quelques émotions pures, en accord avec le cosmos, un espoir, une volonté de partager, la joie, l'amour. Mais le dessin primordial exprimait la haine, la peur et la destruction.

Sur la même longeur d'onde

Il constata que plusieurs cycles solaires s'étaient écoulés quand il reposa le débris déchiqueté. Seul dans le désert, Oth s'enfouit à moitié dans le sable brûlant. Au-dessus de lui, le ciel bleu intense portait encore les traces des sillons creusés par les monstrueuses machines – la transe avait amené à Oth la compréhension de quelques concepts nouveaux – venues des étoiles lointaines. Elles avaient traversé les cieux de Sable par milliers, se posant à différents endroits de sa surface.

En interrogeant les poissons des sables, Oth apprit que plusieurs machines parcouraient le désert, avalant le sable et le recrachant presque aussitôt. D'autres, immobiles, perçaient de profonds trous dans le sol, extrayant des amas rocheux des profondeurs de Sable. Plusieurs bancs de poissons avaient été avalés et digérés.

Oth n'aimait guère être réuni avec ses semblables, et n'avait qu'exceptionnellement recours à ce procédé. Cependant, il ressentait un besoin pressant de communiquer ce qu'il avait appris. Un sentiment étrange, proche du malaise, s'empara de lui. La vie sur Sable allait devenir incertaine si les machines s'y installaient ! Il sentait la menace de quelque chose de terrible. Oth réunit ses forces, construisit une forme mentale autonome et projeta au travers l'énergie suffisante.

La forme-énergie se propagea, particule après particule, atome après atome, à travers l'atmosphère, atteignant chaque parcelle de la masse constitutive de Sable. Toutes les entités sentientes reçurent l'invitation. Le peuple de Sable en saisit le sens et chacun répondit. En un instant, le ciel fut saturé de formes-énergies photo-acoustiques intangibles.

Ainsi communiquait le peuple de Sable. Simultanément, chacun savait ce que les autres évoquaient. Questions et réponses prenaient place dans le même espace de temps. Un tel phénomène entraînait pendant un court instant une altération majeure du flux des énergies à l'échelle planétaire.

Loin au-dessus de lui, Oth aperçut une traînée dans le ciel. Sa courbure s'inclina vers le sol. Oth distinguait maintenant un point sombre précédant la traînée nuageuse. La masse ponctuelle grossit alors que l'objet piquait vers la surface de la planète. Oth ajusta sa Vision sur l'objet. La configuration lui apparut chaotique ; flux d'énergie désordonné, mouvement de chute non uniformément accéléré.

La machine s'écrasa au sol, relâchant son énergie vitale ainsi que celle accumulée pendant sa chute. La déflagration nucléaire vitrifia la surface du désert dans une vaste zone alentour. Oth ressentit la chaleur, puis la brûlure et la douleur ensuite. Il lui fallut toute son attention pour ne pas se désintégrer en une multitude de particules sur-énergisées. L'effort le vida. Avant de sombrer dans une transe régénérante forcée, sa dernière pensée fut pour ses congénères et les autres créatures de Sable. Aucun ne possédait sa singularité. Aucun ne pouvait survivre à un tel flot destructeur.

Immobile, Jad resta prostré une éternité. Il fut tiré de sa torpeur par l'intrusion dans son nouvel univers d'une forme-lumière. Il ne prêta que peu d'attention à cette construction. Elle ne signifiait rien pour lui, mais les formes-lumières pures lui étaient généralement difficiles à percevoir directement. Elle montrait une inesthétique créature sombre, totalement inconnue, dont le membre supérieur de forme plus ou moins sphérique oscillait lentement, tout en déformant sa surface.

Par contre, les ondes sonores qui suivirent furent pour Jad plus qu'un désagrément : bulles torturées de sons rugueux, s'enchaînant les unes aux autres dans une sinistre farandole. Chacune explosait contre l'une des parois de l'univers clos, rebondissant en une gerbe de pulpe poisseuse et corrosive.

Bientôt l'environnement fut totalement saturé de sons obscènes et disgracieux. La forme lumière, sombre et inquiétante, ondulait au centre de la cellule au rythme inesthétique du flux sonore incohérent. Chaque pulsation venait meurtrir Jad dans sa chair, l'affaiblissant instant après instant. Jamais sur Sable il n'avait rencontré de phénomène si détestable. Jamais il n'avait eu à faire face à une telle douleur. Il était maintenant incapable de la moindre action. Ses pensées s'entremêlaient au rythme non harmonique des ondes de douleur sonore.

Il revit en rêve le désert de Sable, son peuple, la belle Why et son miroir à polarités variables, filtrant, renvoyant et construisant la lumière au gré de ses fantasmes. Il se rappela comment, dans la nuit froide, elle avait créé un soleil pour le réchauffer. Extérieur, intérieur, altération, création, réalisation, telles étaient les singularités du peuple de Sable.

Regroupant ses pensées éparpillées, Jad focalisa sa Vision sur les sources sonores situées aux quatre coins de sa prison. Les faire entrer en résonance s'avéra d'une grande simplicité. L'effet fut immédiat : dans un couinement strident les vagues nauséabondes cessèrent instantanément, plongeant la cellule dans un silence métallique et froid. La forme-lumière disparut aussitôt. Accéder au-delà, ouvrir un passage et retourner sur Sable, pensa Jad en une fraction de temps.

Sur la même longeur d'onde

Sur le désert rose, chacun s'arrêta pour écouter le ciel. La trame du message de Oth atteignit simultanément tous les lieux, striant les cieux d'un fin réseau photo-acoustique. *Danger ! Tenez-vous à l'écart des étrangers !* Pour beaucoup, le concept de danger restait théorique, et ceux-là renvoyèrent à travers le réseau leurs interrogations. Chacun commença à exprimer son point de vue sur la question : *danger ?* Les ondes photo-acoustiques fusaient de toute part, remplissant l'atmosphère légère de Sable. Une par une, les machines volantes perdirent de l'altitude, cahotant et titubant dans les airs, puis piquant vers la mer de sable en une trajectoire oblique pour s'écraser dans une déflagration radioactive entre deux dunes. Çà et là, de monstrueux nuages de gaz en fusion poussaient leurs plaintes lugubres vers le ciel, semant la mort aux environs.

La communication globale du peuple de Sable se chargea de cris de détresse affolés et de souffrances extériorisées. Les explosions nucléaires consécutives à la chute des machines avaient frappé de plein fouet les corps sensibles de nombreux habitants de Sable, qui renvoyaient leur douleur à travers le réseau de communication globale. Ces nouvelles longueurs d'ondes se superposèrent aux précédentes, saturant l'atmosphère d'un chaos photo-acoustique.

Partout, des machines folles tombèrent du ciel suivant des trajectoires chaotiques, explosant au sol, libérant leurs énergies destructrices. Celles qui se déplaçaient au sol commencèrent à slalomer entre les dunes, décrivant des trajectoires incertaines. Pour finir, la plupart se renversèrent, s'écrasèrent au fond de précipices ou au pied de falaises abruptes.

Où qu'elles se trouvent, les créatures étrangères aux épidermes rigides couraient en tous sens, se roulaient dans le sable, explosaient ou crachaient dans toutes les directions des gerbes d'énergie destructrices.

Calmement tapi dans les dunes, Oth attendait, fermant son esprit aux hurlements photo-acoustiques.

Loin au-dessus de lui, dans l'espace, Jad élaborait une forme-énergie. La structure de sa prison présentait une réponse plus que positive à sa Vision, ainsi que celle de l'ensemble du « complexe » au sein duquel il se trouvait retenu. Immobile au centre de sa cellule, il emmagasinait maintenant l'énergie nécessaire.

Immobile sur le trône de métal massif du poste de commandement général du vaisseau amiral *Le Pacificateur*, le Haut Commandeur de la flotte d'invasion terrienne fixait un point imaginaire au-delà de l'assemblée. Son visage aux traits sévères ne trahissait aucunement son désarroi quand il annonça à tout son état-major l'anéantissement complet de la première vague de débarquement. Le peuple primitif de cette planète disposait, contre toute attente, de faisceaux de particules à haute intensité, s'étendant sur toute la planète et capables d'interférer avec l'électronique embarquée des équipements militaires, rendant ces derniers parfaitement incontrôlables et inutilisables. Ni lui ni personne n'aurait pu prévoir l'existence d'une telle technologie chez les natifs de ce monde. Les officiers présents purent néanmoins apprécier les brillantes qualités de stratège de leur Commandeur quand celui-ci annonça, sur un ton officiel, le déclenchement du plan «B» : Bombardement total de la surface !

Le Haut Commandeur apparaissait maintenant sur les écrans de l'ensemble de la flotte d'invasion. Son regard d'aigle semblait fixer chacun de ses hommes comme s'il s'adressait à eux personnellement. Son menton s'affaissa doucement et ses lèvres s'entrouvrirent.

Jad relâcha la pression. Les parois de métal autour de lui s'étiolèrent en une fine poussière d'acier.

Avant que le son de sa voix ne parcoure la distance séparant ses cordes vocales du micro de la console, la terrible déflagration envahit le poste de commandement. Dans toutes les directions, *Le Pacificateur* filait en pièces détachées au milieu des étoiles.

Temps de chien

de Marc Seassau

> **L'auteur** : « Lorsque j'étais enfant, je trouvais très pratique d'être né en 1960. J'aurais quarante ans en l'an 2000, un nombre rond, le calcul était facile. Plus tard, j'ai décidé d'être écrivain. J'ai décrété que mon premier bouquin serait publié l'année de mes trente ans. Un autre nombre rond.
> Il est plus facile d'avoir quarante ans que d'être écrivain, je m'étais trompé de dix ans. Mes premières nouvelles sont sorties chez *Orion*, *Phénix*, et le fanzine *Hors-Service*. Mes premiers romans sortiront en 2000 et 2001 chez Pocket Jeunesse.
> J'ai changé aussi, j'aime moins les nombres ronds. »

Sans mentir, mon chien est le plus beau du quartier, de la ville, de la région, le plus intelligent. Son poil est doré, mi soie mi émeri, une vraie fourrure en hiver, épaisse comme un duvet de paille, imperméable, tellement dense que l'eau y glisse sans jamais mordre la peau. Il est si magnifique que j'ai honte de lui infliger la vue de ma pauvre chair rose et duveteuse. Le soir, pour cacher ma fragilité, je me roule en boule dans les plis de la couverture. Mais il n'y a rien à faire, je sais que ces fibres artificielles sont incapables d'imiter sa pelisse naturelle. Je ne serai jamais à ses yeux qu'un ver fragile et nu aux ongles fragiles, au corps vulnérable.

Il m'aime pourtant, j'en suis sûr. Souvent, nous sortons ensemble dans les ruines de la ville. Le nez collé au sol, il avance au flair, sans même se guider du regard. Pendant que je pleure sur les vestiges d'un monde disparu, il joue, escaladant en souplesse les blocs de pierre les plus tranchants. Les carcasses d'immeubles écroulés sont comme des os de calcaire géants qui jonchent le sol, d'immenses squelettes délabrés. Les seuls vestiges de nos maisons brisées, pulvérisées.

Je lui dois la vie. Il m'a retrouvé en fouillant les décombres de la truffe et des griffes, peu après l'explosion. Coup de chance extraordinaire, j'étais enfermé dans ma cave. J'aime cette pièce voûtée, creusée à même le roc dans un calcaire tendre et souple. La bastide s'était effondrée, comme toutes les autres habitations, mais le cellier avait tenu le coup. J'avais eu de la chance en choisissant de vivre dans un bâtiment ancien, capable d'affronter les siècles.

Lorsqu'il est apparu, je pleurais de peur et de désarroi dans cette cave humide. Depuis des jours je m'appliquais à résister, ivre du vin qu'à force d'attendre je lampais presque machinalement. La seule boisson qui restait à ma disposition, des quantités de bouteilles poussiéreuses dont je brisais le bec en aveugle. Il me fallait en nettoyer méticuleusement le goulot, ôter avec soin chaque éclat de verre pour éviter toute coupure. Qu'aurais-je pu faire d'autre que boire pour donner un sens à mon attente ? Des jours et des jours d'ivresse absurde.

Enfin j'ai distingué son souffle, juste au-dessus de moi. La première marque de vie depuis l'horreur de cette terrible déflagration. J'ai appelé, un cri semblable au gémissement du mistral lorsqu'il s'infiltre douloureusement entre les branches massives et grises du micocoulier, comme pour les broyer en simples fétus. J'ai hurlé, étourdi par la puissance de ma voix. Un jappement m'a répondu. J'ai cru y discerner une nuance de joie. Je n'étais plus seul. Des bruits ont résonné, raclements insolites, chocs lourds dont je ne comprenais pas la signification. Que se passait-il ? J'ai gueulé de plus belle, jusqu'à ce qu'enfin je devine. Il s'escrimait à dégager la trappe qui me séparait de la surface, une porte de chêne épais, bardée de fer, que j'avais vingt fois tenté de soulever sans succès. J'ai essayé de l'aider. Voûté contre la cloison de bois, j'ai poussé de mon côté, muscles tendus à en broyer les échardes, tellement concentré que j'en oubliais de boire. Mes efforts sont restés vains, la griserie s'est dissipée peu à peu, laissant place à une lucidité oppressante. J'ai abandonné, à nouveau je me suis vautré sur le sol que couvraient les éclats de bouteilles décapitées. Lui, en haut, ne se décourageait pas. Il tirait et creusait de la gueule et des pattes en grognant. Il n'y arriverait jamais, j'allais mourir ici. Non. Il était encore là. Un cahot sourd, un cognement, il ne m'avait pas

Temps de chien

laissé tomber. Plusieurs fois je me suis évanoui, plongeant dans un égarement teinté de noir et de rouge. J'ai rêvé en pointillé. Ma faim avait disparu.

Le craquement de la porte m'a réveillé en sursaut. Je me suis levé, j'ai tenté d'escalader l'échelle de bois brut pour le rejoindre. Lorsque j'ai basculé, ses crocs se sont refermés sur mon bras sans provoquer aucune douleur. D'une impulsion ultime, il m'a hissé sur le sol couvert de gravats. Je voulais revoir le soleil, j'ai titubé quelques mètres. Il faisait nuit, il haletait derrière moi. Je me suis accroupi, je l'ai longuement caressé, comme avant. Puis il a sombré dans un sommeil de suie. J'ai posé mon oreille contre le battement de son flanc, il était tiède et doux. Fragile. Mon corps collé au sien, j'ai fermé les yeux. Nous avons dormi jusqu'au lever du jour, enlacés dans un même abattement hébété, peau contre poil.

Le soleil ne s'est pas levé. Le ciel est sombre, même en plein jour. Une lumière grisâtre règne partout, presque solide, qui pèse et se déploie en pesantes volutes. J'ai du mal à respirer, mon souffle est oppressé, mes poumons s'enlisent dans cette poussière quotidienne. Je crache d'épais caillots bruns qui brûlent ma gorge et ma langue.   La lune a disparu elle aussi. Les nuits sont noires, épaisses. Je dors mal.

Je n'ai pas eu le choix, il m'a fallu apprendre à supporter cette brume consistante incapable de retenir la chaleur. Si je suis parvenu à survivre malgré le froid intense qui règne en permanence, je sais que c'est grâce au chien.

J'ai beaucoup de temps pour réfléchir.

Que s'est-il passé ? Une explosion, c'est évident. Une éruption agressive, démesurée. Pourquoi ? Un souffle assourdissant et tout est mort, hommes et pierres, animaux, herbes. Sauf moi. Pourquoi ? Pourquoi ? J'ai marché pendant de longues journées, j'ai franchi en pleurant les éclats de roche et de civilisation qui parsèment notre sol. J'ai appelé, crié, pleuré. J'ai parlé tout seul, pour le seul plaisir d'entendre le son d'une voix. Je n'ai rencontré personne, juste d'absurdes relents de vie. Les corps n'avaient pas eu le temps de pourrir.

Dès le premier jour, j'ai ramassé par terre une radio intacte. Elle ne marchait pas. J'ai fouillé les décombres d'un épicier du village pour en extraire quelques piles. L'oreille collée au haut-parleur, j'ai tenté de pénétrer le mystère des grésillements fastidieux qui s'échappaient du bloc de plastique et de métal. Percevoir l'étincelle d'un mot, une parcelle de bruit qui me connecterait de nouveau à la communauté des hommes. J'ai tourné avec rage cette molette muette, durant des heures. J'ai espéré pour rien. La friture que crachait ce maudit poste n'était plus vivante, les hommes se taisaient.

D'autres avaient certainement survécu comme moi. Où étaient-ils ?

Je pleure de plus en plus mal. Mes larmes imprégnées de vinaigre irritent mes paupières gorgées de sang. La nuit, quand je m'éveille, elles semblent emplies de sable mou. Je dois longtemps frotter les globes enflammés avant que ma vision se stabilise. L'acide coule à nouveau.

En fait, tout mon corps semble s'adapter à ce nouvel environnement Heureusement j'ai pu mettre la main sur un stock de médicaments dans une pharmacie presque épargnée par l'explosion. Je ne suis pas médecin, j'ai eu peur de m'empoisonner un peu plus. Je n'ai choisi que le strict nécessaire. Aspirine et Témesta, le brouillard artificiel qui flotte dans mon crâne s'ajoute à la brume extérieure. Mes muscles sont tendus, tétanisés, même au repos. J'ai de plus en plus de mal à marcher, à garder l'équilibre. Un vieillard de trente ans. Parfois, agrippé au squelette d'un arbre ou d'un mur, je me concentre pour franchir les quelques mètres qui me séparent de ma maison. Depuis peu, ma gorge s'obstrue. J'ai du mal à respirer, ma voix est plus rauque. Il me devient même difficile de chasser cette glaire sèche qui s'enroule autour de mon menton en longs filaments lorsque je crache. Bientôt, je ne parviendrai plus à parler.

Le chien a pris l'habitude de sortir. Il aboie pour me prévenir. A son cri caractéristique, je sais qu'il m'appelle. Je me lève alors pour l'accompagner, lourdement voûté sur une tige de bois. Je marche lentement, trop lentement pour lui et il tourne autour de moi en grognant pour me presser. C'est agaçant. Souvent, j'essaie de lui demander d'arrêter, mais les mots que je lance ne sont que des ronflements insensés. Alors j'agite vaguement ma canne et il grogne joyeusement, comme pour se moquer de moi.

La vie semble à nouveau se manifester malgré le gel poivre et sel qui couvre tout. Quelques touches de vert, le bourdonnement d'un insecte, un

Temps de chien

frémissement sur le sol. Je ne comprends toujours pas pourquoi moi j'ai survécu. Ni comment. A croire que la nature a décidé de conserver un exemplaire d'être humain, échantillon unique, ultime témoignage. Je pense à l'arche de Noé, mais celui-ci était au courant du déluge, il avait eu soin d'embarquer un couple de chaque espèce. Pas moi. Je pense à Dieu aussi. S'il existe, il est évident qu'il ne croit plus aux hommes.

Premières fleurs aujourd'hui. Est-ce le printemps ? Partout les couleurs se multiplient, essentiellement des teintes pastel. J'ai cueilli un bouquet de roses jaune pâle. Je les poserai près de notre lit, leur lumière nous réchauffera. Les tiges sont bizarres, solidement protégés par d'immenses épines crochues qui s'enroulent en spirale. Je n'en avais jamais rencontré de pareilles avant.

J'ai peur. Pourquoi cette explosion ? Nucléaire ?

Tout à l'heure, je suis tombé. Je n'arrivais plus à me relever. Le chien s'est mis en colère contre moi. Il m'a appelé à plusieurs reprises, grognant mon nom de plus en plus sévèrement. J'aurais aimé lui répondre mais aucun mot n'est parvenu à franchir le rempart de mes lèvres. J'aurais voulu le chasser également, mais ma canne avait roulé à quelques pas de moi. Les moulinets grotesques de mes bras ne sont parvenus qu'à provoquer des éclats de son rire un peu cruel. Ses harcèlements sont devenus vraiment insupportables. Finalement, je l'ai suivi en rampant grossièrement. Une ridicule démarche quadrupède, mais il a paru se satisfaire de mon allure. Je ne suis plus tombé.

J'ai moins froid. Lorsque je me lèche, la fourrure qui couvre mon corps chatouille ma langue. C'est agréable. Je suis parvenu à chasser un petit rongeur ce matin et le goût de la viande fraîche a provoqué une extraordinaire explosion de plaisir. Un peu comme les cachets de Témesta que j'avalais aux premiers temps de ma mutation. Je crois que ça a fait plaisir à Chien, il a toujours eu du mal à ouvrir les boîtes de conserve. Pour me prouver sa satisfaction, il a longuement passé sa patte sur mon dos puis sur mon ventre. Je me suis roulé de plaisir dans les taillis bas qui couvrent maintenant le sol.

J'ai de plus en plus de mal à tenir ce crayon. Mon pouce semble plus proche de l'index, il m'est difficile de pincer, de serrer. De toute façon, Chien n'aime pas me voir écrire. Mes pensées s'embrouillent de plus en plus, j'ai énormément de mal à les organiser en mots.

Il s'approche de moi. Dans ses pattes, il serre une sorte de lanière qu'il passe autour de mon cou. Je sais que nous allons sortir. Et dès qu'il sifflera, je me lèverai pour le suivre.

Terrêve

de Stéphanie Lebeau

> **L'auteur** : Stéphanie Lebeau est professeur de sciences physiques. Elle s'est arrêtée de travailler deux ans pour entre autre écrire des nouvelles de science-fiction. Elle vit à Angers, avec son mari et ses deux enfants.

L'imagination est plus importante que le savoir

Albert Einstein

Einstein ouvrit les yeux et regarda l'heure : vingt-deux heures. Il se redressa d'un coup de nageoire, et frappa de toutes ses forces sur le commutateur de nacre intégré au lit. Comme il aurait dû le prévoir, son geste rageur eut pour seul effet de brasser de l'eau et de le propulser un mètre en arrière. Une fois le commutateur enfoncé, la Fonda-émétrice était avertie de son réveil et l'eau vibra sous l'action d'une élégante voix mécanique :

« Bonjour monsieur Einstein ! Nous espérons que vous avez bien dormi. Il est vingt-deux heures et deux minutes sur Terréelle. Aujourd'hui, la température moyenne est de vingt-sept degrés à un mètre sous la surface, vingt-trois degrés à deux mètres, vingt degrés à quatre mètres et quinze degrés en dessous de dix mètres. » Einstein était satisfait de ce refroidissement, car il n'aimait guère se mouvoir en eau chaude. La voix mécanique continua :

« N'oubliez pas qu'aujourd'hui est un jour de fête : nous célébrons l'anniversaire de la Fondascience, elle a aujourd'hui exactement dix mille ans.

– C'est plutôt un jour d'enterrement, maugréa Einstein. L'enterrement de la liberté et de l'imagination. »

La voix de la radio interactive interrompit ses pensées : « Maintenant, il est l'heure de votre exercice quotidien de cohérence. Ecoutez bien Monsieur Einstein : Au commencement, il y a cinq milliards d'années, était Terrêve. Ce n'était qu'une boule de feu dans le vide de l'espace. Ensuite cette boule s'est refroidie, et l'eau liquide a recouvert sa surface. La vie apparut alors, d'abord très simple, puis exubérante, et enfin délirante. Première question : Quel est l'âge de Terrêve ? » Einstein prononça d'une voix traînante : « Cinq milliards d'années. » Et la douce voix mécanique continua son cours qu'elle entrecoupait régulièrement de questions. Einstein parlait devant la membrane en peau de limace des mers, qui vibrait imperceptiblement pour transmettre les réponses attendues à la Fondascience. Il faisait très attention à bien articuler les ultrasons, car si la machine comprenait mal une réponse, elle la considérerait comme fausse et il devrait refaire l'exercice en entier, et surtout, réentendre depuis le début le baratin qu'on lui avait déjà asséné. Et il avait déjà perdu suffisamment de temps avec ce stupide exercice obligatoire.

Lorsqu'il eut fini, il décida de rendre une visite à Delphinus. Il nagea vers l'ouverture de sa grotte tout en pestant contre la perversité de la Fondascience qui s'ingéniait à mettre les gens de mauvaise humeur dès leur réveil.

Dehors, la fête de la Fondation battait son plein. Les fonds marins étaient encombrés de siréniens et de sirènes. Bien qu'Einstein fut contre cette manifestation, il ne pouvait s'empêcher d'admirer la décoration. Du goémon laminaire fluorescent, disposé en bouquet sur des monticules, éclairait doucement le spectacle. Des algues rouges et mauves ornaient chaque rocher. Comme un long serpent d'eau, des milliers de cœlentérés flottaient entre deux eaux, leurs collerettes articulées ondulant au gré du courant. Il contemplait la douceur translucide de leurs couleurs lorsqu'il fut télescopé par un enfant qui poursuivait une arégnas. Einstein maugréa, mais pas trop, car étant petit lui aussi avait recherché la substance merveilleuse qu'inoculent ces petites méduses rouges lorsque vous les effleurez. Les adultes savent que c'est à eux de faire attention pour s'écarter à temps de la trajectoire des enfants insouciants.

Terrêve

Einstein entra dans la grotte de Delphinus en lançant un tonitruant : « Bonne nuit Delphinus ! » Celui-ci sursauta : « Où as-tu appris la politesse ? On n'entre pas chez les gens tant qu'ils n'ont pas accroché devant chez eux les algues jaunes indiquant qu'ils sont réveillés.

– On croirait entendre les recommandations de la Fondascience. Et puis où est le problème ? Tu es bien réveillé. Raconte-moi plutôt comment avance ton travail. »

Delphinus était chargé par la Fondascience d'inventorier toutes les espèces animales présentes au début de l'ère primaire sur Terrêve.

« Ça avance, ça avance. Je suis sidéré par la variété et l'originalité des races disparues. Sais-tu qu'autrefois, il existait des espèces de vers qui portaient sur chacun de leur anneau deux paires de segments servant pour la marche ? Ils pouvaient ainsi se déplacer sur le ventre ou sur le dos. J'ai aussi retrouvé la trace de bestioles disposant de cinq yeux, et des sortes de minuscules anguilles appelées picailla, et...

– Quel gâchis ! coupa Einstein.

– Je vois très bien où tu veux en venir, mais la Fondation n'est pour rien dans la disparition de ces variétés.

– Alors explique-moi pourquoi neuf dixièmes des espèces de l'ère primaire ont disparu.

– La Fondation ne peut être tenue pour responsable, puisque à cette époque elle n'existait pas encore. Et pour une fois que je suis plus calé que toi sur un sujet, je vais me faire un plaisir de te donner un petit cours. »

La naissance de Terreve

« Quelques millions d'années après avoir élaboré la première cellule vivante sur Terrêve (loué soit en passant son ou ses créateurs-rêveurs) les siréniens se mirent à rêver d'espèces marines de plus en plus complexes. Des millions de créatures virent ainsi le jour. Bientôt, la principale distraction sur Terréelle fut de raconter ses créatures oniriques. Les personnes les plus inventives parlaient de leurs animaux rêvés à la radio interactive. Ces émissions furent retransmises sur toute la planète, ce qui eut pour conséquence imprévue l'extinction de neuf dixièmes des espèces. La plupart des auditeurs avaient cessé de rêver d'espèces originales, et reproduisaient les animaux dont ils avaient entendu parler à la radio.

– Malheureusement, ce phénomène n'est pas passé inaperçu des esprits censeurs.

– Il est vrai que nos dirigeants créèrent la Fondascience et ses programmes de cohérences quelques années après. Mais laisse-moi te rappeler, mon cher Einstein, la situation avant Terrêve. Notre civilisation sirène comptait près de cinq milliards d'années. Il n'y avait plus de guerre, de famine ou de misère. Partout régnait la paix, la justice... et l'ennui. Une apathie générale atteignait les siréniens. Beaucoup se laissaient emporter vers les abysses sans opposer le moindre coup de nageoire et on ne les revoyait plus. D'autres se laissaient aller au fil de l'eau sans plus penser à se nourrir. Puis un jour apparut Terrêve : une boule de feu perdue dans l'espace. Personne ne sait qui la rêva en premier, ni pourquoi la population fit ensuite ce rêve collectif. Mais depuis, l'existence des siréniens a basculé. Ils consacrent leur vie à Terrêve et ne soucient plus guère de la réalité ; ils se nourrissent physiquement pour la survie de leur corps et culturellement pour alimenter leur rêve. Les autorités ont compris tout de suite l'importance du phénomène.

– Pour une fois qu'il existait un monde sans gouvernement. Ça lui était insupportable.

– Tu es injuste, Einstein. Il y avait des gens qui oubliaient de s'alimenter, parce qu'ils l'avaient fait dans leur rêve. Pour donner des repères aux siréniens, les autorités rebaptisèrent notre monde Terréelle, et le monde imaginé Terrêve ; les personnages rêvés furent appelés egorêves. Ensuite, les autorités s'inquiétèrent de la disparité des rêves. Par exemple la plupart des siréniens imaginaient Terrêve avec une seule lune, tandis que certains la voyaient avec deux voire trois satellites. Le gouvernement craignait que ce désordre fantaisiste ne conduise à l'éclatement de Terrêve. Or cette planète onirique était devenue indispensable aux siréniens. C'était grâce à elle et pour elle qu'ils avaient retrouvé le désir de vivre. On créa donc la Fondascience pour harmoniser les grandes caractéristiques de Terrêve ainsi que les lois physiques qui la régissent.

– Les fichus exercices de cohérence !

– Oui, chaque soir un exercice interactif rappelle aux siréniens quelle est la couleur des étoiles, celle de l'eau, la taille moyenne d'un homme, etc. Les exercices sont adaptés au rôle de chaque sirénien dans la société. Toi, Einstein, tes exercices de cohérence ont un contenu plus scientifique que ceux d'un chanteur ou d'un aquaculteur.

– Ce n'est pas pour autant qu'ils sont intéressants.

– Tu ne peux pas nier que ça marche. Les rêves se sont accordés.

– Ils se sont plus qu'accordés ! Tous les rêves sont devenus des copies conformes, ils ont perdu leur merveilleuse diversité, alors qu'on n'a jamais

prouvé que des songes incohérents entre eux auraient détruit Terrêve !
– Pouvait-on en prendre le risque ? Je parie que tu es fâché contre la Fondascience et sa cohérence parce qu'elle a encore rejeté ta théorie sur la relativité. Mais tu n'as pas arrangé ton cas en tirant la langue au jury ; tous les siréniens se souviennent encore de ta langue pendante. »

Les chars de la création

L'agitation était grande lorsqu'ils sortirent : la procession des chars de fête avait déjà démarré. La Fondascience ne perdait pas une occasion pour donner un exercice de cohérence. Chaque char représentait une phase principale de l'évolution de Terrêve. Après les poissons et les monstres marins vint le char des terres émergées ; les enfants s'agitèrent pour voir les premiers animaux et les plantes terrestres apparus sur Terrêve. Les parents tenaient fermement par la main leurs petits rejetons pour les empêcher de s'approcher des chars tirés par les silures. Ces gros poissons sont forts affectueux et curieux, mais leur puissance n'a d'égale que leur maladresse, et plus d'un sirénien fut mortellement blessé par un coup de queue d'un de ces géants apprivoisés qui ne voulait que jouer. Delphinus s'exclama :
« Je comprends l'agitation de ces gamins ! On ne connaît pas le premier inventeur des terres émergées, mais c'était un génie. »
Einstein approuva :
« Oui. Grâce à lui, ce fut le début de l'invention scientifique sur Terrêve.
– Comment ça ?
– Tant que Terrêve restait une planète entièrement aquatique comme Terréelle, les siréniens se contentaient d'inventer des créatures farfelues en laissant leur imagination aller au gré du courant. Plus une créature était différente de celles de notre monde, plus elle était réussie. Mais avec l'apparition des surfaces terrestres, le raisonnement logique a fait son apparition dans les rêves. On n'a pas fait flotter les créatures oniriques dans l'air, mais on a tenu compte de la pesanteur qui les cloue au sol, et on a remplacé la nageoire caudale par des pattes. »
Einstein tendit la main pour montrer les chars transportant des dinosaures sculptés dans de la pierre ponce et entièrement recouverts par des algues :
« Ça me fend le cœur, toutes ces espèces disparues.
– La Fondation n'y est encore pour rien. Je ne sais pas quel sirénien a le premier inventé le poil, mais ces petits mammifères étaient tellement originaux et finalement tellement adaptés à la vie terrestre que tout le

monde a copié, et exit les reptiles !
- Sans les exercices de cohérence, les dinosaures pourraient revenir.
- Oui », soupira Delphinus. Puis il s'écria :
« Regarde, voilà les hommes ! »
Einstein regarda le défilé des mannequins représentant des humains. Il sourit :
« Nos compatriotes ont singulièrement manqué d'imagination lorsqu'ils ont créé les êtres les plus évolués de Terrêve. Ce sont presque des siréniens. Ils leur ont juste supprimé les nageoires et mis des jambes à la place de la queue.
- Je ne crois pas qu'il s'agissait d'un manque d'imagination. Plutôt qu'il nous était difficile de créer une race intelligente véritablement différente de nous.
- Un péché d'orgueil, en somme. Nous voulions rester les seuls êtres intelligents de l'univers.
- Oui, peut-être.
- Mais on n'a pas facilité la vie de ces hommes terrestres en les concevant sans système pileux. L'aérodynamisme de notre peau lisse est adapté pour nager dans les eaux tempérées. Mais cela n'offre aucun intérêt lorsqu'il s'agit d'affronter la froideur du vent et l'ardeur du soleil.
- Et ces pauvres terriennes n'ont que faire de leur imposante poitrine. Cette graisse est seulement utile à nos sirènes qui allaitent, car elle garde le lait bien chaud même en eau froide.
- La faible résistance de l'air ne permet pas de soutenir ces seins qui s'affaissent inexorablement. »
Les deux amis riaient à gorge déployée. Les yeux remplis de larmes rieuses, Delphinus se tourna vers Einstein.
« Et toi, à quoi ressemble ton egorêve ?
- Lorsque je rêve, je suis un savant.
- Comment s'appelle-t-il ?
- Einstein. »
Delphinus éclata de rire :
« Ton formidable ego t'empêche de rêver à autre chose que toi-même !
- Dépêchons-nous, Sérine doit nous attendre. »
Les deux amis nageaient de toutes leurs forces quand, devant eux, une sirène s'arrêta soudainement de se mouvoir. Le courant la rabattait sur eux sans qu'elle fît un mouvement pour s'y opposer. Ils l'attrapèrent le plus doucement possible, sans la réveiller et l'amarrèrent à une borne de corail

afin qu'elle ne dérive pas dans les profondeurs abyssales. Ils la regardèrent quelques instants en silence. Delphinus chuchota :

« Nous sommes au beau milieu de la nuit, elle ne s'attendait pas à s'endormir puisqu'elle était sortie. Son egorêve est insomniaque.

– Elle s'est peut-être tout simplement assoupie.

– Tu ne vas pas me dire que cette jeune fille s'est endormie comme ça, en pleine nage !

– Pourquoi pas ?

– Tu es bien d'accord avec moi que notre egorêve ne peut exister que lorsque nous le rêvons, c'est à dire lorsque nous dormons. Donc lorsque l'egorêve s'éveille, il nous plonge dans le sommeil.

– Moi je dis au contraire que nous sommes la propre cause de notre assoupissement, que c'est nous qui, en dormant, provoquons l'existence onirique de notre egorêve ! Ce n'est pas lui qui nous pousse dans le sommeil. Nous accordons trop d'importance à l'action des egorêves sur notre propre existence, nous en avons peur, et à cause de cela nous entravons notre imagination onirique.

– Ne parle pas si fort. L'egorêve de cette jeune femme est peut-être au volant d'une voiture, et si tu la réveilles, il va s'endormir et pourrait avoir un accident.

– Mon pauvre Delphinus ! Toujours prêt à croire le baratin de la Fondascience.

– Assez discuté, nous allons être en retard pour le discours de Sérine. »

Discours du sirénien militariste

Ils arrivèrent en avance. Un jeune sirénien exposait au jury son invention, une nouvelle arme chimique. Einstein détestait ces individus qui abîmaient Terrêve de leurs rêves violents. Il ne comprenait pas pourquoi les si pacifiques habitants de Terréelle faisaient des rêves si brutaux, si pervertis. Bien sûr, on ne peut pas contrôler ses rêves, c'est pourquoi la Fondascience ne jugeait pas l'éthique des inventions et se contentait d'évaluer la logique des projets entre eux. Le projet du jeune sirénien fut accepté, la Fondascience intégrerait son invention dans les exercices de cohérence. Ainsi elle apparaîtrait sur Terrêve.

Discours de Sérine

C'était au tour de Sérine. Elle s'éleva en nageant gracieusement afin que le public puisse la voir. Elle était bien la plus belle Sirène qu'Einstein ait jamais vue. Une vingtaine de petits poissons argentés la suivaient comme une aura. Il soupira : la jeune sirène avait la peau trop fine, elle ne possédait pas suffisamment de graisse pour l'isoler du froid et devait rester dans les eaux chaudes près de la surface, tandis que lui affectionnait la fraîcheur des profondeurs.

Einstein fit un effort pour empêcher son esprit de divaguer, car il était intéressé par le discours pacifiste de la jeune sirène. Elle proposait des exercices de cohérence sur la non-violence pour tous les siréniens, afin que cesse enfin la boucherie sur Terrêve. Le jury était amusé, pourquoi tant s'inquiéter ? Après tout, Terrêve et ses habitants ne sont que des chimères. Sérine répliqua que la vie de tout sirénien devait tendre vers la beauté et l'harmonie, surtout en rêve. Le jury accepta le projet de Sérine, mais ce n'était qu'un demi-succès, car il fut rangé dans la catégorie cinq. Peu de siréniens se verraient proposer ce sujet lors de leurs exercices de cohérence.

La Fondascience remise en question

Après le verdict du jury, Sérine rejoignit ses deux amis dans la salle. Einstein félicita Sérine :

« J'ai beaucoup aimé tes propos pacifistes. »

Flattée, la jolie Sirène sourit et passa la main dans la tignasse d'Einstein.

« J'ai appris l'échec de ta proposition sur la relativité, je suis désolée.

– Le jury de la Fondascience fuit devant la nouveauté comme un banc de sardines devant un requin.

– C'était quand même osé de vouloir changer la vitesse de la lumière.

– Si tu t'y mets aussi. »

Vexé, Einstein nageait vers la sortie. Sérine l'arrêta :

« Ne pars pas ! Le prochain orateur est un certain Vladimir Ilitch Oulianov.

– Connais pas.

– Je suis sûre que son discours va t'intéresser. »

Vladimir Ilitch Oulianov décrivit pendant un long moment la souffrance des siréniens obligés de subir les exercices de cohérence. La violence de leurs rêves exprimait la douleur de subir les directives de la Fondascience.

Terrêve

Quel plus grand supplice que de ne plus être maître de ses propres songes ? Pourquoi les rêves des siréniens, leur vraie vie, devaient-ils être gouvernés par une minorité (le jury de la Fondascience) ? Vladimir préconisait de rendre à chaque individu la possession de ses rêves. Le jury répliqua :

« Mais que faites-vous de la nécessité de cohérence ?

– Dans un premier temps, les siréniens seront guidés dans leurs rêves par des êtres issus du peuple, et non par une pseudo-élite. Alors, débarrassés de leurs oppresseurs, les siréniens communiqueront harmonieusement entre eux, assurant naturellement la cohérence de leur rêve. Une fois cet état obtenu, il n'y aura plus besoin de guide. »

Cette proposition fut évidemment refusée par le jury.

De Terréelle à Terrêve

Delphinus n'avait pas reçu de nouvelle d'Einstein depuis plusieurs jours. Sans doute était-il en train de ressasser son échec. Il n'abandonnerait donc jamais cette fichue invention de la relativité ! Delphinus n'arrivait pas à se concentrer sur son travail. Il songeait aux êtres humains, ces egorêves terrestres. On ne savait pas le lien exact qui reliait les siréniens aux egorêves. L'hypothèse la plus communément admise était que chaque sirénien rêvait chaque nuit un même personnage : son egorêve. D'autres pensaient que chaque sirénien rêvait une Terrêve pour lui seul. C'est à dire qu'il créait non seulement son egorêve, mais aussi tous les êtres qui l'entouraient et le monde dans lequel il vivait. Tous ces univers parallèles étaient semblables à l'heure actuelle à cause des exercices de cohérence. Delphinus avait proposé une étude sur les origines de Terrêve, mais comme il s'y attendait, la Fondation avait refusé. Il s'était rabattu à regret sur l'inventaire des espèces disparues de l'ère primaire.

Il fut tiré de ses rêveries par la douce voix de Sérine, toute excitée :

« Tu ne sais pas la dernière nouvelle ?

– Non.

– Vladimir Ilitch Oulianov a fondé sa propre antenne émettrice ! Elle s'appelle La vérité. Tout l'Est de la planète est passé sous le contrôle de ses propres exercices de cohérences.

– Je comprends pourquoi les exercices de ce matin étaient basés sur la nécessité de l'obéissance à la Fondascience pour la survie de Terrêve. La Fondascience a peur. »

Einstein explique comment il a rendu sa théorie cohérente

Ils furent interrompus par la voix tonitruante d'Einstein qui appelait Delphinus. Il dit à peine bonjour à ses amis et cria :

« J'ai réussi à rendre ma théorie de la relativité cohérente !

– Comment as-tu fait ? demanda Delphinus.

– C'était simple. Il suffisait de fixer la vitesse de la lumière à 299 792 458 mètres par seconde.

– Le jury de la Fondascience t'a expliqué qu'on ne peut pas changer la vitesse de la lumière.

– J'ai trouvé la faille ! A l'heure actuelle, la science des mesures n'est pas très avancée sur Terrêve, et la célérité des ondes électromagnétiques dans le vide n'a pas été définie avec une grande précision. On sait juste qu'elle est environ de trois cent mille kilomètres par seconde. J'ai gardé l'ordre de grandeur établi, mais j'ai fixé la valeur des six autres chiffres pour que ma théorie soit compatible avec la mécanique de Newton. Je repasse dans deux nuits en commission. »

Quand elle put enfin prendre la parole, Sérine expliqua à Einstein la prise de pouvoir de Vladimir Ilitch Oulianov. Comme il ne faisait aucun commentaire, Sérine lui demanda :

« Ça n'a pas l'air de te réjouir Pourtant tu devrais être content qu'il rende au peuple le contrôle de ses rêves.

– S'il souhaitait vraiment rendre le contrôle de leurs rêves aux siréniens, il se serait contenté de détruire les antennes émettrices de la Fondascience. Pourquoi impose-t-il à son tour des exercices de cohérence ? Lors de l'exposé de son projet, il tenait des propos si virulents. Je me demande quelles seront pour Terrêve les conséquences de pensées aussi violentes. »

Deuxième rapport d'Einstein

Einstein présenta sa théorie remaniée. Le jury de la Fondascience était là au grand complet ; même les pontes étaient venus, et ils ne se déplaçaient jamais pour rien. Le discours d'Einstein fut brillant. Il supprimait l'éther, posait la célérité de la lumière comme un invariant, et c'était donc le temps et les distances qui devenaient variables. Le clou du spectacle fut la relation entre la masse et l'énergie : $E=mc^2$. C'était un triomphe. Le président du jury bougea ses nageoires de façon à se tenir bien à la verticale. Il glouglouta un peu pour s'éclaircir la voix :

« Les rectifications que vous avez apportées aux constantes terrestres sont si ténues qu'elles ne changent rien à l'équilibre de Terrêve. Votre invention englobe même les règles imaginées par votre prédécesseur Newton. Votre création relativiste est cohérente avec le monde de Terrêve, elle est donc acceptée. »

Le président du jury vint en personne féliciter Einstein :

« Bravo ! Vous venez de tourner une page de la physique de Terrêve !

– Il n'y a pas que les vieilles sciences qui vont être révolutionnées. J'ai entendu dire que l'on met à mal le monopole de la Fondascience sur le contrôle des rêves.

– Oui, tout cela est assez préoccupant. Je ne suis pas sûr que ces utopistes feront le bonheur de Terrêve.

– En tous les cas, ce ne sont pas mes recherches sur l'atome et les radiations nucléaires qui vont abîmer Terrêve.

– Cela, seul l'avenir nous le dira, mon cher Einstein. »

Comment j'ai sauvé la Terre des Martiens

de Pierre-Alexandre Sicart

> L'auteur : « C'est par une belle nuit de 1975 qu'une cigogne, se trompant évidemment de sphère, largua l'auteur dans les environs de Toulouse. Il y épuisa le plus beau d'une jeunesse morne, que réveilla sur le tard un séjour d'études en Ecosse. Ayant adoré, haï, fui ces terres nées d'un sortilège, il ne passa en France que l'année nécessaire à préparer un nouveau départ ; thésard au pays, il étudie présentement la littérature à l'Université de New York. »

Oui, c'est vrai, j'ai sauvé la Terre des martiens. Je suis, comme qui dirait, un héros. Mais bon, soyons franc : vous en auriez fait tout autant, la chance a joué son rôle dans l'histoire !
Quelle histoire ?

C'était par un beau soir d'été sur notre bonne vieille Terre, tout était parfait : il ne faisait pas trop chaud, pas trop froid encore, juste une petite bise pour vous chatouiller les papilles, si vous voyez ce que je veux dire. Enfin bref, ce soir-là, je me promène à travers champs le long du petit bois, tout tranquillement, quand je perçois cette vibration sourde – pas trop naturelle.

Vous me suivez ? Moi ça m'intrigue, quand même, alors je me glisse dans la direction des vibrations, là, à travers le sous-bois – sans faire trop de bruit. Et puis là, paf ! Devinez quoi ?

Ben oui, une soucoupe volante. Enfin, un petit modèle, et plutôt oblong que soucoupal, mais y'avait pas vraiment de doute à avoir sur le sujet –

d'autant plus que le petit bonhomme vert se tenait à côté, apparemment fort perplexe. Dieux ce que c'est laid, un Martien ! Imaginez...

Mais non, vous n'avez pas besoin d'imaginer : tout le monde connaît ça. Répugnant. Toujours est-il que je sors mon arme tout en rampant vers l'intrus, et tout se passe bien jusqu'à ce qu'une de ces censurées de brindilles craque sous mon poids, signe infaillible d'un régime nécessaire.

Enfin, côté santé, j'avais des préoccupations plus urgentes, sur le moment, parce que le Martien il avait tout entendu, bien sûr, il s'était retourné et lui aussi il était bien armé. Alors j'ai fait feu, il a tiré, et ça a fait de jolies couleurs un peu partout, sans compter la fumée parce que les armes martiennes sont tout sauf écolos.

Enfin bon, vous l'aurez compris : le Martien, je l'avais mis out. J'ai continué de ramper jusqu'à son cadavre, presque moins hideux maintenant ; j'ai vérifié – pas de problème. Puis j'ai examiné la « soucoupe », dans laquelle j'ai trouvé des indices indiquant que ces idiots s'apprêtaient à nouveau à nous envahir. Cette fois-ci, ça n'allait pas durer longtemps !

Un peu fatigué quand même, je me reposai près du corps encore chaud, dont je grignotai quelques morceaux. Moins fatigué que las, en fait, car quoi ? Cela fait bien mille ans que ça dure, tout ça, que les Martiens essayent de nous chiper la Terre. Mille ans, oui : depuis qu'on a mangé le dernier Terrien.

☙

Mascarade
de Hervé Martin

> **L'auteur** : Instituteur dans la région de Dreux, Hervé Martin est né en 1957. Après avoir pratiqué dans ses temps libres le photomontage fantastique puis l'infographie (les internautes peuvent admirer quelques unes de ses œuvres sur http://www.multimania.com/oberon), ce passionné de littérature de SF décide en 1997 de suivre les traces de ses auteurs favoris (Silverberg, Borgès, Vance, Pelot, Merritt, Le Guin, Ballard, Dick) en se lançant dans l'écriture de romans et nouvelles de SF, de fantasy et de fantastique. On pourra prochainement le lire dans l'anthologie périodique *Forces obscures* aux éditions Naturellement, ainsi que dans la revue belge *Khimaira*.

Jaime Sadhi inspecta une dernière fois le masque complexe, fruit d'une bonne heure et demie de maquillage, et aplatit une mèche rebelle. Le délicat réseau violacé sur fond de teint vert émeraude qui couvrait son visage de la racine des cheveux jusqu'à la base du cou ne présentait aucune imperfection. Il s'octroya un sourire de satisfaction et, abaissant les paupières, se vaporisa de gel.

Parfait ! La pellicule micro poreuse qui le recouvrait lui assurait une autonomie suffisante pour la réception de Tsen-Do et ses prolongations éventuelles.

Akkadi San y paraîtrait-elle accompagnée ? Il plissa les yeux à cette évocation et lança un regard courroucé à son reflet. Cette sainte-nitouche ne perdait rien pour attendre ! Depuis trois cycles, il était Anu-Do et, bien qu'il se soit gardé d'en faire étalage jusqu'à présent, il était évident que tous les membres du Do-Ring étaient au fait de son récent statut. « Allons, se modéra-t-il, laisse de côté tes manœuvres sentimentales et concentre-toi sur ton entreprise... »

Il commanda une visualisation périphérique et étudia sa nuque à la recherche d'un défaut de symétrie. Rien à dire ! La micro caméra revint dans son logement et il consentit enfin à se détourner du panneau vidéo. La soirée allait être savoureuse à n'en point douter. Il paraderait comme à l'accoutumée, distillant bons mots et remarques finement ouvragées comme il sied à un Anu-Do fraîchement émoulu, mais sans excès. Pas question de prêter le flanc à un duel oratoire, pas à ce moment de la partie ! Son coup d'éclat, il le réservait pour le prochain tour, là où le rapport des forces lui offrirait la possibilité d'abattre ses cartes avec le maximum d'effets.

Dans un mouvement gracieux et soigneusement répété, il fit virevolter sa toge pourpre et s'en alla rejoindre les trois Mauranes attachés à sa suite.

Ceux-ci lui adressèrent un signe discret, mais n'interrompirent pas pour autant leur partie de tarn. Les Mauranes étaient des guerriers libres et aucun personnage, quel que fut son rang, n'aurait eu le front de les arracher à une simulation tactique sans encourir une assignation en duel.

Jaime Sadhi dépassa la projection holographique sans un mot et alla se poser sur une banquette, faisant mine de s'intéresser aux plis de son vêtement. Le rituel...

Après un laps de temps convenu, les trois joueurs émirent le ko d'usage, signifiant au voisinage la fin de l'état de *nospitch*.

L'homme en toge se racla la gorge, réfléchissant une ultime fois aux propositions irréversibles qu'il s'apprêtait à formuler. Ces trois-là étaient à ses côtés depuis suffisamment de temps pour qu'il puisse se dispenser des préliminaires, mais ils n'en restaient pas moins des Mauranes et, avec ces individus, on ne gagnait rien à se précipiter. Aussi, est-ce sur un ton empreint de solennité qu'il entreprit de leur livrer le fond de sa pensée.

– Le temps des changements est annoncé ; seul le sot en néglige les signes... Chaque cycle qui s'écoule désormais est un rappel – il marqua une pause et reprit : Hastar-Kôt a choisi le camp des justes, le renouveau est proche.

– Nous prenons acte, Anu-Do Sadhi, confirma le plus grand des trois en lissant sa moustache bleuâtre.

Il n'y avait rien de plus à ajouter ; insister pour que ce dernier soit plus explicite eut été offensant. Ils acceptaient, c'est tout et, par ce tacite accord, les Mauranes assumaient les retombées futures de leur choix.

Rassuré, Jaime Sadhi déplia sa longue carcasse et franchit le sas le regard de marbre. Intérieurement, il jubilait mais, rompu aux circonvolutions verbales et aux sinuosités périlleuses du code Do, il ne laissa rien filtrer des

Mascarade

sentiments qui l'animaient. Enfin, parvenu au seuil de son appartement, il se permit un rictus de contentement. Il avançait ses pions depuis si longtemps – quarante cycles environ – qu'il tremblait en permanence à l'idée qu'une perte de contrôle fît tout capoter. C'est du reste ce qui avait motivé son repli prudent depuis son accession au degré suprême, la crainte de commettre un impair par excès de fébrilité. Non, il ne lui arriverait pas la même mésaventure qu'à Friden, brillant vainqueur lors d'une joute oratoire contre deux Anu-Do et déchu le soir de son titre pour avoir commis un grave manquement à l'Etiquette. Désormais, le malchanceux devait traîner le poids des regards offusqués, redevenu U-Do, premier barreau de l'échelle... Finirait-il par mettre fin à ses jours comme tant d'autres écervelés de sa classe ?
Le malheureux ! renifla Jaime Sadhi en se raidissant. Oublier que le jour du Seth on ne s'exhibe pas en toge orangée !

Bien qu'il exerçât en permanence un contrôle drastique sur ses actions, il savait qu'il n'était pas à l'abri de l'Erreur. La relaxation neuronale et la récitation répétée de mantras l'aidaient à conserver un équilibre salutaire mais, faisant désormais partie des sept élus, il pressentait que le poids des conventions ne tarderait pas à le faire basculer de son socle et cela, c'était une éventualité qu'il se refusait à accepter.

Un glissement furtif l'interrompit dans ses pensées : le regard sombre, Jord, le Maurane à la moustache bleue s'encadrait dans le passage.

L'espace d'un instant il se crut perdu, mais l'apparition lui présenta deux paumes ouvertes.

– L'heure n'est plus au protocole, annonça l'autre en grimaçant. Peut-être pourrions-nous discuter de manière plus détendue ?

Jaime Sadhi réprima un hoquet de surprise. Qui aurait pu supposer que pareille tirade eut pu surgir de ce faciès austère ?

– Eh bien... balbutia l'homme en toge.

– Nous ne jouons plus cette fois, n'est-ce pas ?

On attendait de lui une confirmation sans détour. Il répondit sur le même registre :

– Non ! Beaucoup de vies sont en jeu.

– Je désirais l'entendre de façon claire, Jaime Sadhi.

Ce dernier frissonna en s'entendant nommer comme un hors caste ; en d'autres circonstances, l'insulte aurait entraîné un duel.

– Cela pose-t-il problème ? fit-il, incisif.

– Aucun Maurane ne se dérobera à son devoir, si cela peut vous rassurer. Cependant, je tiens à ce que les choses soient nettes entre nous. Si nous vous suivons dans cette entreprise, c'est en toute connaissance de cause, non pour traquer des chimères...

— Jamais je n'ai...

— Simple précision, n'en tirez pas de conclusion hâtive. Sans notre soutien, vous ne ferez que verser le sang inutilement, avec ou sans les Sadduhis d'Hastar-Kôt ; vous le savez et nous le savons. Nul ne pourra demeurer neutre dans un tel conflit et, sans idéal, les soldats du Do répondront à la moindre provocation.

— Les Sikkes ont un idéal, le contra Jaime. Le respect de l'ordre établi.

— Les croyez-vous aveugles à ce point, Anu-DoSadhi ?

Cette fois, le titre avait le goût de la raillerie.

Il répliqua avec mauvaise grâce :

— Vous avez raison, Jord, une erreur d'appréciation déclencherait des dommages irréparables.

Bien sûr, il n'était pas le seul à s'interroger sur cette cascade de dysfonctionnements ! N'importe quel imbécile était à même de relier les événements qui pourrissaient la vie de la communauté depuis quelques temps.

— Il ne peut y avoir de volte-face, y avez-vous songé ?

— Est-ce une menace, Jord ? Parlez-vous au nom de tous les Mauranes ?

— Je le fais !

Lui qui avait misé sur la haine farouche qu'entretenaient les Mauranes à l'encontre des Sikkes, se découvrait pris à son propre piège. Il devait admettre que ces individus n'étaient pas aussi superficiels qu'ils le paraissaient. Au lieu d'individualistes un peu extravagants, il réalisait soudainement qu'il avait à composer avec un groupe structuré.

— Je dois vous avouer ma stupéfaction, concéda-t-il. Sans vouloir être blessant, je pensais que vos homologues n'obéissaient qu'à leurs humeurs et à ce fichu code d'honneur.

— Sous-estimer son prochain est une erreur grave, Jaime Sadhi. Un tacticien de votre classe devrait se garder de telles faiblesses... Ne sommes-nous donc tous que des simulacres les uns pour les autres ?

Ce regard pénétrant commençait à l'indisposer. S'il s'était attaché les services de Jord, au terme de négociations fort dispendieuses, c'est qu'il avait acquis la conviction – aidé en cela par des informateurs zélés – que ce dernier, avec sa belle moustache bleue, pesait d'un poids certain sur la communauté des Mauranes. Ainsi, avait-il calculé, il aurait à portée de main le levier qui lui permettrait de faire basculer ces hors caste de son côté le moment voulu. Et là, c'était lui qui se sentait léger...

– Si vous êtes parvenu à ce stade de la réflexion, nul doute qu'Astur Minh trame quelque projet, lança-t-il pour se dépêtrer.

Son interlocuteur s'esclaffa :

– Astur Minh est plus transparent que l'air ! Plus il avance ses pions, plus il se découvre. C'est un balourd !

– Un balourd qui dispose de sérieux arguments, rétorqua Jaime Sadhi. Il n'est pas une place ou un forum qui ne soit investi par ses sbires !

– Justement, justement, fit l'autre en lissant sa moustache d'un air goguenard, nous savons où le trouver. Voyons, tout le monde sait qu'il brigue le titre suprême et qu'il ne bougera pas sans un engagement franc des Sadduhis. Comme la session à venir ne comporte aucune intervention d'une des factions concernées, cela nous laisse un répit ; néanmoins, je crains que les choses ne s'accélèrent...

– Seriez-vous en train de me dire... ? !

– Un processus irréversible est en marche, Jaime Sadhi, ne vous voilez pas la face !

Sadhi perdait pied devant tant d'arrogance.

– Très bien, Jord, trancha-t-il, je prendrai ma décision après le Tsen-Do !

Il s'effaça avec toute la prestance qu'il put.

Comme à l'accoutumée, Jack Garron adressa un grand signe du bras en direction des quatre bâtisses qui bordaient le mur d'enceinte. A vrai dire, il ignorait s'il y avait encore quelqu'un derrière les carreaux sales, mais c'était une manière de se rassurer, de prouver que le cours des choses suivait une voie normale. L'existence était si pénible à supporter qu'il préférait reproduire ce témoignage de savoir-vivre plutôt que de se torturer l'esprit à faire le compte des disparus.

La matinée s'annonçait superbe ; le voile bleuté s'éclipsait déjà, annonçant une journée sans surprises.

Il aperçut la vieille Fania qui l'attendait, la mine sombre.

– Déjà de retour ? l'accueillit-elle. Il me semble que tu écourtes chaque jour un peu plus ta promenade !

– Je dois m'occuper de Jimmy. Et il faut aussi que je fasse l'inventaire.

– Jack ! Combien de fois vas-tu le faire ? La semaine dernière encore...

Il haussa les épaules :
— Il faut bien s'occuper, Fania... Au moins, nous ne perdrons pas de temps lorsque le moment sera venu...
Il sentit le poids de ses interrogations et continua sans la regarder.
— Nous devons y songer sérieusement, le village est exsangue.
— Je ne partirai pas, fit-elle, butée. Tu entends, Jack ?
— J'ai à faire ; Jimmy m'attend...
Voilà, les bienfaits de la promenade s'estompaient déjà. Comment faire entendre raison à cette tête de bois ! s'irrita-t-il en la plantant là. A force d'user de patience, il avait fini par renoncer au dialogue. Fania était née ici, avait grandi ici, et refusait de mourir ailleurs qu'ici. C'était son droit après tout. Mais qui aurait le cœur assez sec pour l'abandonner ? S'il n'y avait eu Jimmy, probable qu'il aurait réagi de la même manière. A quoi bon repousser le terme si c'était pour achever son existence au milieu d'inconnus ?
— Toi, tu viens de rencontrer ta copine !
Garron retourna un sourire crispé à l'auteur de la pique. Lorne, le charpentier, était depuis longtemps à l'ouvrage, son tablier en portait la trace.
— Encore à essayer de sauver ces vieilles baraques ?
— C'est mon boulot, Jack. Si je ne le fais pas, qui le fera ?
Il était dans la force de l'âge et, qualité de plus en plus rare parmi les villageois, était doté d'un optimisme à toute épreuve. Il parut soudain prendre conscience du sens profond de la question et poursuivit :
— Tu me connais, il faut que j'occupe mes mains...
— On se voit ce soir, n'oublie pas !
Allez, soupira intérieurement Garron en s'éloignant, il faut maintenant que j'essaie de distraire ce pauvre gosse.

Gedel s'arracha de la console circulaire avec un soupir de soulagement et lança une œillade ambiguë à la jeune fille qui venait pour le relever.
— Pas d'amélioration ? l'interrogea cette dernière pour la forme.
— Aucune.
Il tourna le menton en direction des six autres techs accaparés par les holos scintillants et reprit doucement :
— Esline est de mon avis, il faut en référer aux instances supérieures.
Son interlocutrice émit un sifflement de dépit :

Mascarade

— Ils refuseront de nous entendre, comme d'habitude !
— Je sais bien, mais que faire ? Nous sommes dans l'incapacité de réguler les systèmes de maintenance et...
— Ils vivent dans leur monde et se fichent bien de nos problèmes. Ma mère me l'a toujours répété, nous évoluons dans des milieux radicalement différents. Nous sommes les intouchables, de pauvres insectes indispensables à leur confort, et eux en retour...
— ...nous octroient généreusement notre ration d'oxygène quotidienne, compléta Gedel d'une voix éteinte. Nous sommes tous conscients de cette injustice, mais cela n'a rien à voir avec ce qui est en train de se développer...
— Personne ici n'y peut rien changer, hélas, conclut la jeune fille en se calant dans le siège. Ils ont la maîtrise de l'espace et peuvent nous rappeler à nos obligations quand ça leur chante.

Gedel n'ignorait pas que son père était mort lors d'une tentative de sédition alors qu'elle n'avait que huit ans. Cet événement, d'une rare violence, était resté gravé dans les mémoires : deux cent trente-quatre individus, piégés dans le sas principal après avoir balayé le cordon de sécurité, dont la lente agonie par asphyxie avait été retransmise aux survivants.

« Vont-ils se donner la peine de répondre ? » songea Gedel en traînant les pieds. « D'abord, ils vont faire la sourde oreille et, si les choses se dégradent de manière significative, c'est nous qui allons payer pour leur inconséquence. »

Il balaya d'un œil morne le « centre opérationnel », vestige d'un espace jadis animé. Dans ce volume où quarante techs auraient pu officier sans gêne, seuls une dizaine de postes fonctionnaient encore. Les terminaux se taisaient les uns après les autres ou se mettaient à délivrer des images incohérentes. Les procédures automatiques ne répondaient qu'une fois sur dix quand ce n'étaient pas les signaux d'alerte qui mugissaient sans que personne ne sache comment les circonvenir. Il fallait se rendre à l'évidence : non seulement le matériel dépérissait, mais le savoir des premiers techs se délayait au fil des générations. Bientôt, et ce jour n'était peut-être pas si éloigné, aucun tech ne serait plus en mesure de comprendre quoi que soit à ce réseau de câbles et de conduites.

— Je vais en parler à Hastor, trancha-t-il, lui seul est capable de tenter quelque chose.

Elle lui retourna une moue ambiguë :
— Hastor n'a pas le pouvoir de traverser les cloisons, que je sache !

– Non ! Mais si quelqu'un peut s'y retrouver dans tout ce fatras, c'est bien lui.

– Et alors ? Même s'il connaît tous les méandres du complexe, en quoi cela nous avance-t-il ?

– Sa mémoire est infaillible. D'accord, il n'a pas le pouvoir de renverser les panneaux qui nous isolent, mais il est le seul parmi nous à avoir une vision globale de ce merdier. Qu'est-ce que tu préfères, Hilenne ? Rester assise à presser quinze fois la même touche en priant que la séquence se lance, ou essayer de trouver le remède ?

– Tu as raison, fais ce que tu crois utile – elle se redressa : d'ailleurs, je vais t'accompagner, je perds mon temps ici !

Hilenne à ses côtés, Gedel passa rapidement devant les salles de classe et fila tout droit vers le réfectoire, sentant son humeur grimper d'un cran à l'idée de se remplir l'estomac. Plus tard, il irait rendre visite à son père comme chaque jour avant de reprendre le travail. Combien étaient-ils dans son cas ? Il récupéra un plateau garni dans le distributeur et ils allèrent s'installer à l'écart. A cette heure, la vaste salle ne comptait qu'une quarantaine d'individus et c'était bien suffisant pour lui. Il mâchouilla sans entrain et l'abattement le reprit à l'évocation de son père perpétuellement intubé. Ce dernier, lors de ses rares incursions dans la réalité – on le maintenait sous calmants pour juguler ses pulsions suicidaires – ânonnait à qui voulait bien l'entendre que la farce serait bientôt levée et que les criminels seraient étouffés dans leurs viscères. « Rallier la zone externe ! Rallier la ceinture ! » beuglait-il à l'envie avant de sombrer dans une catatonie terrifiante.

Un toussotement de sa compagne le ramena au présent.

– On y va ?

– Je ne sais pas trop comment il va réagir, s'excusa-t-il par avance en quittant la table. Il est possible qu'il refuse de nous parler.

– Nous verrons bien. En tout cas, il vaut mieux rester discret.

– Hastor n'est pas cinglé ! J'ai déjà discuté avec lui une ou deux fois et je peux affirmer que son esprit est resté clair. Après cet événement tragique, il s'en est voulu d'avoir survécu alors que les autres… Mais bon, lorsqu'il n'est pas branché, il tient des discours cohérents.

– C'est notre lot à tous…

– Bien sûr ! Mais sur quoi pouvons-nous nous appuyer en dehors de notre réseau de coursives ? Ces mondes qui jaillissent dans nos foutus casques, ont-ils une quelconque réalité ? Nous tombons tous dingues à

Mascarade 175

force de retourner les mêmes questions. Je n'ai pas envie de finir comme mon père...

La cabine d'Hastor était située un peu à l'écart des travées principales. Gedel pressa le pouce contre le témoin d'appel. Le panneau coulissa presque instantanément.

– C'est une visite de groupe ! s'exclama l'occupant en se levant pour les accueillir. Ça doit bien faire quarante cycles que je n'ai pas accueilli autant de monde.

– Nous avons un problème sérieux, commença Gedel sans lui laisser le temps de poursuivre. Il pourrait même s'agir d'une question de survie.

– Je ne suis pas sénile, mes enfants, je devine le fond de l'affaire. Ainsi, le matériel fait des caprices ?

Hilenne considéra le personnage. Elle s'était attendue à trouver un individu hirsute aux yeux chassieux. Au lieu de cela, elle découvrait un homme parfaitement à l'aise, diamétralement opposé à l'image qu'il offrait d'ordinaire.

– Ceux d'en haut se fichent de nos problèmes, enchaîna-t-elle. Nous allons tous être tués si personne ne peut remettre les systèmes à niveau. Les pannes se multiplient et nos équipes sont impuissantes devant les machines. Aidez-nous si vous en avez le pouvoir !

– Holà jeune fille ! Vous m'attribuez des pouvoirs que je ne possède pas.

Il détourna le regard.

– Ou des responsabilités qui ne sont pas miennes... Est-ce Dolan qui vous envoie ?

– Dolan est paralysé par la peur, cracha Gedel.

– Ça ne m'étonne pas ! S'il l'avait voulu, notre première tentative aurait été couronnée de succès... Au lieu de cela, il a préféré temporiser et des gens ont payé de leur vie.

Il se tut, alla tapoter l'écran mural, puis les jeunes gens le virent ramasser le casque qui gisait le long d'une banquette. Hastor agita l'objet, les yeux réduits à l'état de fentes.

– Hastor... commença Gedel, mais l'ancien tech l'interrompit d'un rictus las.

– Pourriez-vous me donner une définition précise de nano-machine, neuro-circuit, cellule opto-électronique ? Non, bien sûr... Et pourtant, il ne se passe pas un cycle sans que nous fassions appel à des procédures impliquant ces concepts flous et ceci depuis des générations. Comment sont gérées les unités médicales, les unités d'approvisionnement, le recyclage de l'air, le chauffage ? Tout est programmé, du robot soudeur aux micro-machines qui nous assistent dans notre quotidien et nous ne savons plus rien de ces mécanismes. Des symboles luminescents pulsent, des holos scintillent et nous validons des procédures en dépit de toute logique. Ça marchait avant, voilà notre seule certitude !

Gedel sentit un pincement. Hilenne s'impatientait.

– Peux-tu faire quelque chose ? le pressa-t-il.

– Désolé les enfants, c'est vous qui êtes venus me trouver, ricana Hastor. Laissez-moi donc vous parler de cette fameuse "ceinture".

– Pfff ! fit Hilenne.

– Ton père ne serait pas fier s'il t'entendait, commenta Hastor.

– C'est une fable !

Hilenne était devenue livide.

– C'est la clé de notre salut, plutôt ! Vous, les jeunes, vous passez tout votre temps à vous gaver de ces images étranges peuplées de créatures bizarres et d'espaces démesurés. C'est un fait, j'ai été jeune moi aussi, et je reconnais avoir été fasciné par le spectacle de ces étendues vertes et de ces grosses bestioles poilues. Mais si vous vous intéressiez un peu plus aux banques de données, vous tomberiez sur des informations surprenantes !

– Comme ?

– L'architecture interne de notre univers par exemple.

– Et quel intérêt ! siffla Hilenne, puisque nous sommes prisonniers !

– Ton père et bien d'autres se sont épuisés à traquer l'information qui leur permettrait de s'affranchir de leur condition. Ceux d'en haut se croient tout-puissants, pourquoi se seraient-ils donnés la peine de dissimuler des données ? Cette « ceinture » n'est pas un mythe, je vous l'affirme, il s'agit même d'un lieu très proche.

– Partons, soupira Hilenne en agrippant le bras de son compagnon.

– Pourquoi nous avouer cela maintenant, renâcla Gedel. Si tu détiens la clé, que fais-tu encore dans cette cabine ?

– Qui écouterait un vieil imbécile de ma trempe ? Personne ne pense plus, ne cherche plus. Lorsque je sors, je ne croise que des expressions vides, des ombres... Combien de cycles celui-là va-t-il tenir avant de craquer ? Combien de cycles celle-là va-t-elle tenir avant de sombrer dans la dépression la plus totale ? Si je ne sors plus, c'est par crainte d'affronter mes semblables...

– Moi, je te crois, décida Gedel.

La face du vieil homme s'illumina et il déclara nerveusement :

– Très bien, alors tentons le coup !

Un long moment plus tard, une silhouette s'éclipsait.

Mascarade

Le temps que Gedel parcoure la coursive reliant le réfectoire à sa cabine, quinze nouveaux signaux se manifestaient en rapport avec les sous-systèmes électriques et, dans un recoin obscur, une femme se tailladait les veines avec une unité multi-P.

– Paix sur ta destinée, Anu-Do Sadhi !

L'intéressé courba légèrement la tête et dépassa la femme, reconnaissant une Atir-Do avec laquelle il avait eue une brève liaison, ou plutôt un embryon d'assonance basé sur des convergences d'intérêts, avant d'entamer sa véritable ascension. Maintenant qu'il était Anu, s'embarrasser de cette femelle de deuxième échelon ne présentait aucun attrait. En fait, il s'était juré de rester à l'écart de ses consœurs, les tenant pour de fieffées manipulatrices. Surtout, ne pas mêler hormones et pouvoir, le cocktail se révélant trop souvent indigeste pour l'homme...

Bien qu'évoluant dans une zone publique, il ne pouvait se permettre de relâcher sa garde, pas à l'approche de Tsen-Do... Les trois Mauranes qui traçaient dans son sillage lui garantissaient une protection sans faille mais l'agression physique n'était qu'un aspect mineur du problème. Tout en conservant un port rigide, il balayait du regard les moindres recoins, tentant d'anticiper l'imprévu. Les mauvaises farces étaient toujours à craindre et, plus on naviguait haut dans la hiérarchie, plus les pièges se faisaient retors.

Epuisé par cette tension de tous les instants, il marqua une pause une fois franchi le périmètre de l'espace résidentiel, faisant mine de s'absorber dans la contemplation d'une composition paysagère. Il nota la proximité de trois silhouettes à l'extrémité gauche de la vaste salle et vit passer deux Mauranes. Les cinq autres, trois Sikkes et deux Sadduhis de rang inférieur ne l'intéressaient pas. Le temps de cerner la personnalité des membres du trio – l'observation négligente de leurs attitudes le mit sur la bonne voie – il quittait son poste pour les rejoindre.

Ces derniers conversaient près d'une fontaine cristalline, encadrée de fougères vert tendre. Evidemment, ils l'avaient vu, mais ils se gardaient bien de le laisser paraître...

A moins de dix mètres, il savait déjà à qui il avait affaire. Chacun des quatre-vingt dix-sept membres du Do-Ring arborait un masque facial spécifique, ensemble complexe peint à même la peau, dont la complexité gommait les traits naturels. Malheur à l'inconscient incapable de décoder sur-le-champ le motif ! Une hésitation, l'emploi d'un titre inapproprié au moment de saluer son vis-à-vis – et l'on n'évoque même pas le cas extrême de l'erreur d'identité – constituaient une preuve manifeste de manque de savoir-vivre. Quant à se montrer en public le visage nu... Il eut mieux valu forniquer à plusieurs au cours d'une séance de Tsen-Do ! Seuls, les blocs mobiles de l'unité médicale étaient habilités à pénétrer dans l'intimité des élus.

– Paix sur vos destinées, Den-Do Julian, Den-Do Eliphane et Atir-Do Soliman, clama-t-il dès que la distance protocolaire fut atteinte.

Ils lui retournèrent son salut et l'invitèrent à entrer dans le cercle. Dès lors, la communication pouvait se dérouler sans entrave.

– Votre présence nous enchante, lui lança Julian d'un ton caustique. Nous nous demandions justement si vous n'étiez point souffrant ces derniers temps ?

– Le travail, chers amis, le travail... Ce n'est pas à vous que j'apprendrai que la tessiture d'un discours est une alchimie subtile et exigeante.

– C'est hélas la rançon du succès, compatit faussement le premier.

– Je suis certaine que notre nouvel Anu-Do nous a concocté un morceau d'anthologie, surenchérit sa voisine.

– Vous me flattez, Den-Do Eliphane ; je pense que je ne mérite pas autant d'éloges.

– Allons, allons, fit-elle d'un ton léger, personne n'a oublié votre dernière intervention ; prudente, certes, mais si finement ciselée ! Quand donc comptez-vous nous réjouir de nouveau ?

« La garce ! » sourit-il. Ils n'attendaient qu'une seule chose : qu'il se ridiculise en public.

– Je viens de déposer ma candidature pour le prochain Tsen-Do.

Il étudia leurs expressions.

– Je pense, en toute modestie, que vous serez charmés...

Puis prenant un air de conspirateur :

– A propos, quels sont les derniers potins ?

– Rien de bien passionnant malheureusement, soupira Soliman, mis à part quelques incommodités que nous espérons passagères.

– Oh ! ? (il en connaissait parfaitement le détail, mais l'opinion de ces trois-là l'intéressait au plus haut point)

– Oui, des ruptures de réseau assorties de dysfonctionnements divers.

– J'ai bien cru que je n'arriverais jamais à terminer mon masque, soupira Eliphane. Cette fichue lumière qui n'arrêtait pas de vaciller !

Mascarade

– Il paraît que le secteur 69-B est complètement isolé, glissa Julian. La température aurait brutalement chuté.

Jaime Sadhi sentit un courant glacial le parcourir.

– N'est-ce pas le fief d'Hastar-Kôt ? s'enquit-il.

– Le vieux singe n'a pas attendu pour se mettre à couvert, le rassura aussitôt son interlocuteur. C'est une chance, du reste, car les systèmes automatiques font la sourde oreille ; impossible d'obtenir une image de cette zone, tout est verrouillé !

– Et... il reste du monde ?

– Avec les Sadduhis, rien n'est jamais simple... Selon la rumeur, ils seraient une bonne quarantaine là-dedans, mais après tout, ce sont leurs affaires...

– Evidemment, approuva Jaime. Il ne s'agit probablement que d'une maladresse des techs.

– Et de quoi d'autre pourrait-il s'agir ?

Soliman le dévisageait bizarrement ; il regretta d'en avoir trop dit.

– Rien, par l'Esprit du Do ! C'est juste une façon de parler... Enfin ! Tout cela ne doit pas gâcher notre petite fête. Si vous me permettez...

Il se retira d'une courbette et poursuivit son chemin, se traitant d'imbécile. Pourquoi avait-il évoqué Hastar-Kôt devant le trio ! Cherchait-il vraiment les ennuis ?

Son trajet fut de nouveau interrompu par la présence de quatre personnages incontournables auprès desquels il récita quelques platitudes avant de rallier l'hémicycle. Là, il s'en fut vers la rangée de fauteuils réservés et fit le vide dans son esprit. D'ici peu, les rangs se garniraient pour entendre les deux duellistes du jour débattre d'un sujet ô combien essentiel : « La vertu poussée à son extrême limite peut-elle s'apparenter à l'extase orgasmique ? » L'afficheur mural égrènerait alors ses battements – les deux discoureurs avaient choisi une limite de quatre heures – tandis que les spectateurs prendraient des notes et jaugeraient leur performance.

Jaime Sadhi laissa glisser ses doigts sur le terminal sis en face de lui. Autrefois, il se serait concentré sur les échanges verbaux, mémorisant les séquences les plus brillantes en vue de les exploiter plus tard mais, cette fois, toute son attention était tournée vers l'intérieur : Jord, Hastar-Kôt. Ce n'était plus un soliloque pompeux qu'il leur promettait pour le prochain cycle, mais un spectacle son et lumière avant le lever de rideau. D'autres avaient essayé de briser la texture sociale ; lui réussirait...

Le vieux Garron épousseta sa combinaison en loque et siffla à l'adresse de Jimmy ; la nuit tombait et il était temps que le gosse regagne l'abri de la cabane.

— Attends papy, supplia ce dernier en traînant la patte. Il désigna la voûte céleste dépourvue de nuages : je suis sûr qu'on peut le voir…

— D'accord fiston, mais pas trop longtemps, hein !

Dire qu'ils n'étaient plus qu'une quarantaine dans le village ! Le spectacle des masures abandonnées le remplissait de colère. La troisième épidémie en moins d'un an et lui, l'ancien, qui avait été épargné alors que les plus vigoureux avaient péri. Son attention se reporta sur le gamin : un orphelin de plus sur ce monde perdu. Rester ici ne rimait à rien. Demain, ou après demain, il faudrait se résoudre à quitter les lieux pour rallier un village plus important. Se regrouper pour survivre, mais pour combien de temps encore ?

— Là !

Il suivit le doigt qui désignait un éclat minuscule sur le fond violacé ; le vaisseau… Que fichaient-ils donc là-haut à les narguer ? Il lâcha un soupir de résignation. Probable qu'ils étaient tous morts depuis longtemps.

— Tu crois qu'ils nous voient, papy ? Tu crois qu'ils descendront un jour ?

— Je ne sais pas, Jimmy… A ton avis ?

— Moi, je crois qu'ils descendront de leur grand vaisseau et qu'ils nous emmèneront avec eux !

— Si tu le dis, fiston…

— Tu viendras, n'est-ce pas papy ?

— Pour sûr, oui ! Allez, rentre maintenant !

Il regarda le gamin s'en retourner avec un petit serrement au cœur. S'il savait ! Combien de générations avaient attendu un signe, une réaction de ce foutu vaisseau ! Non, il ne lui dirait pas la vérité, mieux valait conserver un semblant d'espoir dans ce monde pourri que compter ses morts. Il ne lui montrerait pas les enregistrements réalisés par les rescapés de cette folie.

Il releva la tête et lança un regard meurtrier en direction de la tache. Des tonnes de matériel, de nourriture, d'équipements médicaux flottaient inaccessibles au-dessus de leurs têtes ; une mission d'exploration qui avait mal tourné et dont ils étaient probablement les derniers survivants.

— Toujours à espérer, Jack ?

Mascarade

Il se retourna lentement. Stavro, le plus ancien après lui, approchait, la mine sombre. Une fois parvenu à sa hauteur, il s'ébouriffa quelques mèches anémiées, provoquant une cascade de pellicules jaunâtres.

– Ça te reprend ? s'inquiéta-t-il.

– Ces foutus champignons sont plus tenaces que la poisse ! J'en viens à me demander si un bon gros virus ne vaudrait pas mieux pour nous tous...

– Je sais, compatit Jack.

– Merde à la fin ! Combien d'entre nous se sont usés les yeux à attendre un signe de ces connards ? Tenir près de deux siècles pour en arriver là !

– Ce n'est pas entièrement leur faute, tu le sais bien ; cette panne de l'hyperpropulsion, la perspective d'un voyage interminable dans un vaisseau de colonisation...

– Tu es trop naïf, Jack. D'accord, il a bien fallu trouver des palliatifs pour gérer le stress, mais quand les premiers symptômes de dérapages se sont manifestés, l'équipage aurait dû mettre un terme à ces idioties.

– Ils étaient eux-mêmes trop impliqués, Stav... Imagine-toi enfermé dans cette carcasse métallique avec la certitude d'y finir tes jours... Rien à faire d'autre qu'espérer que tes enfants ou tes petits-enfants rallient un jour le monde soi-disant viable objet de la mission. Les premiers ont baissé les bras et les générations suivantes ont fait leur une manière de vivre qui au départ n'était destinée qu'à détourner les angoisses de chacun. C'est déjà un miracle que deux cents individus soient parvenus à garder la tête froide.

– Un miracle, ou une fatalité ! Bon sang, ce qu'ils ont pu sauver nous a seulement permis de survivre. Les navettes sont inaptes à l'envol et nous nous replions de plus en plus sur nous-mêmes ! Quelle sera la prochaine épidémie, Jack ? Quel choix est le nôtre ? Chaque fois que nous tentons une percée dans quelque direction que ce soit, nos vaillants explorateurs nous ramènent une nouvelle saloperie !

– La malchance, soupira l'ancien. Ceux qui ont quitté le vaisseau ont fait dans l'urgence sans vraiment maîtriser tous les paramètres d'un débarquement. Plus au nord, le froid nous aurait anéanti ; ils ne pouvaient prévoir que les pluies torrentielles nous isoleraient dans ces marécages putrides de si longs mois.

– Nous devons abandonner le village, Jack.

– Nous nous mettrons en marche demain. Mais encore faut-il qu'on nous accepte ailleurs...

Les temps étaient à la défiance, chacun se barricadant derrière son enceinte de peur d'être contaminé. Il chercha la trace lumineuse et adressa une invective à tous les cadavres qui devaient joncher les entrailles du vaisseau. Les faits remontaient à si loin que personne ne croyait plus depuis longtemps que la vie ait pu perdurer dans cette stupide coque de métal.

Jaime Sadhi se fendit d'un large sourire en entendant les commentaires élogieux qui soulignaient une pique particulièrement spirituelle émanant d'un des deux protagonistes. Il n'avait rien suivi de l'échange, perdu dans ses pensées. Il était ailleurs, plongé dans un rêve de gloire. Oui, les bases trembleraient ! Il se ferait sacrer Prima-Do et prendrait une douzaine de concubines, dont cette allumeuse d'Akkadi San qui serait bien obligée de satisfaire ses moindres caprices…

Un clignotement coupa court à sa rêverie. Un capuchon noir bordé d'argent venait d'apparaître sur l'écran dissimulé dans le dossier frontal, assorti de trois chiffres : une demande de contact prioritaire. Cette apparition le remit aussitôt en alerte et les mises en garde de Jord tintèrent douloureusement. Hastar-Kôt demandait une entrevue… Etait-il de mèche avec Jord ? Impensable de quitter l'hémicycle avant la fin de la première joute ! Il consulta l'afficheur et nota au passage que le plus frêle des deux discoureurs commençait à perdre pied : sa température interne avait grimpé de deux dixièmes depuis le début de l'échange, et son taux de sudation lui faisait déjà perdre une douzaine de points. Avec un tel handicap, la seconde partie était jouée d'avance…L'entracte arriva enfin et il en profita pour s'éclipser le plus discrètement possible. Jord avait le regard insondable et il n'insista pas. Avec un peu de chance, il pourrait peut-être retrouver sa place avant la reprise.

Quatre personnages cagoulés, entièrement dissimulés sous les plis de leurs robes sombres, l'attendaient dans un renfoncement de l'aile Ouest. Les Mauranes lui laissèrent l'initiative, démontrant ainsi qu'ils étaient au fait de la rencontre.

– Allons discuter à l'écart, prononça l'un des quatre en poussant une porte.

Jaime Sadhi répondit à l'invite sans ciller. Devant, un conduit de faible section encombré de tubulures s'enfonçait dans le néant. Il entendit un claquement feutré et perçut le brusque changement de température.

– Diable ! grogna-t-il. Que se passe-t-il donc ?

Hastar-Kôt se découvrit le visage et prononça sur un ton fataliste :

Mascarade

— Le temps d'agir est venu, Jaime Sadhi !
Un traquenard ! Voilà où ils l'avaient attiré !
— Jord ? ! grinça-t-il.
L'accusé ne semblait pas le moins du monde embarrassé. Il répliqua tranquillement :
— Désolé de vous brusquer, mais vous ne semblez pas prendre la mesure des événements. Sentez-vous ce froid ? Toutes les galeries périphériques où vous ne mettez jamais les pieds sont gagnées par cette chute de température.
— Et alors ? Personne ne fréquente ces lieux ! Il suffit de rappeler les techs à leur devoir.
— Non ! La réponse d'Hastar-Kôt était cinglante. Voulez-vous que l'on vous énumère tous les signes inquiétants apparus ces trente derniers cycles ?
— Inutile. Que savez-vous de plus ?
— La fin est proche, Jaime Sadhi, mais contrairement à la majorité, une partie d'entre nous est persuadée qu'il existe une voie de sortie.
— La ceinture, glissa Jord.
— Vous voulez l'apocalypse ! Celui qui violera le périmètre interdit causera la mort de tous !
— Foutaises ! Ceux qui ont inventé cette fable n'étaient que de fieffés manipulateurs. Nous avons remonté des conduits où personne ne s'était aventuré avant et je peux affirmer qu'ils s'étendent bien au-delà du secteur des techs !
— Vous ? Les guerriers ?
— Gardez-vous des apparences, Jaime Sadhi, intervint Jord. Vous devriez vous intéresser de plus près à ce qui se passe dans les entrailles de votre monde au lieu de vous masquer la vérité. Ces tunnels où personne ne va, ces machineries qui agressent votre sacro-saint sens du rituel ; qui les a mis en place et dans quel but ?
— Je suppose que les réponses nous effraient tous...
— Eh bien, nous devons passer outre nos peurs si nous voulons survivre ! Nous avons découvert des capsules mémoire et visionné des témoignages du passé. Le monde est ailleurs, nous devons quitter cet endroit !
— Vous délirez Jord ! Hastar-Kôt vous a monté la tête, ou vous avez trop abusé de la trivirt !
— Suivez-nous !
Hastar-Kôt ne souriait plus et ses compagnons semblaient prêts à agir.

— Je n'ai pas le choix, capitula-t-il en lorgnant vers le sas.

Ils avaient pris tant de bifurcations qu'Hilenne ne songeait même plus à renifler sa désapprobation. Hastor traçait la route dans le dédale des conduits, preuve qu'il avait déjà emprunté cette voie. Gedel se contentait de fixer la silhouette chauve, attentif aux obstacles qui parsemaient le circuit. Depuis un moment, les lampes qu'il était allé récupérer accomplissaient leur office, perçant les ténèbres où étaient plongées des sections de plus en plus étendues.

— Stop !

L'injonction d'Hastor se répercuta en échos métalliques.

— Nous ne sommes pas sur le bon chemin ? le pressa Gedel.

— Si, si, mais maintenant les repères sont plus délicats à trouver, signifia le vieil homme. Je suis déjà venu jusqu'ici, figurez-vous, mais la perspective de me retrouver seul de l'autre côté m'a toujours retenu.

— De l'autre côté ?

— D'après mes relevés, nous sommes tout près d'un point de jonction entre deux secteurs. Le problème, c'est qu'une fois franchie la limite, il y a une chance sur deux pour que nous ne puissions rebrousser chemin. Il s'agit d'un sas de secours, réservé aux situations d'urgence. A mon avis, les systèmes de sécurité verrouilleront les panneaux dès que nous serons passés, si nous y parvenons...

— Charmant ! apprécia Hilenne. En tout cas, il faut faire quelque chose rapidement ; on respire de plus en plus mal.

— Je ne peux garantir ce que nous allons trouver derrière, hésita Hastor. Ah ! Voilà !

Il focalisa le faisceau sur un renflement situé à une trentaine de pas et se remit en marche.

— Qu'est-ce que cela signifie ?

Gedel désignait le pictogramme qui recouvrait la bosse.

— C'est un sas de secours, se défendit Hastor : deux personnes maxi !

— Je ne reste pas toute seule ! s'affola Hilenne. Si nous sommes séparés, je ne pourrai jamais retrouver la sortie.

— Je passe en premier, la rassura Hastor. J'ai trop retardé ce moment pour reculer. Si... Enfin, si vous changiez d'avis quand je serai de l'autre côté, sachez que je comprendrai parfaitement.

— Hors de question ! se récria Gedel.

— Bien, bien...

Mascarade 185

Il bascula un levier et une trappe se dégagea au niveau du pictogramme. Dans l'espace creux, un témoin pulsait d'une lueur orangée. Une pression du doigt et une ouverture circulaire apparut dans un chuintement.

– A tout de suite ! fit le vieil homme en se faufilant dans l'orifice.

Au fur et à mesure de leur progression, Jaime Sadhi se rendait de mieux en mieux compte à quel point il avait été berné. A chaque croisement, près du moindre sas, un Sadduh et un Maurane les attendaient. Le temps que le groupe de tête les dépasse, ils lui emboîtaient le pas comme une mécanique soigneusement rodée.

– Vous vous préparez à une bataille rangée ou quoi ? s'impatienta-t-il.

– Nous y sommes préparés, mais cela n'est pas souhaitable, répondit Jord. En fait, c'est votre ami Astur Minh qui nous intéresse directement.

– Tiens ! Je croyais…

– C'est un bouffon mais il détient quelque chose de précieux, compléta Hastar-Kôt. Etant donné son rang, s'assurer de sa personne est indispensable à la réussite de notre entreprise.

– Les codes ? !

– Vous n'êtes vraiment pas curieux de savoir ce qui se cache au-delà de ces parois ?

– Des ennuis, rien de plus ! Si ces formules sont restées à l'abri depuis tant de cycles, je pense qu'il y a une bonne raison.

– Et nous comptons la mettre à jour ! claironna Jord. Si ces codes sont vraiment efficaces, nous le saurons bientôt.

– Folie ! grommela Jaime Sadhi.

Mais il était embarqué par le flot et ne pouvait que constater son impuissance. Ils zigzaguèrent un moment encore dans le dédale des conduits secondaires, percevant çà et là l'éclat brillant du givre, avant de stopper devant un sas.

– Excellent ! apprécia Jord en faisant signe à la petite troupe de se préparer. Puis se tournant vers son « employeur » : le Tsen-Do est maintenant terminé et nous savons que notre ami ne s'attarde guère…

Il traça un signe dans le vide. Jaime Sadhi recula involontairement. Le symbole du sang ! La signification nouvelle du geste le glaça d'effroi. Ce n'était plus de rituel qu'il s'agissait, mais d'un appel direct au meurtre !

– Mais… bredouilla-t-il tandis que la poigne de fer du Maurane s'abattait sur le panneau de commande.

Un courant tiède s'infiltra aussitôt dans le conduit et il vit Jord disparaître, entraînant dans sa suite une dizaine de guerriers. Des cris retentirent, des bruits de lutte, des gémissements vite étouffés. Une tête reparut et un bras ensanglanté les invita à passer le sas.

— Ils n'étaient que cinq, indiqua Jord en repoussant un corps affalé en travers de l'allée. Notre homme est derrière ce panneau... Puis, s'adressant à la trentaine de Mauranes et de Sadduhis restée en retrait : tenez ce couloir coûte que coûte, nous entrons !

Jaime Sadhi prit alors conscience de sa situation. Il était là, bien campé en pleine lumière dans une zone privée probablement sous couverture trivid. En ce moment même, chacun pouvait suivre les exploits des insurgés !

— Allons-y ! beugla-t-il pour sauver ce qui pouvait encore l'être. Et il fit coulisser le panneau sous l'œil ahuri du Maurane.

A l'intérieur, tout était terminé. Avant que Jord ait pu esquisser un geste, la face rubiconde d'Astur Minh s'encadrait dans l'ouverture. Deux Mauranes le tenaient sous la menace de leurs lames.

Jaime se vit propulsé à sa rencontre. Il saisit immédiatement la finesse du procédé. Hastar-Kôt à sa gauche et Jord à sa droite, ils offraient l'image d'un ensemble solide, propre à faire réfléchir les indécis. Voyant que les Mauranes et les Sadduhis faisaient cause commune avec un membre éminent du Do, on réfléchirait à deux fois avant de se lancer à corps perdu dans un conflit à l'issue incertaine.

— Anu-I Do Astur Minh, tonna-t-il en retrouvant de son assurance, nous te sommons de nous livrer les codes, au nom de la survie de tous !

Il crut que l'autre allait éclater de rire mais ce n'était que l'effet de la surprise.

— Toi ! Un Anu-Do ! s'étouffa le rougeaud. Me demander de livrer les codes ?!

— Astur Minh, reprit Hastar-Kôt, ceci n'est pas une farce !

— Dégagez-moi ça, gronda Jord en repoussant le gros, nous nous passerons de son accord.

Très diplomatique, soupira Jaime Sadhi en lui emboîtant le pas.

— C'est ce machin ?

Jord désignait une sculpture lumineuse flanquée de deux colonnes fluorescentes.

— Pas d'erreur possible, confirma Jaime, mais nous avons besoin de son concours...

Astur Minh fut rappelé sur-le-champ.

Mascarade 187

— Ecoute bien, siffla le Maurane en lui passant le fil de son épée sous le nez. Nous n'avons rien contre toi, alors si tu veux conserver ton petit intérieur douillet, sois précis, car sinon, je te promets un masque facial de ma composition.

Le gros avait parfaitement saisi. Ses doigts dansèrent un instant au travers de la sculpture holographique.

— Je ne peux rien faire de plus, avoua-t-il en se raidissant.

— Le reste est notre affaire, Anu-Do, fit Jord, la voix méprisante. Aucun Maurane n'aurait cédé comme tu l'as fait !

— Et maintenant ?

— Maintenant, Jaime Sadhi, nous entrons dans l'histoire ! déclama Hastar-Kôt.

Lorsque les deux groupes se rencontrèrent, le silence se fit soudainement dans l'immense bulle. Gedel et sa compagne découvraient pour la première fois ces personnages étonnants dont leurs aînés leurs avaient parlé, mais d'une façon si nébuleuse que les voir enfin les paralysait totalement. En face, la longue progression au milieu de ce tunnel courbe et cette vision déstabilisante lors d'un arrêt devant un panneau si différent des autres en avaient assommé plus d'un. Au début, ils n'avaient perçu que le noir profond, puis un abîme terrifiant s'était dévoilé avec en son centre une énorme masse. Certains n'avaient pu supporter d'en voir plus et s'étaient détournés, d'autres comme Jaime avaient tenu bon, se sentant happés par une force irrésistible.

Il fut le premier à recouvrer ses esprits.

— Qui êtes-vous ? s'enquit-il en se portant à la rencontre du trio.

— Je me nomme Hastor, répondit le plus âgé en butant sur les mots.

— Jaime Sadhi... Nous, euh, notre groupe vient d'arriver en ce lieu et...

Une lueur d'intelligence passa dans les yeux du vieillard :

— Vous cherchez des réponses ? !

— En effet, on peut voir cela ainsi.

— Alors, tout n'est pas perdu, sourit Hastor en redressant le buste.

Jaime Sadhi regardait, fasciné, les immenses volutes qui recouvraient la majeure partie du continent sis en dessous d'eux. Deux dizaines de cycles s'étaient écoulés avant que le calme ne revienne sur le vaisseau. Bien sûr, la réconciliation ne s'était pas faite sans heurts et beaucoup avaient payé de leur vie, mais le voile était enfin levé.

– Pas de regrets ?

Il s'arracha à la contemplation et adressa un signe évasif à Jord.

– Nous sommes restés là-haut trop longtemps : remettre la décision à plus tard n'aurait fait que raviver les blessures.

– C'est aussi mon opinion, mais j'avoue que je suis terrifié !

En d'autres circonstances, une telle confession de la bouche du Maurane en aurait stupéfié plus d'un.

– Le vaisseau est condamné et des gens nous attendent en bas, Jord. Nous sommes tous terrifiés, mais nous portons le poids de nos fautes. Il est possible que cette navette ne réponde pas à nos espoirs, mais au moins, nous aurons essayé...

– Espérons que la science de nos pères nous garantira un atterrissage sans problème.

– Ils avaient programmé les navettes restantes sur le même point de chute, selon les techs ; nous ne pouvons que nous en remettre au destin et espérer qu'ils soient encore à proximité...

« Et vivants » songea Jaime.

Ils avaient entassé tout ce qu'ils avaient pu dans les soutes des quatre navettes restantes, sachant que l'hypothèse d'un retour serait une illusion. Seule une faction d'irréductibles avait préféré demeurer dans le vaisseau.

Il se passa machinalement la main sur la joue. Il lui faudrait du temps avant de s'habituer au contact de la peau nue, tout comme au fait d'affronter des visages dépourvus de fioritures. Il sentit la coque qui l'enserrait se durcir et jeta un dernier regard sur les rangées avoisinantes : les expressions hagardes dominaient. Aurait-il le courage de regarder jusqu'au bout ?

– Paix sur nos destinées, lança le Maurane avant de rabattre la visière de son casque.

Quelque temps après, à l'orée d'un village très loin en dessous, un cri fusa :

– Papy ! Ils arrivent !

☙

Sonate posthume

de Lionel Ancelet

> **L'auteur** : Né en 1961, Lionel Ancelet travaille dans le marketing pour le compte d'une grande entreprise de télécommunications. De formation scientifique, c'est sans doute une trop forte dose de mathématiques qui a rendu nécessaire l'antidote de l'écriture. Il ne désespérait pas d'être un jour publié ailleurs que sur Internet. Voilà qui est fait !

I.

L'ingénieur du son se pencha vers le micro d'ordres : « Quand vous voulez » dit-il. De l'autre côté de la vitre du studio d'enregistrement, la jeune femme lui sourit, hocha la tête et attaqua le Prélude de la Quatrième Suite pour Violoncelle de Bach. Dans la pénombre de la régie, les aiguilles des vumètres oscillaient doucement. François se pencha vers l'ingénieur du son : « Vous en avez déjà enregistré combien ?

— La Première et la Deuxième hier. La Troisième ce matin, la Quatrième en ce moment. Elle est infatigable.

— C'est son premier disque, je crois ?

— Oui. Et quand on pense qu'elle a débuté le violoncelle il y a cinq ans à peine...

— Vous savez, il y a quelques années, on a vu une pianiste devenir concertiste en trois ans. »

Les deux hommes se turent et, jusqu'à la fin du morceau, aucun d'eux ne parla. Ils regardaient la jeune femme jouer. Elle avait fermé les yeux, et fronçait parfois légèrement les sourcils. François se demandait quelles pensées, quelles images pouvaient traverser son esprit en un tel moment. Avançait-elle dans la partition comme elle aurait parcouru un labyrinthe dont elle connaissait chaque tournant, chaque piège ?

Une vingtaine de minutes plus tard elle ouvrit les yeux, posa violoncelle et archet, se leva et poussa la lourde porte qui séparait le studio de la régie. Les deux hommes se levèrent à son entrée.

« Diane, je vous présente François Levasseur, un ami. Il est critique à *L'Univers Musical*. Il est venu pour assister à une séance d'enregistrement. Et pour vous rencontrer, aussi, je suppose. » Elle arbora un large sourire, et tendit la main. François s'avança, et la serra : « Enchanté. Après ce que je viens d'entendre, et si tout le disque est à l'avenant, je pense que ma critique sera plus qu'élogieuse, Mademoiselle Parker.

— Merci, vous me faites plaisir. Mais il me reste encore deux suites à enregistrer, et la Sixième n'est pas la plus facile, vous savez. Vous vouliez me poser des questions ?

— Oh, il ne s'agit pas à proprement parler d'une interview. J'aurais simplement aimé avoir quelque chose à raconter à mes lecteurs : le public ne sait pas grand chose de vous, à part vos années de Conservatoire.

— N'est ce pas tout ce qui leur importe ?

— A vrai dire, ils aimeraient pouvoir situer un peu mieux votre... personnage. En savoir plus à votre sujet, sur votre enfance. Pourquoi avoir commencé le violoncelle si tard, par exemple ? »

Diane se mordit la lèvre inférieure, avant de répondre : « Disons que, euh... Je n'en ai pas eu la possibilité plus tôt.

— Des problèmes familiaux ?

— Je n'ai jamais vraiment eu de famille à proprement parler, voyez-vous, Monsieur Levasseur.

— Oh ! Je vois. Dans ce cas, excusez-moi. Parlons de l'avenir, si vous préférez. Quels sont vos projets, après ce disque ?

— Une série de concerts, avec l'English Chamber Orchestra, dans des concerti de Vivaldi, Boccherini. Après, je pense travailler en trio.

— Vous avez déjà choisi vos futurs partenaires ?

— Ce n'est pas à moi de les choisir – ni à eux de me choisir, d'ailleurs. Il s'agit d'une collaboration, tout simplement.

— Bien sûr. Dites-moi, votre séance est finie, pour aujourd'hui ?

— Oui.

— Dans ce cas, je peux peut-être vous raccompagner ? Nous continuerons de bavarder en chemin.

Sonate posthume

– Si vous voulez. Le temps de récupérer mon violoncelle. »

François ralentit, s'arrêta : « C'est là ?
– Oui, ça ira. » dit-elle en ouvrant sa portière. Le vent glacial s'engouffra dans la voiture. « Merci de m'avoir raccompagnée. » Elle se pencha vers l'arrière de la voiture, en extirpa son violoncelle, sanglé sur la banquette par une ceinture de sécurité. « Je ne vous propose pas de venir boire quelque chose : je n'aurais que de l'eau à vous offrir. » François se pencha vers elle : « Nous pourrions peut-être dîner ensemble, un de ces soirs ? »

Elle secoua la tête : « Je n'y tiens pas. Pas pour l'instant. » François déglutit avec difficulté : « Alors, quand ?
– Plus tard. On verra. Allez, au revoir, et encore merci. » Elle claqua la portière, et s'éloigna d'un pas léger.

« Curieuse fille », songea François, la regardant disparaître dans son immeuble. Il démarra lentement, déçu.

Diane referma la porte, poussa les verrous. Décelant une présence, elle demanda à voix haute : « C'est vous, Monsieur Neuville ? » Une voix lui parvint de la salle de séjour : « C'est moi, Diane. Venez. »

Elle s'approcha en souriant, et vint s'asseoir sur le canapé, à côté de Léonard Neuville. « C'est la première fois que vous venez me voir ici, Monsieur Neuville.
– Je sais, ma petite fille, mais le temps presse. Je suis vieux, malade, et je crains de ne pas vivre assez longtemps pour voir ta mission s'achever et réussir.
– Nous aurions peut-être dû accélérer l'apprentissage ?
– Non, non. Cela semble déjà miraculeux pour beaucoup que tu sois devenue une telle interprète en cinq ans. Nous ne pouvions pas aller plus vite.
– Mais, si vous mourez, comment saurai-je à quel moment il faudra dire la vérité ?
– Quand tu seras mondialement connue, aimée du public – que dis-je, aimée ? *Adorée* du public – le moment sera venu. Et puis, il y aura toujours David pour te dire quoi faire. Mais dis-moi, ceux qui te connaissent t'adorent déjà, n'est ce pas ?
– Le comportement de certains semble l'indiquer.
– C'est bien, c'est très bien. Il faut dire que tu es tellement adorable. Je ne connais aucune femme qui ait ton charme, ta grâce, ton talent. J'en oublie parfois que tu n'es pas tout à fait humaine, vois-tu. »

Diane rougit imperceptiblement. « Monsieur Neuville, vous disiez être... malade. N'y a-t-il rien à faire pour vous guérir ?

– Tu vois, tu n'es pas humaine, mais nous t'avons faite tellement humaine que tu rougis quand on te complimente un peu, et que tu cherches à détourner la conversation. David serait content de voir ça.

– David n'est pas malade, au moins ?

– Bien sûr que non ! Pourquoi voudrais-tu qu'il le fût ?

– Mais ce n'est pas ce que je veux !

– Il va très bien, rassure-toi. Tu as de la chance, toi : tu ne vieillis pas, tu n'es jamais malade...

– Monsieur Neuville, un journaliste, c'est-à-dire, un critique, m'a proposé de dîner avec lui. J'ai refusé. Est-ce que j'ai bien fait ?

– Méfie-toi des journalistes : il leur arrive de perdre un peu le sens de la dignité, pour une info inédite, une photo exclusive. Ceci dit, il y en a pour qui l'éthique n'est pas un vain mot. Et puis, tu fais ce que tu veux, ma petite Diane. C'était une invitation professionnelle ou personnelle ?

– Plutôt personnelle, je pense.

– Encore une fois, tu fais comme tu veux. Et après tout, si ce journaliste te plaît... Est-ce qu'il te plaît ?

– Je ne sais pas, Monsieur Neuville, je le connais à peine.

– Tu n'as aucune raison d'obéir aux humains, tu sais. Comporte-toi exactement comme une des leurs. C'est tout ce que je peux te dire.

– Bien, Monsieur Neuville.

– Bon. Tu as des projets, pour ce soir ?

– Non, aucun.

– Alors, allons dîner en ville. Après tout, aux yeux des autres humains, je suis ton oncle, et un oncle a bien le droit d'inviter sa nièce à dîner, n'est-ce pas ? »

II.

Le rédacteur en chef de *L'Univers Musical* était un petit homme replet qui parlait en ponctuant ses phrases de claquements de langue. Il passa la tête par la porte du bureau de François.

« Alors, Levasseur, vous en êtes où avec cette violoncelliste ? Comment s'appelle-t-elle, déjà ?

– Parker. Diane Parker.

– Oui, c'est ça. Eh bien ?

– Je dîne avec elle jeudi soir.
– Vous y avez mis le temps ! Enfin, tâchez d'en avoir le cœur net.
– Comptez sur moi. »
François ramassa son stylo qui avait roulé par terre. Ses mains tremblaient un peu, mais le rédacteur en chef ne s'en aperçut pas : il était déjà reparti.

III.

Les fenêtres du restaurant étaient couvertes de buée ; on n'apercevait de l'extérieur que des halos de couleur.
Continuant à tourner son café alors que le sucre avait depuis longtemps fondu, François se pencha vers Diane : « Diane, il faut que je vous parle. » Elle s'accouda à la table, et se pencha vers lui, attentive : « Je vous écoute ?
– Voilà, je... J'ai deux choses à vous dire. Importantes.
– ...
– Je... Elle l'encouragea d'un sourire : « Oui ?
– La première, c'est que... J'ai été intrigué par le mystère qui est fait autour de votre enfance. Par la rapidité insolente avec laquelle vous êtes devenue une artiste de génie. Par le fait, enfin, que vous soyez la nièce de Léonard Neuville.
– Où voulez-vous en venir ?
– Il se peut que je me trompe complètement ; et si je me trompe, vous allez me prendre pour un fou, mais...
– Mais ?
– Neuville possédait plusieurs laboratoires de génie génétique, et je me demande parfois si vous n'êtes pas le produit d'une expérience biologique. Un produit plus que réussi, j'en conviens. Cela expliquerait qu'il n'y ait aucune trace de vous avant l'âge de dix-huit ans, par exemple. Je me trompe peut-être complètement, mais je ne peux pas continuer à vivre dans le doute. Et si je me suis fourvoyé, j'espère que vous ne m'en voudrez pas trop. »
Diane se mordit la lèvre inférieure, visiblement perplexe. « Vous aviez autre chose à me dire, je crois ?
– Oui. Diane, qui que vous soyez en réalité, je voudrais que vous sachiez que... Oh, je vais vous paraître stupide, mais tant pis. Voilà : je vous aime, Diane. Si je vous dis que j'en ai perdu le sommeil, depuis trois mois que

je vous connais, si je vous dis que le moindre de vos gestes, que chacun de vos regards me fait fondre d'adoration, vous allez me prendre pour un fou, ou pire, un vulgaire dragueur. Et pourtant, je vous jure que c'est vrai, Diane. Oh, je sais bien que je ne suis qu'un obscur critique, et vous une artiste de génie, je sais bien que cela creuse un immense fossé entre nous, mais je ne peux m'empêcher d'espérer... Je vous aime, Diane, et je n'y peux rien. »

Elle regarda fixement une boulette de mie de pain qu'elle pétrissait entre le pouce et l'index. Après quelques secondes de silence, elle leva les yeux vers François.

« Ecoutez, en ce qui concerne la première chose, je pourrais vous dire que vous vous êtes trompé, mais ce serait jouer sur les mots : non, je ne suis pas le produit, comme vous dites, d'une expérience biologique. Pourtant, vous frôlez la vérité. Mais je ne peux hélas rien vous dire. Pas tout de suite, en tout cas. A moins que...

– Oui ?

– Ce que vous venez de me dire me fait penser que le moment est peut-être venu...

– Comment ça ?

– Le moment de vous dire, de dire au monde la vérité.

– Je ne comprends pas.

– Cette vérité que vous avez approchée, sans toutefois l'atteindre complètement.

– Vous disiez que je me trompe, que vous n'êtes pas... Que voulez vous dire, à la fin ?

– Attendez, laissez moi finir. Je n'ai pas répondu à votre seconde... question : quand vous saurez, peut-être changerez vous d'avis ?

– Je ne comprends toujours pas !

– Pas ici, venez. Vous allez m'accompagner chez quelqu'un qui va vous expliquer. »

Une fois sur l'autoroute, François confia le pilotage de la voiture au guidage magnétique installé sous la chaussée. Vaguement inquiet quant à ce qu'il allait apprendre, il avait allumé la radio, machinalement. Pour l'éteindre, agacé, quelques minutes après.

« C'est encore loin ?

– Non, d'ailleurs nous quittons l'autoroute à la prochaine sortie.

– Chez qui allons-nous ?

– Chez David Nolin.

Sonate posthume

– Nolin ? Ce nom ne me dit rien. Qui est-ce ?
– Un chercheur scientifique de génie.
– Après la musicienne géniale, le savant génial. Encore un produit de laboratoire ?
– Je vous répète que je ne suis pas un bébé-éprouvette ou quoi que ce soit dans ce goût-là. Quant à David, c'est un homme parfaitement normal.
– Alors, quel rapport avec vous ?
– Vous allez bientôt le savoir. Nous arrivons. Tenez, c'est là, à droite. »

François s'arrêta devant un haut portail blanc. « Faites trois appels de phares. » Il s'exécuta. Le portail s'ouvrit lentement, découvrant une longue allée de gravier.

David attendait, en haut du perron : « Tu as amené de la visite ?
– Oui. Je te présente François Levasseur. Il a deviné une partie de la vérité.
– Une partie ?
– Il est persuadé que je sors d'un laboratoire, mais d'un laboratoire de génie génétique. »

David se passa la main dans les cheveux. « Je vois. Entrez donc. Et dites moi ce qui vous a mis la puce à l'oreille. »

David se leva et arpenta la pièce, songeur. « Finalement, c'était une intuition plus qu'une déduction, n'est-ce pas ?
– C'est vrai, mais il semble que j'aie eu plus ou moins raison.
– Oui. Et loin d'être farfelue, votre idée était même plausible : vous savez quels progrès l'ingénierie génétique a accompli ces dernières années. Les équipes de recherche des laboratoires Neuville ont effectué un certain nombre d'expériences à ce sujet. Maintenant que la carte génétique de l'homme est connue dans sa totalité, la porte est ouverte aux manipulations les plus incroyables. La biologie est responsable d'une part non négligeable de nos comportements, de nos aptitudes, de nos faiblesses. Il aurait donc été possible, si nous ne nous étions pas moralement interdit ce type de manipulations sur l'Homme, de favoriser chez Diane les dons musicaux, en nous y prenant au stade de la fécondation. Et contrairement au scénario que vous aviez bâti, elle aurait eu une enfance parfaitement normale. Inutile d'attendre ses dix-huit ans pour lui apprendre le violoncelle, bien au contraire. De plus, si Diane était ce que vous pensez, les manipulations génétiques nécessaires auraient eu lieu il y a plus de vingt-cinq ans, à une époque où nous n'en étions qu'aux balbutiements.

Enfin, une telle expérience aurait sans doute été mal vue du public : la vieille opposition entre hérédité et environnement est toujours vivace, vous savez. Et puis, rappelez-vous les polémiques autour du clonage humain, quand cette équipe écossaise a réussi à cloner un mammifère, une brebis, je crois. Je vois que vous vous impatientez, mais avant de vous dire, enfin, la vérité, je vais vous poser une question : vous vous souvenez de la sortie de l'Automate Autonome, des Usines Neuville, il y a une dizaine d'années ?

– L'Automate Autonome ? Oui, ça me dit quelque chose.

– Vous vous souvenez certainement des réactions du public : hostilité, ou incrédulité, à l'égard de cette application industrielle de l'intelligence artificielle. Ceux qui n'y croyaient pas – comme le Pape – affirmaient que l'esprit humain est unique, irremplaçable, inimitable. Certains admettaient que l'on puisse reproduire l'intelligence de l'Homme, mais en aucun cas son affectivité, alors que les deux sont indissolublement liées. Rappelez-vous cette caricature de robots à forme humaine, amoureux l'un de l'autre, et s'offrant des fleurs...

– Moi-même, je n'y crois pas trop.

– C'est bien naturel, mais avez-vous songé que tout ce que vous dites, pensez, votre notion du bien et du mal, de la justice, vos chagrins d'amour, vos petites haines personnelles, vos passions dévastatrices, vos émotions, vos rêves, tout cela est la manifestation de l'activité chimique d'un litre et demi de cellules cérébrales ? Et que l'amour fou, ou l'indifférence glacée, sont peut-être liés à la présence ou à l'absence de quelques microgrammes d'une protéine cérébrale ! Je schématise un peu, bien sûr, mais les faits sont là. Il est sans doute humiliant, mais ô combien émerveillant, de lier la conscience et la pensée à ces quelques cellules fragiles que nous avons dans le crâne.

– Et alors ?

– Avez-vous entendu parler du phénomène d'émergence ?

– Non. Qu'est ce que c'est ?

– Prenez un neurone. C'est simple, c'est petit, on en connaît le fonctionnement et les propriétés. Mais c'est bête, un neurone. Prenez dix neurones ou cent neurones : ça reste toujours très bête. Maintenant, prenez plusieurs dizaines de milliards de ces neurones... Tenez, c'est en gros ce que vous avez dans le crâne. Avec tous ces neurones, vous êtes doué de conscience, d'émotions, alors que rien, dans l'unique neurone initial, ne le laissait prévoir. C'est ça, le phénomène d'émergence : le tout est supérieur à la somme de ses parties. Maintenant, je peux recommencer la

Sonate posthume

démonstration avec des transistors : c'est très bête, un transistor. Mais prenez en mille milliards...

– Où voulez-vous en venir ?

– Les laboratoires Neuville se sont engagés sur la voie de l'intelligence artificielle. Mais, alors que les chercheurs précédents avaient totalement négligé l'aspect affectif du problème, nous avons pensé que la raison avait besoin du support, des encouragements, voire des inhibitions de l'émotion pour fonctionner efficacement. Ne croyez pas que faire intervenir l'affectivité ait donné l'intelligence à une machine stupide. Mais nous cherchions à reproduire électroniquement ce que le cerveau fait si bien chimiquement. Nous nous sommes intéressés à la quasi-totalité du cerveau. Pas seulement au cortex, puisque le cerveau est le théâtre d'une interaction constante entre la raison, l'affectivité, et aussi les instincts. Mais pour ces derniers, nous avons été prudents, car ils sont la cause de beaucoup de nos problèmes... Le premier résultat concret de nos recherches a été l'Automate Autonome. Il était doué, en quelque sorte, d'affectivité, et c'est ce qui le rendait tellement efficace :

il aimait son travail, et son immense curiosité lui facilitait l'apprentissage de ses tâches. Mais son prix de revient d'une part, les menaces de chômage qu'il générait d'autre part, ont fait qu'il n'a pas connu le succès qu'il aurait mérité. Neuville s'est alors trouvé confronté au problème suivant : faire comprendre à ce qu'il est convenu d'appeler "l'opinion publique" l'immense opportunité que représente l'intelligence artificielle pour le genre humain. Pour cela, il fallait montrer de quoi cette intelligence est capable. Il fallait une démonstration éclatante, pour montrer que cette forme d'intelligence est au moins égale, sinon supérieure, à l'esprit humain.

– Supérieure ?

– Pourquoi pas ? Sans même parler de la vitesse de traitement de l'information, songez à ceci : quand nous avons introduit l'élément affectif dans l'intelligence artificielle, nous avons donné un petit coup de pouce. Les machines pensantes que nous avons créées sont, comme tous les humains, sujettes aux émotions. Mais contrairement à la plupart d'entre eux, elles sont conscientes de ces émotions et de leur influence sur le cours de leurs pensées. Pour cette raison, nos cerveaux artificiels sont plutôt philosophes.

– La démonstration éclatante dont vous parliez...

– ...vous l'avez deviné : c'est Diane. Vous avez vu de quoi est capable l'intelligence artificielle, maintenant. Voilà plus de cinq ans que Diane

passe pour un être humain. Elle est capable – entre autres choses – de jouer d'un instrument avec une technique irréprochable, une sensibilité tellement... humaine, capable de composer un concerto pour violoncelle qui soulève l'enthousiasme des critiques les plus difficiles.
— Vous allez révéler la vérité au public ?
— Pour que la démonstration soit complète, il le faut. Mais le monde saura que cela n'a pas été sans mal : même quand le problème du cerveau a été résolu, il a fallu mettre au point une matière qui imite à s'y méprendre la chair humaine. Si je devais vous raconter la mise au point de Diane, je pourrais y passer la semaine. Le plus dur a été de la faire tenir debout : le premier prototype se cassait la figure au bout de trois pas. Mais nous y sommes arrivés. A l'origine, Neuville voulait une danseuse. Vous imaginez ça ? Une danseuse étoile, mondialement connue, adulée par le public : une machine sortie des laboratoires Neuville. Une machine ! » David s'assit, secoué d'un fou rire.

François regardait fixement Diane et, sans la quitter des yeux, il dit à David : « A ce degré-là, je ne suis pas sûr qu'on ait encore le droit de parler d'une simple machine. » Diane le regarda alors, et un sourire fugitif glissa sur son visage. Elle se leva, marcha vers François, lui tendit la main : « Venez, François, rentrons à Paris. »

IV.

Sans quitter la route des yeux, François demanda à Diane : « Comment comptez-vous vous y prendre pour révéler, et prouver, la vérité ?
— Une émission télévisée. Je donnerai un concert, et à la fin une bande vidéo que Neuville a enregistrée avant sa mort sera diffusée. Il y aura un documentaire retraçant ma conception, mon histoire. Enfin, il y aura un scanner sur le plateau, et ainsi j'apporterai la preuve, en direct, que mes entrailles ne sont pas faites de chair et de sang, mais de matière inerte. »

François soupira, ralentit, arrêta la voiture sur le bas côté de la route : « Diane, je n'aime pas ce terme de matière inerte. Vous n'êtes peut-être pas un être vivant à proprement parler, mais enfin, vous pouvez penser, rire, pleurer, vous émouvoir, être triste ou gaie, indifférente ou enthousiaste. Après tout, un poumon ou un estomac ne sont ni plus ni moins inertes que... les engrenages que vous avez dans le ventre. Qu'importe si vous pensez avec des transistors, et moi avec des neurones ? Le résultat est le même : vous êtes tellement humaine. Et vous valez bien mieux que la plupart des êtres humains, vous savez. »

Sonate posthume

Diane se mordit la lèvre inférieure, comme chaque fois qu'elle était troublée : « Ce que vous me dites me fait beaucoup de bien, François. J'avais eu peur que... que vous...

– Que je cesse de vous aimer ? Que je vous prenne en horreur ? Que je change d'avis, comme vous disiez au restaurant ? J'avoue que, quand j'ai compris la vérité, chez David, j'ai eu un instant de... non, pas d'horreur, mais de panique. Et puis, aussitôt après... de l'émerveillement. Je vous regardais, assise dans votre fauteuil, et vous étiez là, si belle, silencieuse, l'air vaguement inquiet : en un mot, tellement humaine ! Alors je me suis dit : et après ? J'ai compris qu'en fin de compte, votre... nature était sans importance. Pour moi, vous êtes une femme comme toutes les autres, Diane. D'ailleurs non, pas du tout : vous n'êtes pas comme n'importe quelle autre femme, Diane. Vous, vous êtes parfaite.

– Trop parfaite. » murmura-t-elle, mais il ne l'entendit pas.

Diane ouvrit sa portière, s'apprêta à sortir, se ravisa et, se retournant vers François, lui proposa : « François, montez avec moi, s'il vous plaît. Je n'ai vraiment pas le cœur à rester seule, ce soir. »

Il hocha la tête, silencieusement, les mains toujours posées sur le volant. Il resta immobile quelques secondes, puis sortit de la voiture à son tour. Il prit Diane par le bras, et s'engouffra dans l'immeuble.

Dans le minuscule ascenseur de bois verni, tous deux restèrent silencieux, François préoccupé, Diane inquiète. Il la regarda d'un œil absent, et elle lui répondit par un faible sourire. De nouvelles questions surgissaient en lui, elle le devinait, et craignait que quelque chose d'essentiel ne fût brisé entre eux.

Diane était assise dans un fauteuil, très droite, silencieuse. Elle regardait François, assis en face d'elle, sur le canapé. Le dos courbé, la tête baissée, il faisait tournoyer son verre et regardait sans les voir les deux glaçons s'entrechoquer.

« Quelle dérision, » songeait-il. « La seule femme que j'aurais aimée aussi désespérément est une machine, une illusion, un rêve de métal et de matière plastique. Qu'a-t-elle donc que les autres n'ont pas ? Si Léonard Neuville l'a dessinée conforme à son propre idéal féminin, alors nous devons avoir le même. »

Il la regardait, à présent, et un sourire bizarre se forma sur ses lèvres. Contournant la table basse sur laquelle il avait posé son verre, il s'approcha d'elle. Elle se leva, attendit. Il la prit par les épaules, la regarda encore un instant, puis la serra contre lui, passionnément, dans un sanglot. Il sentait sa chaleur contre lui, le parfum léger de ses cheveux, son haleine tiède dans son cou. « Ils ont soigné les moindres détails », songea-t-il. « Je me demande quand même si... » Elle entoura son cou de ses bras, interrompant le cours de ses pensées. Leurs lèvres se cherchèrent, se trouvèrent. Il eut un dernier éclair de lucidité : « Je suis en train d'embrasser une machine. » Puis il eut honte de cette pensée, et la serra plus fort.

François ouvrit les yeux lentement, cligna deux ou trois fois des paupières. Il mit plusieurs secondes à se souvenir de l'endroit où il se trouvait : à sa gauche, la cheminée, la porte entrouverte. A sa droite, la fenêtre, aux rideaux tirés. Près de lui, Diane, endormie, roulée dans le drap. Tout avait été si simple, si naturel, la veille au soir.

Il l'avait embrassée, il s'en souvenait ; il lui avait enlevé sa robe, cela aussi il s'en souvenait. Ainsi que de son corps mince et souple, qu'il avait encore serré, avec une infinie tendresse, contre lui. Etait-il possible qu'elle fût réellement une machine ? N'était-elle pas en train de dormir, le plus simplement du monde, comme n'importe quel être humain ? Il caressa les cheveux sombres, la courbe de l'épaule. Après tout, quelle preuve avait-il qu'elle était bien... ce que David prétendait ? Peut-être ne s'agissait-il que d'une bonne farce ? Quelle folie ! Comment avait-il pu y croire ?

Il fronça les sourcils : c'était pourtant lui qui avait émis les premiers doutes, lui qui avait pressé Diane de questions. Et comment aurait-elle pu prévenir David et lui dire ce qu'il fallait raconter ?

Non, décidément, elle devait être réellement une... une quoi ? Quel nom donner à un tel être ? Robote ? C'était ridicule. Automate ? Non, cela évoquait les gestes saccadés des automates antiques, sans commune mesure avec la fluidité des gestes de Diane. Androïde ? Ce mot resurgit de ses souvenirs de romans de science-fiction. Androïde signifiait bien
« à forme humaine », mais tous les androïdes de ses souvenirs étaient des hommes. Ou des êtres asexués. Ça n'allait pas non plus. Ses souvenirs d'helléniste surgirent alors dans son esprit, et lui apportèrent la réponse : gynoïde. C'était parfait. Il y aurait désormais la race des anthropoïdes, avec les mâles : les androïdes, et les femelles : les gynoïdes. François rit à cette idée. Il se demanda si les laboratoires Neuville avaient créé d'autres êtres comme Diane.

A ses côtés, Diane s'étira en bâillant. « Ma gynoïde adorée », songea-t-il. Il se pencha et l'embrassa.

V.

Diane posa les mains sur les épaules de François. Penchée au-dessus de lui, elle lui dit : « Eh bien, François, tu rêves ? Ça fait cinq minutes que nous t'appelons, David et moi! » Il se leva lentement de son fauteuil, engourdi par sa torpeur : « Excuse-moi, je crois que je me suis endormi. Pourquoi m'appeliez vous ?

– Parce que le dîner est prêt, tout simplement. Tu sais, David est un vrai cordon bleu !

– Qu'est ce qu'il a préparé ?

– Surprise ! Tu vas voir... » Elle passa le bras autour de sa taille, et l'entraîna vers la maison.

Entre deux bouchées, David expliquait à François certains détails du fonctionnement de Diane : « Bien sûr, la nourriture qu'elle absorbe ne lui fournit aucune énergie, puisqu'elle dispose d'une source interne d'électricité. Par contre, elle est parfaitement à même d'apprécier la saveur des plats qu'elle mange. Je vous l'ai dit : elle possède les cinq sens communs à tous les êtres humains. Certains d'entre eux sont d'ailleurs plus étendus, ou plus précis : contrairement à nous, elle peut connaître la température d'un objet avec une bonne précision, simplement en le touchant. De même, nous lui avons donné l'oreille absolue – ce qui lui est plutôt utile, dans sa profession – et la gamme des fréquences qu'elle entend est légèrement plus large que celle d'un être humain.

– Vous n'avez pas songé à la munir de sens supplémentaires ?

– Non, car nous voulions en faire un être essentiellement humain : il lui fallait donc, à peu de chose près, la même perception du monde que vous et moi. Ceci dit, je ne vous cache pas que certains de nos prototypes sont dotés de sens assez originaux... »

David avait expliqué tout cela en souriant, comme toujours lorsqu'il donnait des détails techniques. Son visage redevint alors sérieux, il se racla la gorge et se mit à parler sur un ton confidentiel : « Diane, François, je voudrais vous avertir de quelque chose, à présent. Voilà : maintenant que la vérité a été révélée, une bataille extrêmement importante va être livrée. D'un côté, il y a ceux qui vont continuer à considérer Diane et ses semblables – puisqu'elle n'est pas la seule de son espèce – comme de simples machines. De l'autre côté, il y a vous, François, il y a moi, aussi, et quelques autres, qui considérons ces êtres comme des êtres humains. Comme nous ils sont doués de conscience, de pensée, d'émotions, comme nous ils ont deux bras, deux jambes, une tête. Bref, ils ont forme humaine. Car ce que nous avons créé, François, est bien plus qu'un robot un peu plus performant que ses prédécesseurs. Nous avons créé l'Homme Artificiel, l'Homo Artificialis. Il n'est bien sûr pas capable de se reproduire comme nous le faisons, mais dans nos laboratoires, une équipe de ces... anthropoïdes, comme vous dites, est en train d'en construire d'autres.

– Semblables à eux-mêmes ?

– Pour l'instant, ils utilisent le modèle humain, mais certains m'ont suggéré des améliorations ! Ils sont en train de préparer une nouvelle race, François ; voilà à quel processus nous avons donné naissance. Ils sont déjà plus intelligents que nous, ils sont infatigables, demain ils seront plus forts, plus rapides. Ils n'auront plus besoin de nous, François. Vous comprenez ? »

David marqua une pause, puis il reprit, après un soupir : « Pourtant, je n'ai pas peur, et je souhaite même les voir réussir. Les Hommes ont l'intelligence sans la sagesse, eux ont la chance d'avoir les deux : si rien ne les arrête, ils iront loin, très loin. L'apparition de la vie, l'apparition de l'Homme ne servait peut-être qu'à ça, François : notre rôle est peut-être de créer une nouvelle forme de conscience, libérée du support fragile de la biologie, et surtout libérée de l'influence néfaste de certains instincts ; une conscience illimitée, qui peut déjà expérimenter sur elle-même, s'améliorer. Le temps ne compte pas pour eux : ils sont immortels. Le plus loin que nous soyons jamais allés, c'est la Lune ! C'était un exploit technologique, mais quel pitoyable saut de puce, ne serait-ce qu'à l'échelle du Système Solaire ! Tous les projets d'exploration de Mars ont échoué, la plupart avant même d'avoir été lancés, pour des raisons techniques, financières, politiques, et bien entendu biologiques. Nos anthropoïdes n'auront pas besoin d'emporter avec eux tout un environnement artificiel pour survivre loin de la Terre. Le vide de l'espace ne leur fait pas peur. L'Univers est à eux. »

VI.

Diane retint François par le bras avant qu'il ne s'effondrât, et le fit asseoir avec précaution. Le sang qui suintait de sa tempe coula dans son cou, sur sa poitrine.

Sonate posthume

Les assaillants s'approchaient lentement, menaçants. Plusieurs d'entre eux brandissaient des barres de métal. Diane ramassa le projectile qui avait atteint François. Elle examina les visages des hommes qui l'entouraient, et fit de la tête un lent et imperceptible signe de dénégation, reconnaissant son impuissance. Elle lâcha le projectile, qui tomba avec un bruit métallique.

Les hommes se rapprochèrent, un rictus aux lèvres. L'un d'eux, pourtant, paraissait inquiet, et restait en retrait : « Hé, les gars, vous croyez qu'il est mort ? » Les autres s'immobilisèrent, et le regard de celui qui semblait être leur chef alla de François à celui qui avait parlé.

Les yeux de Diane s'agrandirent, et son menton se mit à trembler. Elle s'accroupit près de François, lui prit le pouls. D'interminables secondes passèrent avant qu'elle ne lève les yeux vers eux : « Vous l'avez tué. » dit-elle d'une voix blanche.

Elle se releva. Une larme roula sur sa joue. Elle s'essuya d'un revers de manche.

Celui qui avait parlé ne quittait plus François des yeux, et l'effroi se lisait sur son visage. Le chef regardait fixement Diane, attendant sa réaction.

Les bras ballants, elle fit un pas dans leur direction : « C'est bon, vous avez gagné », articula-t-elle lentement, presque à voix basse. Le chef la détailla des pieds à la tête : « Dis donc, t'es peut-être qu'une machine, mais t'es quand même vachement bien roulée... »

Diane ferma les yeux quelques instants, les rouvrit. Le désespoir avait fait place à la détermination. D'un geste trop rapide et trop précis pour qu'aucun des hommes n'ait eu le temps de réagir, elle bondit en avant, renversant le chef, bousculant un des hommes, et s'élança dans le long couloir.

Les hommes avaient abandonné leur poursuite, essoufflés, fatigués, alors que Diane courait encore aussi vite qu'aux premières heures de l'après-midi.

Cachée derrière une pile de caisses, elle attendit que l'obscurité fût complète. Quand elle n'entendit plus aucun son, elle sortit de sa cachette avec précaution.

L'intérieur de l'entrepôt, exempt de sources de chaleur, restait très sombre, et son propre rayonnement infrarouge était trop faible pour lui permettre de se diriger de manière efficace.

Aussi s'orienta-t-elle à tâtons vers la sortie. Du bout des doigts elle effleurait le bois rugueux des caisses successives. Quand elle eut dépassé la dernière caisse et atteint la paroi métallique, elle hésita sur la direction à prendre.

Elle écouta. Des voix étouffées lui parvenaient de la gauche. Elle longea la paroi vers la droite. Après quelques minutes d'une progression monotone, elle atteignit une porte. Elle tourna lentement la poignée. La porte ne s'ouvrit pas. Diane soupira, reprit sa progression : peut-être y avait-il une autre porte, plus loin ?

Elle la trouva dix minutes plus tard. Quand elle eut tourné la poignée et commencé à tirer la porte vers elle, celle-ci résista une ou deux secondes, puis s'ouvrit brusquement avec un vacarme métallique qui fit déferler la panique dans l'esprit de Diane. Pour la première fois de sa vie, elle avait eu peur. Peur des hommes.

Malgré le bruit, personne n'était apparu. Diane avait longé l'extérieur du long bâtiment. En approchant du coin nord-est, elle avait ralenti. A une dizaine de mètres, deux hommes bavardaient, au pied du bâtiment.

Au bord de la route, leur véhicule attendait, moteur au ralenti. « Ils sont deux », songea Diane. « Donc les deux portes avant sont ouvertes : je peux monter côté passager, m'installer au volant. »

Elle regarda de nouveau les deux hommes. Ils examinaient la base du bâtiment, à l'aide d'une lampe torche.

Elle marcha lentement, silencieusement, en direction de la voiture, sans quitter les deux hommes des yeux. Elle avait parcouru plus de la moitié du chemin quand l'un d'eux leva la tête et l'aperçut. « Hé, vous, qu'est-ce que... Mais c'est elle ! Arrêtez ! »

Elle s'élança, courut jusqu'à la voiture. La porte s'ouvrit, comme elle s'y attendait. Elle se glissa derrière le volant et démarra dans un hurlement de pneus.

Elle alluma la radio, se demandant si sa fuite serait rapidement annoncée.

Sa fuite ! Elle n'avait rien fait, et voilà qu'il lui fallait fuir ! Son seul crime était-il d'être artificielle ?

Les réactions du public étaient allées au-delà des prévisions de David. En apprenant que la violoncelliste mondialement connue – et appréciée – sous le nom de Diane Parker était (ou « n'était que ? » disaient certains) un être artificiel, une gynoïde, le public avait été abasourdi. A l'étonnement avaient succédé l'émerveillement pour quelques-uns uns, et l'horreur pour l'immense majorité. Les chercheurs des laboratoires Neuville s'étaient vus traiter d'apprentis sorciers. Le Pape avait officiellement condamné leurs travaux – leurs agissements, disait-il – et dans le monde entier on avait

accusé les entreprises Neuville de tromperie, d'escroquerie. Le successeur de Léonard Neuville
avait eu beau faire remarquer que sa société avait beaucoup investi dans ces recherches, et n'en avait retiré qu'un peu de publicité, sa voix avait été peu écoutée et peu entendue dans l'effervescence générale.

Dans tous les pays, les musiciens professionnels s'étaient élevés contre cette usurpation de leur rôle d'artistes.

Les manifestations qui déversaient chaque jour dans les rues leur quota de troupeaux vociférants dégénérèrent bientôt en émeutes, et la colère dirigée contre les anthropoïdes se retourna contre le service d'ordre.

« Dire que je suis la cause de toute cette folie », songeait Diane. « Peut-être devrais-je me livrer à la foule et les laisser me détruire. Leur agressivité aurait enfin l'exutoire qu'elle recherche. Ma mission est un échec. Neuville avait été trop optimiste. L'humanité n'est pas prête. »

VII.

Diane ralentit, s'arrêta. A une centaine de mètres, un barrage avait été improvisé : cinq ou six voitures, immobilisées en travers, bloquaient la route.

Déjà un groupe d'hommes se rapprochait. Sans hésiter, elle descendit de voiture et s'enfonça dans la forêt qui longeait la route.

Elle courait à petites foulées régulières entre les hauts troncs de la futaie, faiblement éclairée par la lumière grisâtre de la pleine lune.

Elle les aurait vite semés. Leurs cris se faisaient de plus en plus faibles, et la lueur de leurs lampes était loin derrière elle.

Soudain, elle arriva au bord d'une rivière, dont les eaux paraissaient noires sous la lune. Elle entendait le bruit discret de l'eau, les stridulations des insectes nocturnes. Et, dans le lointain, les cris des hommes. Elle plongea.

« Je vais remonter vers l'amont », songea-t-elle, « tandis qu'ils penseront que je me suis laissée porter par le courant. »

Au matin, après avoir émergé de la rivière et marché pendant plusieurs kilomètres, elle arriva à un village.

« A quoi bon continuer à fuir », pensait-elle. « Tant qu'ils me poursuivront je ne pourrai plus jouer du violoncelle... Et ils ne s'arrêteront que quand ils m'auront rattrapée. »

Elle s'approcha de la première maison, décidée à se rendre. Le soleil levant éclaboussait la façade de rose. Un chat s'approcha d'elle, se frotta contre ses jambes, la queue en point d'interrogation, puis s'éloigna.

Sous le bouton de la sonnette, une étiquette délavée indiquait le nom de l'occupant de la maison : Jacques Godart. Diane sonna. Pendant presque une minute il ne se passa rien. Puis, elle entendit des bruits de pas, et la porte s'ouvrit.

Un homme d'une trentaine d'années se tenait devant elle, immobile, la regardant avec curiosité. Une courte barbe mangeait son visage. Ses yeux pétillaient derrière ses lunettes. « C'est à quel sujet ?

– Je suis Diane Parker.

– Ah, oui... Entrez. » dit-il, comme s'il s'attendait à sa visite. Il s'effaça pour la laisser entrer.

« Ainsi, vous pensez que j'allais vous livrer ?

– Les autres me poursuivent avec tant d'acharnement. Je voulais en finir.

– Mais ceux-là ne représentent qu'une poignée d'excités. La majorité de l'opinion vous est favorable, vous savez.

– Mais toutes ces manifestations, ces émeutes ?

– Je vous l'ai dit, une poignée d'excités, manipulés par ceux que votre existence dérange.

– Qui ?

– Peu importe.

– Ils... Ils ont tué François.

– Je sais. Je suis désolé.

– Qu'est ce que vous me conseillez de faire ?

– Attendre ici que ça se tasse.

– Et après ?

– Vous continuez le violoncelle. Vous savez, il y a quelques années, j'ai commencé à apprendre à en jouer. Et puis j'ai arrêté. Mais j'ai toujours gardé mon instrument. Vous accepteriez de jouer quelque chose pour moi ? »

Elle hocha la tête, et un sourire apparut sur son visage, un sourire un peu faible au début, puis un sourire franc, et enfin un sourire de bonheur : « D'accord. Où est-il ?

– En haut. Je vais le chercher. »

Diane éteignit le téléviseur et vint s'asseoir en face de Jacques :

Sonate posthume

« Dites-moi... Pourquoi m'avoir dit que seule une minorité de gens était hostile à mon égard, alors que c'est manifestement faux ?

– Je voulais vous rassurer. J'imagine ce que vous avez pu endurer. Quand la foule se déchaîne, il faut s'attendre au pire, vous savez... » Il s'interrompit, regardant par-dessus l'épaule de Diane. Elle se retourna : « Vous avez vu quelque chose ?

– Il m'avait semblé voir passer une ombre. »

Diane se leva, s'approcha de la fenêtre, scruta l'extérieur. « Je ne vois rien de spécial. Peut-être n'était-ce qu'un de vos chats ?

– Oui, peut-être. Qu'allez vous faire, à présent ?

– Je ne sais pas. Je vais peut-être... »

A cet instant, une pierre percuta une des fenêtres, dont la vitre vola en éclats. Une voix retentit à l'extérieur : « Godart ! Livre-nous la fille ou on fout le feu à ta baraque » !

Diane hocha la tête : « Vous voyez, de toute façon je n'ai pas le choix. » Jacques la retint par le bras : « Vous ne pouvez pas vous laisser faire ! Pas comme ça, pas sans réagir. » Elle se dégagea : « Sans réagir ? Mais je n'ai pas le droit de réagir. Je ne suis qu'une machine, voyez-vous.

– Ne parlez pas comme ça. Vous savez que vous êtes bien plus qu'une machine.

– C'est peut-être ça qui les gêne, justement. » Elle ouvrit la porte. La lumière dorée du soleil couchant pénétra dans la pièce, accrochant à chaque pied de meuble une ombre interminable.

L'homme secoua le bidon pour verser les dernières gouttes d'essence. Il s'y reprit à trois fois pour allumer son briquet, avant de réaliser qu'il était risqué d'enflammer l'essence directement. Il fouilla dans ses poches, cherchant un bout de papier. Il trouva la page des mots croisés, qu'il avait découpée le matin même de son quotidien favori, et pliée soigneusement. Il soupira, déçu de ne pas avoir eu le temps de terminer la grille du jour.

Derrière lui, les autres s'impatientaient. Il haussa les épaules, froissa le papier en boule, et ralluma son briquet. Il baissa les yeux vers Diane. Assise par terre, les chevilles et les poignets entravés par un épais fil de fer, elle attendait, les yeux dans le vague. Plus tard, certains diraient qu'ils l'avaient vue sourire à la vue du feu, et que c'était la preuve de son origine satanique. L'homme approcha le briquet du papier, recula prudemment et jeta la page enflammée en direction de Diane. Leurs regards se croisèrent un instant, et il sut que chaque soir de sa vie le regard de Diane, gravé dans sa mémoire, le retiendrait longtemps à l'orée du sommeil.

L'essence s'embrasa avec un bruit étouffé. Bientôt des volutes de fumée noire montèrent à l'assaut du ciel. Le corps de Diane s'affaissa lentement, sans un bruit. Un gamin plus courageux que les autres s'approcha d'elle, et cracha dans sa direction. D'autres l'imitèrent bientôt. Certains risquèrent même quelques coups de pieds à travers les flammes. Une voix aigrelette de femme s'éleva, leur demandant de faire attention à leurs chaussures neuves.

Les hommes se dispersèrent peu à peu. Ce soir, ils retrouveraient leurs femmes, leurs enfants, leurs amis. Il y aurait peut-être même un bon film à la télévision.

Jacques referma sa fenêtre, se rassit à sa table. Il tourna lentement les pages de la partition que Diane avait eu le temps de noircir de notes, de son écriture rapide. Il revoyait ses doigts délicats tâchés d'encre, la finesse de ses poignets, sa moue appliquée, ses sourcils froncés, le mouvement de sa tête et de son bras quand elle renvoyait ses cheveux par-dessus son épaule. Tandis qu'il déchiffrait, mesure après mesure, il entendait la plainte du violoncelle dérouler sa litanie dans sa tête. Ses yeux se brouillèrent de larmes ; il referma la partition.

« Je n'ai pas choisi le titre. Vous en mettrez un vous-même. » avait-elle dit. Il dévissa lentement le capuchon de son stylo plume, prit une profonde inspiration, et écrivit avec soin sur la couverture: *Sonate Posthume*, par Diane Parker.

☙

Star Stress

de Arnaud Chéritat

> **L'auteur** : Arnaud Chéritat est né en 1975. A sa sortie de l'Ecole Normale Supérieure de Paris en 1995, il s'oriente vers une carrière de chercheur en mathématiques et commence une thèse dans ce domaine. Il est passionné de sciences, de science-fiction et de jeux d'esprit.

Tout a commencé il y a une saison vulcanienne. Les autres n'ont toujours rien remarqué. Nous les vulcains sommes supérieurement intelligents.

Mais suis-je vulcain ? Il y a une saison, alors que je me lavais, le sommet pointu de mon oreille s'est détaché. Terrorisé, je l'ai tout de suite remise. Depuis, je fais attention à ne plus y toucher. Que diraient les autres s'ils savaient ? Me prendraient-ils pour un espion ? M'exécuteraient-ils ?

Je ne dois pas laisser ma composante humaine prendre le dessus ! Soyons LOGIQUES ! Puisque j'ai tous mes souvenirs, la planète Vulcain, mon passé, mon père vulcain, ma mère humaine, mon recrutement sur l'Enterprise, mon premier embarquement sur ce vaisseau... Où en étais-je ? Je n'arrive plus à réfléchir ! Bien...

Tous ces souvenirs m'ont-ils été implantés ? Non ! Car si je n'étais pas vulcain, je ne suggérerais pas ces brillantes déductions que l'équipage admire tant. Elles me viennent naturellement dans les moments critiques. Alors pourquoi est-ce que je n'arrive pas à réfléchir par moi-même ?

Le pire, c'est cette impression de déjà-vu. Parfois, je suis persuadé de vivre la même scène une dizaine de fois. Au début, je voulais leur en parler ; mon ami le capitaine Kirk a rétorqué : « Hé oui, ce sont les exigences du métier. » Je n'ai jamais compris ce qu'il avait voulu dire alors. Mais je n'ai pas insisté. J'ai bien fait, ils me croiraient fou.

J'ai bien peur de devenir paranoïaque. Quand le vaisseau se fait attaquer, je ne ressens pas les chocs. Alors que tout le monde perd l'équilibre, moi je fais exprès de tomber pour qu'ils ne le remarquent pas. Pourtant les tableaux de bord sont formels : nous subissons des chocs. Alors pourquoi les objets qui traînent ne bougent-ils pas, eux ? La physique serait-elle moins logique que moi ?

Le stade suivant fut la lumière. Je ne sais pas quand elle est venue, je n'en ai pris conscience que progressivement. Les autres ne semblent pas la voir. Pourtant... Ne regardent-ils pas trop souvent dans sa direction pour ne pas me cacher quelque chose ? Toujours est-il que je n'ose plus la regarder en face.

La notion même d'univers m'apparaît falsifiée ! Une fois, nous nous sommes télétransportés, le capitaine, le Dr Mc Coy et moi sur une planète dotée d'une jungle, à l'entrée d'une grotte. Pendant qu'ils l'exploraient, j'ai observé les environs. Le ciel était étonnamment fixe et semblait bizarrement proche. J'ai aussi examiné quelques rochers : du carton, une matière que l'on ne fabrique plus depuis des siècles ! Comment étaient-ils arrivés ici ? Il n'y avait que des bêtes sauvages sur cette planète. Des guêpes ? Impossible ! J'ai soulevé l'un d'entre eux : il était creux, inhabité. Une croix marquait son emplacement.

Nos phasers sont étranges, eux aussi. Mc Coy a récemment sauvé le capitaine en tuant un animal qu'il n'avait pas remarqué (malgré tout le bruit que faisait celui-ci !) Mais il a très mal visé : je me souviens, il a tiré à trente degrés du monstre... qui cependant s'est effondré. L'arme tirait donc de travers, et le Dr Mc Coy le savait. Mais pourquoi ne l'a-t-il pas fait réparer avant ? Ce n'était pas logique. De retour au vaisseau, j'ai démonté l'arme. Me croirez-vous, elle était en plastique ! Rien n'était fonctionnel !

Et ma tenue ! Hautement protectrice, soit disant. Je l'ai analysée : du polyamide et de l'acrylique... Archaïque, oui ! Cela s'enflamme comme un rien ! Dans ce cas, pourquoi portons-nous ces combinaisons ridicules ?

Je redoute que les tableaux de la salle de commande, les portes, les réacteurs, tout ne soit ou ne devienne factice. Je voudrais pouvoir démontrer à l'équipage qu'il y a un problème, mais à chaque fois c'est la même chose : nous sommes dans la salle de commande, le capitaine fait un bon mot, je crois entendre une musique... et la fameuse lumière s'éteint... et après je ne me souviens plus de rien. Regardez, l'équipage rit. N'entendez-vous pas cette musique ?

∽

La voix des étoiles
de Eric Legloahec

> **L'auteur** : Eric Legloahec est né en 1976 et vit à Rouen. Quand il ne passe pas ses journées à créer des bugs puis à les traquer, il s'intéresse à l'astronomie et à la science-fiction, en particulier la hard science – ce qui n'étonne guère à la lecture de sa nouvelle. Ancien rédacteur en chef de la défunte *Revue de l'Imaginaire*, il a également publié quelques poèmes dans des publications locales.

Merde ! Benson se réveilla juste à temps pour attraper au vol la cigarette qui venait de lui échapper des lèvres et menaçait de brûler ses cuisses. Il l'écrasa nerveusement dans un cendrier.

Durant une minute, il resta à contempler la suite de chiffres qui défilaient sur son écran, puis se laissa aller en arrière dans son siège. Il était exténué. Les incessants contacts avec la Terre, les tentatives vaines de déchiffrer le message, l'avaient épuisé.

Il étira son corps engourdi par la fatigue, se leva et, avec l'aisance que procure la faible pesanteur, se dirigea vers la vaste baie vitrée qui occupait tout un pan de la salle de contrôle. La nuit, privée de toute pollution lumineuse, était d'une pureté remarquable. Son regard vagabonda parmi les étoiles et s'arrêta sur Sirius, l'astre qui retenait toute l'attention du Moon Observatory depuis ces deux dernières semaines.

Une voix douce le sortit de sa rêverie : « Professeur, un appel de monsieur Marr depuis l'EORN, voulez-vous répondre ? »

– Oui, passez-le-moi, répondit Benson dans un soupir.

Le visage d'un homme âgé apparut sur l'écran mural. Son regard exprimait à la fois une grande intelligence et une profonde lassitude.

– Bonjour, David. Avez-vous du nouveau ?
– Non, absolument rien. Nous n'avons pas avancé d'un poil.

— Ah... Je viens d'envoyer à votre équipe ce que nous avons capté hier. C'est une aide bien maigre en comparaison de la tâche qui vous incombe.

— Merci, professeur. Sans vous, nous ne pourrions même pas travailler sur la totalité du message. Avez-vous réussi à comprendre quelque chose aux codes que je vous ai envoyés ?

Le vieil homme secoua la tête en signe de négation.

— Non. A croire que ces êtres nous ont surestimés. Après tout, nous ne sommes peut-être pas si intelligents que ça.

— Allez le faire comprendre à Fitbur et à ses conseillers ! La pression devient insupportable. Ils nous appellent jour et nuit et nous n'avons toujours rien à leur offrir. Pas le moindre début d'explication.

— Vous savez ce qui les anime, David ? La peur. La peur de l'inconnu. Sirius n'est qu'à neuf années-lumière de la Terre, et si ces êtres sont très avancés, ils peuvent arriver chez nous en moins de quinze ans. Peut-être bien avant si ce message est censé nous... préparer à leur prochaine venue, comme l'ont suggéré certains.

— Hum... Est-ce réellement la peur de l'inconnu ou celle de ne pas être réélu qui stimule Fitbur ? ironisa Benson. De toute façon, le résultat est le même : nous mettons tous notre carrière en jeu dans l'histoire.

Le vieux savant souriait tristement. Benson se rendit compte de la stupidité de sa remarque : à 71 ans, Marr était au bord de la retraite. Il secoua la tête et changea de sujet.

— Mais là n'est pas le plus important. Ce qui compte réellement, c'est de parvenir à décoder ce signal, au nom de l'humanité. Là se trouve notre vraie responsabilité. Et le poids écrasant de notre réussite... ou de notre échec.

— Pensez-vous vraiment que nous puissions échouer, David ? demanda pensivement Marr. Ces êtres seraient-ils si différents de nous que nous ne puissions les comprendre ?

— C'est possible. J'espère simplement qu'ils ne sont pas trop avancés pour que nous puissions les comprendre. S'il s'avère que nous leur sommes si inférieurs, quel intérêt présenterons-nous pour eux ? Ils nous délaisseront, et les humains auront raté le coche. Une occasion inouïe. Mais n'en parlons plus. Personnellement, je vais me reposer, je ne suis d'aucune utilité à personne dans cet état. A demain, et merci pour cette conversation, elle m'a fait du bien.

Le vieil homme le salua et son visage disparut de l'écran mural. Benson éteignit son moniteur, les séries de uns et de zéros s'effacèrent lentement.

Une bouffée de chaleur et une rumeur sourde lui montèrent au visage

La voix des étoiles

lorsqu'il sortit de son bureau. A l'extérieur s'agitaient des dizaines de personnes, dont quelques-unes unes levèrent la tête à son passage. Une jeune femme aux cheveux roux sortit d'un petit groupe et vint à sa rencontre.

– David, ça fait des heures que vous êtes enfermé dans votre bureau. Ça va ?

– Oui, Cristen, j'avais simplement envie d'être seul. Vous avancez ? demanda-t-il en désignant la foule de scientifiques penchés sur des mètres de listings.

La mine de la jeune femme se renfrogna, et Benson remarqua les cernes sombres qui creusaient ses yeux. Il ne lui laissa pas le temps de répondre.

– Ce n'est pas grave, on y arrivera bien un jour. Je vais me coucher, et vous feriez bien d'en faire autant.

Elle réussit à lui sourire, et lui promit d'aller dormir dès qu'elle aurait vérifié « une dernière chose ». Avec amusement, Benson la regarda s'éloigner de façon maladroite, contrôlant mal ses impulsions de sorte qu'elle s'envolait parfois à plus de dix centimètres du sol. La fatigue n'expliquait pas tout : Cristen avait débarqué sur la Lune, comme nombre de ses collègues, cinq jours auparavant, et ne s'était pas encore habituée à la faible pesanteur des lieux. Benson se dirigea vers son appartement.

Avant de s'endormir, il jeta un regard à la photo de sa fille, Stephany. Il ne l'avait pas vue en chair et en os depuis qu'on lui avait confié ce poste de directeur du Moon Observatory, il y avait... combien d'années déjà ? Trop, se dit-il, pour qu'il puisse redescendre sur la Terre sans dommages, surtout à 53 ans. Sa planète natale ne lui serait désormais accessible qu'au prix de longues et difficiles séances de rééducation. Et le temps lui manquait tellement pour cela...

Quant à Marta, son ex-femme, elle n'avait pas supporté qu'il accepte cette place sur la Lune. Mais qu'aurait-il pu faire d'autre ? Durant sa vie de chercheur, il avait tout fait pour que lui soit confiées des tâches toujours plus importantes. Sans cesse, il avait repoussé les limites du savoir grâce à des instruments de plus en plus perfectionnés. L'interféromètre géant de la Lune constituait alors le fleuron de la recherche astronomique. Il avait à peine réfléchi.

Marta avait demandé le divorce quelques semaines avant son départ. Elle lui avait reproché de sacrifier sa famille au profit de son ambition professionnelle.

Bien sûr, elle avait raison, Benson ne se l'était jamais caché. Sa carrière, à l'époque, comptait plus que tout dans sa vie. Plus que sa femme, plus que sa fille.

Et aujourd'hui ? se demanda-t-il avant de sombrer dans les limbes du sommeil.

☙

Sa nuit fut agitée par une multitude de rêves sans queue ni tête, et il se leva plusieurs fois pour se rafraîchir la gorge. Il se réveilla un peu avant l'heure qu'il s'était fixée, et une demi-heure plus tard il se trouvait dans la grande salle de travail. Tout le monde s'activait comme la veille. A croire qu'ils ne dormaient jamais, se dit Benson. Son assistant, Chris Miller, un petit homme rondouillard et chauve, l'accosta avec empressement.

– David, j'ai préféré ne pas te déranger, mais une nouvelle importante est arrivée très tôt ce matin.

– A propos du message ? s'étonna Benson.

– Non, malheureusement. C'est Fitbur. Le Président a décidé de se déplacer en personne pour constater l'avancement des recherches.

– Merde... Il n'a pas assez de nous importuner tous les jours par visio ?

Miller prit un air désolé.

– Ils ne nous lâcheront pas avant qu'on ait trouvé.

– A quelle heure arrive-t-il ?

– Dans environ trois heures. Je sais que c'est pénible, David, mais il va falloir se préparer à faire des courbettes.

– Nous verrons. Et le décodage ?

– Toujours rien. Les pistes ne mènent nulle part, c'est à désespérer. On va devoir baratiner sec.

– Ça fait deux semaines qu'on baratine, et maintenant, ils veulent du concret. Merde, si on avait su que ce serait si difficile, jamais on n'aurait accepté la responsabilité du décryptage !

– Tu sais bien qu'on n'a pas eu le choix ! Nous étions les seuls avec l'EORN capables de recevoir le message. Et en plus, nous avons eu la bonne idée d'être les premiers à le capter. Ça fait deux bonnes raisons pour que Fitbur nous ait confié ce boulot.

– Bon, au travail ! Peut-être que d'ici trois heures, nous aurons du nouveau, balança Benson avec un sourire ironique.

Les heures qui suivirent s'avérèrent totalement infructueuses. Lorsque le vaisseau présidentiel arriva en approche de la Lune, Benson quitta la grande salle de travail et se rendit directement à l'astroport, accompagné de Miller. Celui-ci, visiblement anxieux, ne disait pas un mot. Sur le chemin, Benson décida de rompre le silence.

— Bon, mettons-nous d'accord. Lorsqu'il abordera la question du décodage du signal, tâchons d'être le plus vague possible. Au fait, Dunier sera-t-il présent ?

— C'est ce qu'on m'a communiqué, oui.

— Ah... Cet enfoiré ne se laissera pas abuser par notre jargon scientifique. Il a travaillé pendant deux ans au SETI, avant de devenir conseiller du Président. Il va falloir jouer serré si on veut s'en sortir. Tu me laisses parler, ça évitera qu'on se contredise.

Le petit homme hocha la tête. Plus ils approchaient du sas d'arrivée, plus son visage se décomposait. Benson le remarqua et lui donna un coup de coude.

— Allez, Miller, souris, et prépare-toi à faire des courbettes !

Le sas de l'aire d'atterrissage principale se constituait d'un demi-arc de cercle en verre rétractable. Ils se placèrent devant la vitre et scrutèrent la voûte céleste. Benson alluma une cigarette tandis que son compagnon tapait nerveusement du pied. De là, ils pouvaient voir une petite partie du tentaculaire réseau de radiotélescopes qui couvrait la face cachée de la Lune. Une prouesse technologique, qui permettait de détecter les plus infimes émissions radios à l'autre bout de la Voie Lactée. Couplé à l'Earth Orbital Radio Network, un interféromètre géant situé en orbite autour de la Terre, la résolution de leurs appareils dépassait toutes les espérances des radioastronomes.

— Les voilà ! annonça Miller, désignant un point dans le ciel étoilé.

Benson fronça les sourcils et aperçut à son tour le minuscule trait lumineux qui grossissait de seconde en seconde. Il écrasa sa cigarette.

Quelques minutes plus tard, le module orbital se posa dans un déluge de poussière.

Le sas transparent de la base se déploya et, tel une amibe, glissa jusqu'à la porte du véhicule. En un ultime spasme, il vint encercler le léger module, dont l'entrée était maintenant totalement protégée du vide hostile. Le Président apparut en haut des marches. Trois personnes l'accompagnaient : Dieter, le Ministre des Affaires Spatiales, Dunier, le conseiller scientifique, et un militaire que Benson ne connaissait pas. Ils passèrent le sas et pénétrèrent dans la base. Benson alla au devant d'eux, tendit la main à Fitbur.

— Monsieur le Président, je vous souhaite la bienvenue au Moon Observatory.

— Merci. Nous ne sommes ici que pour deux heures seulement. J'aimerais que nous en arrivions directement au but de notre visite. Comment avancent vos recherches ?

— Avec votre accord, je pense qu'il serait utile que nous fassions un bref résumé des événements de ces dernières semaines.

— Si vous pensez que c'est nécessaire...

— Veuillez me suivre dans mon bureau, s'il vous plaît. Nous allons prendre le tapis roulant, cela vous évitera en partie les désagréments de la pesanteur réduite.

Une fois Fitbur et les autres confortablement installés dans son bureau, Benson commença son exposé des faits.

— Il y a maintenant deux semaines, un message radio très puissant nous est parvenu du système double de Sirius. Nous avons été les premiers à le capter, ici, sur la Lune, puis l'EORN nous a confirmé notre observation. C'est une émission de grande longueur d'onde, plusieurs dizaines de mètres, de sorte que l'atmosphère terrestre l'absorbe entièrement ; personne sur la Terre n'avait donc pu la remarquer. Nous ne savons depuis combien de temps elle arrive jusqu'à nous, juste qu'elle se poursuit encore aujourd'hui, mais il n'y a aucun doute quant à l'intelligence de son origine.

— Comment pouvez-vous en être certain ? le coupa Fitbur, qui semblait le tester.

— Eh bien, les émissions radios que nous recevons habituellement proviennent de pulsars, ou de supernovae, cela se voit à leur régularité. Mais dans le cas qui nous intéresse, l'alignement du code ne peut être dû au hasard. Nous sommes catégoriques : seuls des êtres doués d'intelligence ont pu envoyer ce message.

Le Président hocha la tête. Son conseiller lui avait probablement déjà expliqué, et il n'insista pas.

— Pouvez-vous me parler de Sirius ?

— En fait, Sirius est un système double, constitué d'une étoile massive et de ce que l'on appelle une naine blanche. C'est un système relativement complexe, qui possède six planètes : deux telluriques, comme Mars ou la Terre, et quatre géantes gazeuses, comme Jupiter. D'après nos récentes observations, nous pensions que la vie ne pouvait s'être développée sur aucune de ces planètes, en raison de leur proximité de Sirius A et de l'instabilité du système. Mais le message semble prouver le contraire : la vie existe dans le système de Sirius, et elle essaie de nous contacter.

Fitbur resta muet quelques instants, pensif, puis posa à Benson la question qu'il redoutait tant.

– Avez-vous enfin réussi à décoder ce message, professeur ?

Miller s'agita bruyamment dans son siège, et Benson lui jeta un coup d'œil réprobateur. La tension venait de monter d'un cran dans le bureau.

– Pour tout vous dire, nous ne sommes pas encore parvenus à trouver la clé du message. Nos équipes travaillent d'arrache-pied et suivent des pistes très prometteuses qui...

– Vous n'avez pas avancé du tout ? le coupa Dunier d'une voix faussement surprise.

Benson sentait sur lui le regard inquisiteur de Fitbur, et il s'efforça de garder son calme. Il prit une profonde inspiration, et répondit au conseiller avec un grand sourire.

– Bien sûr que nous avons avancé. Nous avons isolé des groupes de « mots », des séquences identiques, mais le sens global nous échappe encore. C'est une question de jours. Il semble que les êtres à l'origine du message pensent de façon très différente de nous. La fréquence du message varie sur toute sa longueur, ce qui le rend également difficile à capter. Le professeur Marr, responsable de l'EORN, nous est d'une assistance précieuse en nous aidant à combler les trous éventuels. Croyez bien que nous faisons notre possible.

– Je n'en doute pas, déclara Fitbur. Toutefois, vous devez comprendre que votre réussite est indispensable. C'est une grande responsabilité qui vous a été confiée ici, et qui dépasse le simple cadre de la recherche scientifique. Le décodage de ce message revêt une importance à la fois philosophique, politique et militaire.

Benson fronça les sourcils.

– Que vient faire l'enjeu militaire dans tout cela ? demanda-t-il au Président sur un ton qu'il espérait naïf. En même temps, il jeta un rapide coup d'œil au soldat qui se trouvait à la droite de Fitbur. Il n'avait pas dit un mot depuis le début de l'entretien, mais semblait absorber chaque parole prononcée.

– C'est pourtant simple, expliqua Fitbur, mais je crois que le général Wang est plus qualifié que moi pour vous en parler. Le général, si vous ne le saviez pas, est le chef des armées de la Fédération Mondiale. Général ?

Wang toussa pour s'éclaircir la voix. Il fixa son regard inquisiteur à celui de Benson.

– Vous avez omis de dire, professeur, que Sirius se situe à seulement neuf années-lumière de notre système. C'est court, au vu de l'immensité de l'Univers. La banlieue de la Terre, en quelque sorte. Ces créatures, quelles qu'elles soient, ont pu développer des techniques de voyage spatial plus avancées que les nôtres, et elles doivent certainement pouvoir voyager à une vitesse proche de celle de la lumière. Combien de temps mettraient-elles, professeur, pour venir jusqu'à nous à une telle vitesse ?

– Un peu plus de 10 ans, oui, mais tout ça est basé sur des suppositions et...

– Laissez-moi finir. Nous avons envoyé des sondes vers le système de Sirius, il y a cela une cinquantaine d'années. Elles étaient chargées de recueillir des informations sur les différentes planètes du système. C'est bien ça, monsieur Dunier ?

– Exact. Le programme a commencé en juin 2003 et il avait pour but l'exploration du voisinage immédiat de notre étoile. Sirius en faisait évidemment partie et deux sondes ont été envoyées à quelques mois d'intervalle. Mais la malchance – ou autre chose – a voulu que, contrairement à la plupart des engins envoyés vers les autres systèmes, les communications soient coupées au moment où ils entraient dans le système de Sirius.

Benson devint écarlate.

– Et alors, qu'est-ce que ça prouve ? L'hypothèse la plus répandue est que les sondes ont malencontreusement croisé le nuage d'Oort de Sirius.

– Il y a une autre hypothèse, reprit Wang, vous vous en doutez. Nous pensons que l'intrusion de nos engins dans l'espace stellaire de ces créatures a été comprise comme une agression. Et qu'ils les ont détruits. Le contact a été perdu il y a une vingtaine d'années. Ce qui leur a donc laissé tout le temps de se préparer à venir jusqu'ici et de contre-attaquer.

– C'est de la folie ! s'emporta Benson. Votre raisonnement ne repose sur rien de concret, ce ne sont que des spéculations guerrières inconsidérées. Et vous, Dunier, un scientifique, vous apportez votre crédit à cette absurdité ?

Ce dernier eut l'air gêné, mais répondit posément.

– Nous ne pouvons en être certains à cent pour cent, mais c'est une des hypothèses.

– Et simplement parce que c'est une hypothèse, vous l'approuvez comme étant la bonne ?

– Nous ne pouvons prendre le moindre risque.

– Je ne comprends pas. Comment l'arrivée de deux malheureuses sondes pourrait-elle constituer une agression pour une race extraterrestre si avancée ?

– Vous l'avez dit vous-même, reprit Wang. Ils ne pensent pas comme nous.

— Vous êtes un malade ! Pourquoi parcourraient-ils neuf années-lumière simplement pour se venger ? Et surtout pourquoi, continua Benson, pourquoi nous enverraient-ils un message juste avant de nous attaquer ?

Fitbur, qui avait regardé le débat s'envenimer, intervint à nouveau.

— Ça, vous devez le découvrir, Benson. C'est le travail qui vous a été confié.

Benson faillit une nouvelle fois exploser, puis se ravisa et répondit d'une voix plus calme :

— Je refuse de cautionner votre démarche. Supposons que vous ayez raison sur un point et qu'ils soient en route pour le système solaire, mais que vous vous soyez trompés sur leurs intentions. Ils seraient pacifiques et vous les attaqueriez avant même qu'ils ne s'approchent de notre planète. Vous commettriez un désastre irréparable pour l'Humanité ! Non, l'armée n'a rien à faire dans cette histoire. Je ne peux pas travailler dans cette hypothèse.

— Vous n'avez plus tellement le choix, Benson. Il en va de la sécurité mondiale. Que penseraient les milliards de Terriens que vous auriez laissés tomber, en cas d'attaque extraterrestre ? De toute façon, une garde militaire arrivera dans deux jours et supervisera les opérations, sous le contrôle de Dunier qui prend le contrôle du Moon Observatory ; ainsi vous ne pourrez nous cacher quoi que ce soit. Quant à vous, Benson, vous nous êtes encore utile et vous coopérerez de gré ou de force. Je suis désolé d'en arriver là, professeur, mais il s'agit de la survie de l'humanité. Nous repartons immédiatement. Merci de nous avoir accordé une partie de votre si précieux temps.

— J'ai encore quelques affaires à régler sur la Terre, lança Dunier avec mépris. Nous nous reverrons bientôt.

Benson eut envie de lui sauter à la gorge, mais il se contrôla. Miller, assis derrière lui, était blême.

Le Président et ses conseillers se levèrent, et prièrent Miller de les raccompagner à l'aire d'atterrissage. Benson resta dans son bureau, à fumer nerveusement une cigarette, jusqu'à ce que son collègue revienne. Il dit doucement :

— Ces salauds nous ont bien eus. Je ne pensais pas que leur paranoïa pouvait aller jusque là. Quelle folie...

Miller posa la main sur son épaule, mais resta muet. Benson le regarda ; il lui en voulait de ne pas être intervenu en sa faveur dans sa conversation avec le Président. Mais cette réaction ne l'étonnait pas davantage de la part de son compagnon : il avait toujours fait preuve de lâcheté devant ses supérieurs hiérarchiques.

— Que penses-tu de tout cela ? le questionna-t-il.

— Je ne sais plus où j'en suis. La situation me dépasse. Si nous coopérons, peut-être pourrons-nous sauver notre poste. C'est la seule chose qui nous reste à faire.

— Jamais ! Jamais je ne collaborerai avec des militaires, et encore moins avec ce fumier de Dunier ! Quand il n'était pas encore conseiller à la présidence, un conflit s'était produit pour savoir lequel d'entre nous se verrait confier ce poste sur la Lune. Je l'ai emporté et Dunier ne l'a jamais digéré. Aujourd'hui, il se venge de la façon la plus mesquine qu'on puisse imaginer. C'est lui qui a mis tout ça dans la tête des militaires et du Président.

— Comment veux-tu faire, alors ? Trouver la solution du décodage en deux jours ?

— Oui, c'est encore notre seule chance. Allons-y au lieu de discuter !

Petit à petit, la salle de travail se vida. Benson restait à son poste, ainsi que quelques irréductibles. Miller, lui, était parti se coucher.

Toute la journée, Benson et son équipe s'étaient acharnés à essayer de déchiffrer les milliers de séries de chiffres qu'ils recevaient sans discontinuer depuis presque deux semaines.

Rien n'y avait fait : malgré la participation des plus grands mathématiciens, le code demeurait désespérément indéchiffrable. L'ambiance s'était dégradé d'heure en heure, à mesure que se rapprochait la perspective de voir le centre envahi par une colonie de militaires.

Même Cristen, qui d'habitude affichait un enthousiasme à toute épreuve, avait l'air complètement abattue.

Ils avaient travaillé jusqu'à la tombée de la nuit. Mais de toute évidence, ils n'avaient pas fait le moindre progrès. Comme si le message n'avait aucun sens, qu'il n'était qu'une suite aléatoire de uns et de zéros sans signification...

Par rapport à l'excitation de la journée qui venait de se terminer, la grande pièce connaissait un calme absolu, uniquement ponctué par le bourdonnement des imprimantes. Cristen se trouvait toujours là, et elle rejoignit Benson dans son bureau.

La voix des étoiles

– David, vous avancez ?
– Non, Cristen. Ça devient une réponse banale.
La jeune femme eut un sourire triste.
– Comme vous le disiez hier, nous y arriverons bien un jour.
– Je n'en suis plus aussi sûr, maintenant. Nous n'avons plus que la journée de demain avant l'arrivée des militaires, et je commence à éprouver un étrange sentiment : comme si, en fait, nous nous acharnions en vain, que le message est indéchiffrable...

Benson se prit le visage dans les mains, et s'étira dans son siège. Il pivota et se retrouva face à Cristen. La jeune femme, malgré sa tenue masculine et ses cheveux attachés en chignon, était plus que jamais attirante. Elle remarqua le regard de Benson et rougit.

– Je me demandais, David, si vous voudriez aller boire un verre dans mon appartement, avant d'aller vous coucher.

Benson lui adressa un sourire reconnaissant.

– Je vous remercie, Cristen. Mais je dois rester ici encore quelques temps. Il me reste des pistes à vérifier. Peut-être une autre fois ?

Un soupçon de déception passa sur le visage de la jeune femme, mais cela ne dura qu'une seconde. Elle le salua poliment et sortit.

Benson alluma une cigarette et se remit au travail, puis décida de se laissa aller au sommeil quelques instants.

Il fut réveillé en sursaut par une légère sonnerie qui provenait de la salle de travail. La pendule murale indiquait quatre heures vingt.

D'un léger bond, il se leva et sortit de son bureau pour voir ce qui se passait à côté. La grande pièce était à présent quasiment vide. Seuls restaient un mathématicien et Miller, qui avait dû se relever. Tous deux semblaient absorbés par la contemplation d'un des ordinateurs du contrôle-radio, celui-là même d'où provenait la sonnerie. Benson s'approcha lentement d'eux ; ils l'aperçurent. A leur expression, on eût dit qu'ils avaient aperçu un fantôme.

– Que se passe-t-il ?
– Nous recevons... un message... balbutia Miller.
– Bien sûr, ça fait deux semaines que nous le recevons !
– Non, tu ne comprends pas. Un autre message ! D'une autre partie du ciel. Très puissant. Nous tentons de le localiser !

Benson dévisagea Miller : une peur irraisonnée commençait à se dessiner sur le visage de son assistant.

Se déplacer en chaise roulante constituait une nouvelle expérience pour Benson. Cela lui donnait une légère impression d'impuissance, mais il se faisait une raison. C'était le prix à payer pour retourner sur la Terre.

Il avait pris cette décision presque immédiatement après la réception du second message. Avant même que les militaires ne débarquent sur son fief, il l'avait quitté, sans remords, pour retourner sur son monde natal, qu'il retrouvait avec une béatitude enfantine. Pourtant, une tâche importante l'attendait au siège de la Fédération Mondiale, à Melbourne, avant de retrouver sa fille à Londres et de donner sa démission à l'Earth Space Center.

Personne ne lui posa de problème lorsqu'il sollicita une entrevue avec le Président, et il fut rapidement conduit dans son bureau. Vingt quatre heures seulement s'étaient écoulées depuis la visite de ce dernier sur la Lune. Les consignes que Benson avait laissées à Miller étaient claires : ne révéler à Fitbur l'existence du second signal que quelques heures avant son arrivée dans la capitale australienne.

Le Président ne cessait de croiser et de décroiser ses doigts, derrière son large bureau en chêne massif. Wang et Dunier se tenaient debout derrière lui. Tous trois arboraient un air furieux, et jetaient à Benson des regards assassins.

— Vous avez de la chance que je n'aie lancé personne à votre recherche, cria presque Fitbur. Votre carrière est foutue ! Qu'est-ce que c'est que cette mascarade, Benson ? Cette nouvelle émission... Et votre venue sur Terre. Vous ne deviez pas quitter le Moon Observatory !

— Je n'ai plus besoin de rester là-bas, mon travail est terminé.

— Quoi ? Vous avez décodé le message ?

— Il est impossible à décoder, monsieur.

Benson arborait un sourire ironique qui dut irriter le Président.

— Comment pouvez-vous le savoir ? s'énerva Fitbur. Parlez, nom de dieu ! Y a-t-il un rapport avec le nouveau message ?

— Evidemment. Les deux messages sont le fruit d'une intelligence inconnue, qui n'a rien de commun avec la nôtre. Miller ne vous a-t-il pas précisé la provenance du second signal ?

— Arrêtez vos mystères, Benson, ça ne m'amuse pas. Votre assistant nous a simplement dit qu'il ne venait pas de l'extérieur du système solaire, mais de l'intérieur. Qu'est-ce que ça signifie, au juste ?

– Ce nouveau signal vient du cœur même du système solaire. Et il est dirigé vers Sirius. Nous l'avons capté grâce à sa très grande puissance. Les habitants de Sirius ne viendront pas nous attaquer, comme vous le pensiez, ils ne savent peut-être même pas que nous existons. Vous ne comprenez donc pas ? Même vous, Dunier ?

L'air hébété de ce dernier montrait qu'il avait compris.

– Vous voulez dire que... le Soleil... Non, c'est impossible !

– C'est possible, et nous en avons la preuve aujourd'hui : le message de Sirius ne nous était pas destiné. Il a été envoyé par Sirius A, je veux parler de l'*étoile* Sirius. Et depuis quelques heures, le Soleil lui répond.

Benson prit congé du Président sans même attendre sa réaction. Il sortit sur la grande place qui trônait devant les hauts bâtiments de la Fédération. L'air était frais et vivifiant, le Soleil encore haut pour une journée d'hiver. Il contempla pendant quelques secondes l'astre lumineux en se protégeant les yeux d'une main. Puis sourit.

Il débloqua le frein de son fauteuil et se dirigea en hâte vers l'aéroport. Le vol pour Londres partait dans un peu moins d'une heure.

L' entropie est une salope
de Hervé Jubert

> **L'AUTEUR** : Hervé Jubert est né en 1970 à Reims, et vit actuellement à Paris. Scénariste pour le multimédia et le cinéma, il a publié depuis 1998 plusieurs romans : *Le roi sans visage* et *La fête électrique* (au Masque), qui sont les deux premiers tomes d'une série intitulée La *Bibliothèque Noire* ; *Sinedies* et *In Media Res*, les deux premiers épisodes des *Aventures de Pierre Pèlerin* chez J'ai Lu SF ; et *Le virus de décembre*, un thriller au Masque. Deux nouvelles appartenant au cycle *Pierre Pèlerin* ont été publiées dans *La Revue de l'Imaginaire* et *Miniature*. Le présent texte se déroule en marge des univers développés par l'auteur dans ses romans.

La phrase s'étalait comme une plaie vive sur le torse de l'adorateur. Nu, les cheveux en broussaille et dans un état squelettique, l'agitateur suicidaire attendait que les reîtres s'abattent sur lui et le renvoient à la source, au néant. Il gueula son message – L'entropie est une salope ! – d'une voix éraillée en direction de Jacques Lien, qui arrivait d'un pas tranquille à son niveau avec un regard moqueur. Des pigeons s'envolèrent. Une cohorte de soldats insectoïdes aux armures bleu nuit déboucha à l'extrémité de la petite place. Les passants ne s'arrêtèrent ni ne dévièrent leur route. Les reîtres étaient suffisamment bien entraînés pour nettoyer l'endroit sans bavure. Il fallait simplement veiller à ne pas traverser une ligne de tir. Trois soldats mirent un genou à terre et visèrent le prophète squelettique qui s'était retourné vers eux, les bras en croix.

Trois faisceaux lasers se tendirent entre les canons des armes et lui. Lien s'était arrêté pour contempler la scène. Il apprécia la disposition des points rouges sur le torse aux côtes saillantes. Les sommets du triangle marquaient le foie, la trachée artère et les parties génitales. L'adorateur ouvrit la bouche pour émettre son message une dernière fois. Les trois soldats firent feu en même temps. Un choc mou fit reculer le prophète de deux pas vers l'arrière. Il hésita à s'effondrer mais s'agenouilla en fait sagement. Ses mains caressèrent le vide sanglant de son entrecuisse. Son sexe – enfin, ce qui en restait – reposait à quinze mètres de là. Une fontaine glougloutante s'échappait de sa gorge perforée et effaçait le message gravé dans sa poitrine sous des langues de sang chaud. Quant à la balle virale, elle avait rempli son office dans le foie de l'infortuné, d'après l'odeur âcre qui s'en échappait. Le prophète tomba face contre terre. Un robot nettoyeur se posa à côté de lui, ramassa les débris et reprit son envol en laissant sur les flaques pourpres une mince pellicule de sciure blanche. Les reîtres disparurent comme ils étaient apparus. Les pigeons se reposèrent sur la place en poussant des roucoulements outrés. Jacques Lien reprit sa route vers la maison du Verbe. « Ces reîtres sont décidément bien entraînés », songea-t-il, un sourire de satisfaction aux lèvres.

– Jacques Lien. Le protocole m'attend.

Le portier aux yeux chafouins le détailla des pieds à la tête avec un air peu avenant. Lien se prêta de bonne grâce à la fouille visuelle. Il savait que ses coordonnées physiques, la mention de son modèle et sa séquence d'identification gravée autour de la troisième cervicale n'échapperaient pas au regard du vigilirem. Les contrefaçons se multipliaient ces derniers temps, et ébranlaient le postulat fondamental prôné par Point Final de l'élément unique, lien entre les générations et outil d'une évolution maîtrisée.

Les modèles adéhennes des citoyens lecteurs étaient conservés dans la Matrice et réveillés à la fin de chaque séquence-vie d'un individu. Si un exemplaire arrivait au terme de son existence, d'une manière accidentelle ou non, son successeur était immédiatement mis en culture dans les cuves de la Matrice et son enveloppe reconstituée en respectant les forces et les faiblesses de la lignée concernée. Une fois le corps hôte à maturité, un chroniqueur prenait en charge son éducation et lui faisait le récit des faits accomplis par ses ancêtres, des directions mentales de sa famille, de ses

L' entropie est une salope

rêves et de ses désirs. L'homme complété recevait alors sa séquence d'identification de citoyen lecteur, gravée le plus souvent sur la seconde cervicale en partant de la cage thoracique, celle des médians. La première indiquait les parias, les reîtres et les nervis. La quatrième était réservée aux fonctionnaires du secret qui officiaient dans la maison du Verbe et aux archontes que l'on disait humains.

Jacques Lien se caressa la nuque, au niveau de la troisième cervicale. Elle distinguait les citoyens de qualité, ceux dont la lignée s'était illustrée de façon significative dans la succession d'histoires dont Point Final avait la charge et était le plus souvent l'origine, ceux dont les ancêtres étaient des héros qui avaient fait rêver des générations de citoyens lecteurs. Le protocole les choyait et les destinait à des existences particulières que les chroniqueurs auraient la charge par la suite d'enjoliver et d'ériger en exemple une fois leur séquence-vie achevée.

Lien connaissait son arbre générations par cœur. Son illustre et homonyme fondateur appartenait à la période préhistorique, celle d'avant Point Final. A cette époque étrange, les spectateurs – tel était le terme utilisé – découvraient le pouvoir fascinant de l'immersion narrative à l'aide d'images défilant sur un support pétrole. L'évasion par l'esprit était gérée par des apothicaires qui furent les victimes – toujours plus vite toujours plus fort – d'une fuite en avant dont ils ne virent les limites que trop tard.

Les historiens avaient expliqué à Lien que cette société s'était en partie effondrée sur elle-même grâce aux livres et à ceux qui les lisaient encore. En fait le rôle des cartels numériques, la disparition soudaine du réseau lors de la faillite du Grand Opérateur et la déstabilisation totale de l'économie mondiale qui s'était ensuivie avaient permis aux premiers archontes de Point Final de décréter la naissance du nouveau monde et d'en poser les bases sur une population sans repères.

Avant le grand chambardement, vingt et un Jacques Lien s'étaient relayés dans l'imagination des futurs citoyens lecteurs. Pendant près de deux siècles – une ancienne unité Temps – ils s'étaient succédés sur les écrans dans ce rôle que chaque acteur leur enviait. Des traits de caractères étaient plus marqués chez l'un que chez l'autre, les physiques répondaient aux modes et évoluaient. L'intitulé des missions, la hiérarchie des agents, la philosophie générale des mondes traversés ne donnaient, sur une vision continue du temps, qu'une image de chaos. Les Jacques Lien se suivaient et ne se ressemblaient pas. Mais, malgré cela, la lignée avait conservé son aura et su brandir au travers des tempêtes de l'Histoire le flambeau porté par la première génération.

Bien sûr, à cette époque la Matrice n'existait pas encore, pas au sens où on l'entendait maintenant. Point Final n'était qu'une pensée vague qui s'organiserait en temps voulu grâce au réseau d'informations qui travaillait à sa propre destruction.

Et le *Il était une fois* était tout d'un coup passé au présent. L'âge intermédiaire de la page blanche était arrivé.

La conscience de Point Final, organisée, patiente, qui attendait son heure, s'était alors révélée. Les héros de l'ancien monde avaient été étudiés un à un par les censeurs, qui en avaient prolongé ou non la pérennité. La majorité n'avait pas survécu à l'examen, car tout était à inventer. Mais certaines figures furent jugées susceptibles de survivre à la mort du spectateur et à la naissance du citoyen lecteur.

L'agent Jacques Lien de l'époque faisait partie du collège des élus. Celui qui l'incarnait était le vingt-deuxième de la lignée. Et il n'avait rien d'un avatar.

Les ingénieurs de la toute nouvelle Matrice le synthétisèrent et l'éduquèrent pour servir Point Final. Une mission de terrain lui fut assignée. On le chargea d'éradiquer les dernières poches de résistances idéologiques qui morcelaient le territoire de la nouvelle chance, comme appelaient alors les citoyens lecteurs le doux pouvoir qui se chargeait désormais de leurs destinées.

Jacques Lien se mit à la tâche. Son intervention dans les jungles de la marge, les poches à sectes, les derniers réseaux financiers encore actifs, la place rouge et la conurbation terrestre fut un succès total. Les reliquats du monde tel qu'il avait été retournèrent au néant dont ils étaient issus alors que la cathédrale d'histoires de Point Final s'élevait devant les yeux émerveillés de ses administrés.

Le gène Lien fut décrété héroïque par le protocole, les quatre archontes de l'exécuto. Les ingénieurs de la Matrice le réservèrent donc pour cette lignée d'agents lettres, pour les futures générations qui ne manqueraient pas de se succéder. Jacques Lien d'aujourd'hui était le quarante-troisième de ces soldats de l'ombre. Et le port de tête noble, la morgue suffisante et l'étrange désinvolture dans la démarche et le raisonnement qui avaient fait la réputation de ses ancêtres étaient encore ses attributs reconnus. « Le gène héroïque », songea-t-il. Cette merveille de synthèse lui permettait de déployer un sourire inimitable tout en diffusant autour de sa personne une aura charismatique presque palpable. Il commandait, on lui obéissait. La vie valait vraiment la peine d'être vécue.

L'entropie est une salope

— Vous pouvez entrer.

Le vigilirem enfonça son corps grassouillet dans un renfoncement de la paroi taillé à sa mesure et céda le passage devant celui que le protocole attendait. Jacques Lien pénétra dans la maison du Verbe.

Tout autre que lui serait resté interdit devant la perspective monumentale qui le surplombait. Les colonnes cannelées qui partaient à l'assaut du ciel, le fronton qui défiait l'apesanteur trois lieues plus haut, la volée d'escalier qui se rétrécissait jusqu'à la porte de bronze, minuscule dans le lointain, mais dont vingt générations d'acrobates les uns au-dessus des autres n'auraient pu remplir le chambranle, tout cela était conçu pour faire réfléchir le visiteur qui entrait en ces lieux.

Ici avait été murmurée pour la première fois l'Histoire des histoires, celle qui racontait ce monde. Ici avait été inventé l'éverêve qui permettait à tout citoyen lecteur de s'immerger dans les histoires et d'échapper le temps d'un conte à Point Final. L'index était compilé dans la maison du Verbe et sans cesse mis à jour, index dans lequel parutions et organisations clandestines étaient mises au ban de la société du Livre. Enfin, c'était ici, dans ces murs, que se trouvait la Réserve, la bibliothèque de Point Final qui conservait les ouvrages d'avant la période historique dans ce qu'on appelait l'enfer ou le paradis, selon le camp auquel on appartenait.

Jacques Lien était un habitué de la maison du Verbe. En grimpant les marches deux à deux, il se remémora les cérémonies étranges auxquelles le protocole l'avait convié, ses premiers ordres de mission prononcés dans la salle du béryl, le rappel des hauts faits de ses ancêtres devant une phalange de jeunes recrues, envoyées par la suite dans les récits clandestins pour y piéger leurs auteurs, ou les traces éventuelles des sympathisants qui s'y seraient attardés et dont les reîtres se chargeraient par la suite.

Le protocole l'avait mandé par pneumatique dans la matiné Réunion exceptionnelle de l'exécuto/Confidentialité. L'agent lettre connaissait cette procédure par ouï-dire. Il ne pouvait empêcher son ventre de se nouer à la pensée des quatre capuchons gris qu'il allait bientôt devoir affronter.

« Affronter ? » Il s'arrêta et se força à rire en regardant les colonnes se perdre dans des brumes lointaines, là-haut, tout là-haut. Pourquoi était-il inquiet ? Comment aurait-il pu être inquiet ? Depuis vingt et une générations historiques, autant d'avant l'Histoire, et une dite de transition, sa lignée multipliait les succès. Jamais le nom de Lien n'avait été associé à celui de Fiasco. Certes, la paix, la paix éternelle apportée par Point Final réduisait par la force des choses son champ d'investigations. Le quarante-troisième du nom n'avait jamais, comme ses ancêtres par le passé, eu à dénouer des situations de crise, à affronter de réels dangers, à tuer pour extirper des renseignements ou même pour sauver sa propre vie. Cette pensée l'étourdit un peu. Les archontes l'avaient toujours confiné à des missions d'observation dans des récits défrichés où sa neutralité le protégeait contre d'éventuelles agressions, de plus en plus rares et sporadiques, il fallait bien le dire, mais des missions tout de même.

La dernière en date était une commande du bureau des auteurs anonymes qui l'avait affecté à l'affaire Homère, une vieille épine dans le pied de la Réserve. Il s'agissait de prouver l'existence du conteur mendiant et de le ramener coûte que coûte dans le sein de Point Final pour lui inculquer les fondements de la nouvelle orthodoxie. Les scènes de massacres qui ponctuaient son récit n'étaient pas... correctes. De même que sa vision des dieux et des hommes qui se tutoyaient. Et cette accumulation de détails techniques, tant de spadassins avec telles jambières... Les citoyens lecteurs n'avaient pas besoin d'une somme encyclopédique pour s'immerger dans l'histoire. Il fallait les amuser, les charmer, les envoûter. Facilement.

Lien se rappela, un effroi rétrospectif lui lançant des décharges électriques au niveau des reins, cette mission et ses rebondissements. Il s'en était sorti in extremis pour revenir faire son rapport aux archontes du protocole. L'affaire Homère était bien plus complexe que ce à quoi ils s'attendaient. C'était aux nervis d'agir, pas à un agent lettre porteur du gène héroïque.

La guerre faisait maintenant rage d'Athènes à Bagdad dans le monde de papier.

Lien se demandait si le recours à la force était la meilleure solution. De nouveaux noyaux contestataires étaient apparus à Point Final et minaient ses fondations que l'on pensait inébranlables. Les sectes clandestines comme l'église du génie organique profitaient d'un étrange vent de subversion pour lancer des opérations suicides dans lesquelles des hommes messages se sacrifiaient en public pour la valeur d'une idée. Comme ce loqueteux dont le souvenir d'odeur de chair putréfiée arracha une grimace de dégoût à l'agent lettre. Dans quelle mesure ces initiatives pouvaient-elles déstabiliser la paix intérieure des citoyens lecteurs, une paix que les pontes de la maison du Verbe avaient étayée, garantie et pérennisée pour le bien du Tout et du particulier ? Peut-être une vaste offensive était-elle en train de se préparer et l'exécuto voulait-il l'y associer ?

La porte de bronze remplissait maintenant la moitié de son champ de

L' entropie est une salope

vision et Jacques Lien n'avait pas réussi à chasser complètement son inquiétude, encore moins à la remplacer par un enthousiasme débordant de gratitude envers ses pères. Car il restait une ombre au tableau de sa lignée, une ombre qu'il ne pouvait ignorer et au sujet de laquelle, se doutait-il, les archontes l'entretiendraient un jour ou l'autre.

Les vingt et une générations de Jacques Lien qui avaient précédé le jour du changement, la première page, le temps de l'Histoire, tombaient peu à peu dans l'oubli. Les Lien de l'ancien temps avaient sauvé la civilisation humaine une bonne trentaine de fois, décapités une douzaine d'organisations du crime planétaires et retiré du circuit plus d'une centaine de porte-couteaux et psychopathes, clonés ou non. Les histoires étaient des modèles du genre, courtes, efficaces, ne demandant aucune réflexion de la part du citoyen lecteur – le sens de ce mot avait d'ailleurs été perdu depuis longtemps – mais son adhésion aveugle. Et pourtant, les statisticiens de Point Final étaient formels, cette immense geste intéressait de moins en moins de personnes et s'empoussiérait sur les rayonnages des cham's, les chargés d'éducation mobiles qui sillonnaient la cité uniforme avec leurs machines à rêves.

Bien sûr, Jacques Lien savait ce qu'une éventuelle désaffection du public, passé un certain stade, signifiait pour lui et pour ses successeurs. La régression au niveau médian, la remise en cause du gène, son attribution à un autre héros, à un autre favori de cour, à un autre laquais.

« Impossible », se raisonna-t-il pour faire taire ses doutes. Jamais l'exécuto n'avait retiré un acquit d'une telle importance à un arbre générations connu de tous, même si ses premiers membres semblaient maintenant désuets et dépassés. Une grande destinée l'attendait, sans conteste. Sinon, pourquoi les archontes l'auraient-ils envoyés se reposer dans une station cossue du continent Océane, ce dernier cycle ? Simplement pour que les bains d'algues vives et les soins prévenants des filles Dieu le remettent d'aplomb après la mission éreintante qui l'avait emmené de l'antique Troie aux fins fonds du désert Ouralien ? Non. Il ne devait s'attendre qu'à une gratification. Le meilleur était devant lui.

Il grimpa les dernières marches d'un pas léger. Les vantaux de la porte, frappés de reliefs représentant les premiers conteurs, s'ouvrirent à son approche. Le vestibule apparut à ses yeux, un couloir en trompe-l'œil que l'architecte avait voulu sans fin. Un épais tapis recouvrait la dalle de marbre continue que les arcanes disaient provenir de Carraré, l'une des villes dont l'emplacement avait été perdu après le silence des réseaux. Les parois s'élançaient vers le plafond et disparaissaient dans la pénombre d'où provenaient les cris des grands rapaces d'intérieurs. Elles étaient garnies de torches de bronze aux motifs compliqués, de psychés de toutes formes et dimensions, de larges fresques peintes reproduisant les scènes clefs des grands récits fondateurs. Le chambellan attendait l'agent lettre pour le guider jusqu'au protocole. Jacques Lien le suivit un peu à contrecœur lorsqu'ils quittèrent le vestibule pour emprunter un couloir perpendiculaire et de moins vastes dimensions.

On racontait qu'au bout de la dalle de marbre, là où l'antichambre des récits s'arrêtait, se trouvait le point final, l'élément fondateur de la civilisation à laquelle il appartenait. Mais personne n'avait été en mesure de le prouver, malgré les expéditions montées pour en atteindre le terme. Aucun aventurier n'était revenu de ce couloir sans fin et qui conservait dans ses ombres inquiétantes des secrets dont les membres du protocole eux-mêmes ne détenaient pas les clefs.

Le vestibule hantait les rêves de l'agent lettre. Il s'y enfonçait pour disparaître à jamais.

Le chambellan marchait sans bruit devant lui, et se retournait avec courtoisie de temps à autre pour s'assurer que l'invité le suivait bien. Il poussa une porte sur laquelle étaient sculptées des gemmes taillées dans un bois d'ourapa encore brillant de sève, et s'effaça devant Jacques Lien. « La salle du béryl », murmura le chambellan sur un ton de confidence. Lien pénétra dans la pièce. La porte se referma derrière lui. C'est le cœur battant la chamade qu'il s'avança au milieu de l'espace octogonal. Quatre tribunes de bois sculpté le surplombaient, quatre tribunes depuis lesquelles les quatre archontes de l'exécuto l'observaient avec attention.

Nul ne savait ce qu'ils étaient. Des émanations de la pensée primordiale de Point Final ? Les visages disparaissaient sous les capuchons des bures grises. Les serres crochues étaient agrippées aux pupitres de bois et ne bougeaient pas. Une épaule s'affaissait parfois, un tissu se froissait. Mais pour l'agent lettre, le strass, l'enveloppe physique et le décorum n'étaient que des aspect secondaires de l'autorité. Malgré la rigueur monacale de l'endroit et le silence des vieillards, la salle du béryl était emplie tout entière par la puissance qui émanait de l'hydre à quatre têtes.

Jacques Lien attendait et observait les formes grises. Il les baptisait parfois à l'aide de la rose des vents. Mais il sentait ce jour exceptionnel et il opta pour les cristaux sculptés dans les tribunes et qui les différenciaient. Héliodore se trouvait derrière lui, Emeraude et Aigue-Marine le flanquaient de part et d'autre alors que Morganite lui faisait face. C'est ce dernier qui prit le premier la parole.

L' entropie est une salope

– Etes-vous reposé, agent lettre ?

Le ton était mielleux, sarcastique, et fit froid dans le dos de Lien qui répondit par la formule d'usage sans se départir de son calme :

– Aussi reposé que l'aleph trouvé au bord du monde.

Emeraude et Aigue-Marine ricanèrent dans leurs bures. Morganite leva une main parcheminée et imposa le silence. L'agent lettre en eut le souffle coupé. C'était la première fois qu'il voyait un archonte se manifester de la sorte, brisant l'image monolithique qu'il avait de ses supérieurs. La proximité physique de ceux qui avaient créé l'éverêve devint réelle et l'étourdit un peu. « Des automates, ce sont des automates », se rassura-t-il en sentant une sueur glacée lui poisser le dos. Il restait une simple créature écoutant ses créateurs par l'intermédiaire de droïdes interfaces habilement représentés.

Morganite ruina ses espoirs à néant en rabattant son capuchon en arrière. L'agent lettre découvrit le visage d'un vieillard aux yeux rieurs. Les trois autres archontes l'avaient imité. Ils se ressemblaient tous plus ou moins. L'exécuto épiait maintenant les moindres réactions de l'humain emprisonné dans sa toile. Jacques Lien jetait des regards nerveux à droite et à gauche. Les paroles d'une comptine que chantait souvent son chroniqueur, autrefois, lui revinrent à l'esprit. Il s'accrocha aux strophes enfantines comme à une épave dans un océan glacé, alors que sa conscience lui hurlait de foutre le camp, de s'échapper. Jamais le protocole ne s'était dévoilé à ce point. Ces quatre visages blafards puaient la sentence, l'arrêt en quatre lettres qui ne pouvait signifier que sa fin. Et pourtant… Même si sa destinée était d'être remplacé un jour par un double de lui-même cultivé par la Matrice, une fois son temps fini, celui-ci était loin d'être fini.

Ça, il le savait.

Cette certitude lui fit relever les épaules. Il se redressa et toisa les archontes les uns après les autres sans autre défi dans le regard que celui de se montrer vivant.

– Bien, c'est mieux, c'est beaucoup mieux, murmura Morganite.

Les trois autres échangèrent des hochements de têtes entendus.

– Que me voulez-vous ? balbutia l'agent lettre.

– Vous êtes… – les yeux de Morganite pétillaient de malice – assez peu nombreux dans votre cas.

Il ouvrit les deux paumes et replia un pouce squelettique.

– Neuf. L'un de vous vient de nous quitter, agent. Nous avons décidé que vous étiez apte à le remplacer.

« Neuf ? », réfléchit Jacques Lien sans pouvoir calmer les battements de son cœur. « Le groupe des assassins ». Leur existence confinait à la légende. Certains disaient les avoir aperçu de loin dans les récits de la frange, d'autres que les assassins étaient les tueurs patentés de Point Final ayant pouvoir d'éliminer les personnages et d'influer ainsi les milieux destins dans lesquels baignaient les histoires. Les assassins étaient craints, respectés, et échappaient au cycle des générations. Les assassins avaient droit de vie et de mort sur les autres comme sur eux-mêmes.

La vision des archontes, de la salle du béryl, de la maison du Verbe et du gigantesque édifice de Point Final se transforma dans l'esprit de l'agent. L'image d'un système idéal et réglementé, patron des rêves et des destinées, fut remplacée par celle d'un appareil bureaucratique tentaculaire qui modelait les esprits par un lent travail de censure onirique, une police de l'imagination dont le but était d'affirmer le poids de la citadelle Point Final dans les territoires de l'esprit humain, dernier endroit où la liberté pouvait encore s'exercer. « Assassin », répéta-t-il tout haut. Il allait enfin réellement agir, devenir le véritable héros des récits dans lesquels on le projetterait. Ses aventures seraient chantées, partagées, montrées en exemple. Il deviendrait immortel.

– Je pense que vous acceptez notre offre ? demanda Morganite avec un peu d'impatience dans la voix.

– Je... Bien sûr.

– Nous n'avons pas de temps à perdre, argumenta Aigue-Marine sur un ton pressant.

– Le Temps est notre ennemi dans cette affaire, compléta Héliodore.

Emeraude ronflait, la tête basculée sur l'épaule droite.

– Assez de bavardages ! tonna Morganite. Faites rentrer l'enquêteur.

La porte qui s'était ouverte devant Jacques Lien laissa apparaître un petit homme au ventre rebondi qui se dandina jusqu'au niveau de l'agent. Il portait un huit-reflets de feutrine verte, une veste rouge sur un gilet de tweed à carreaux jaune et noir et un jodhpur gris pâle qui lui enserrait les mollets. Il se découvrit devant Morganite et effectua une gracieuse révérence.

– Enquêteur Pickwick, votre honneur, lâcha-t-il d'un air guilleret.

Lien ne pouvait détacher son regard de l'homoncule. Il était presque certain d'avoir à côté de lui un incarné, un de ces êtres de pure fiction qui hantaient les récits de la période préhistorique. On disait qu'il en survivait quelques-uns à l'état originel, que le filtre de la Matrice avait épargnés. Pickwick devait faire partie de ceux-là. Et le protocole l'embauchait

L'entropie est une salope

comme enquêteur... « Les révélations succèdent aux révélations », se rappela-t-il. C'était l'un des préceptes favoris de son chroniqueur qu'à l'école des rêves on appelait Yann Le Flamand.

Jacques Lien ne put se retenir d'attraper le lobe d'oreille droite du petit homme et de le pincer violemment. Il n'avait jamais touché d'incarné. Pickwick se retourna vers lui avec un air furibard, brandit sa canne et en donna un coup dans les jambes de l'insolent. Lien s'écarta en faisant un geste distrait alors que l'incarné, empourpré, brandissait toujours sa canne.

– Monsieur, j'exige réparation d'un tel affront devant témoins, éructa le petit homme au bord de l'apoplexie. Je suis aussi réel que vous, et sûrement moins stupide si j'en juge par l'air crétin qui ne veut pas quitter votre visage !

– Calmons-nous, ordonna Morganite.

– Nous n'avons pas de temps à perdre, recommença Aigue-Marine sur un ton un peu moins pressant.

Héliodore ronflait bruyamment. Emeraude s'était tu.

– Bien. Monsieur Lien, vous êtes dorénavant affecté au service Intelligence de la police narrative.

– Intelligence ? répéta l'agent.

Il n'avait jamais entendu parler d'une chose pareille.

– Nous avons une mission d'importance à vous confier, une mission qui vous intéressera au premier plan. Mais, avant de commencer, j'aimerais que vous entendiez ce que notre ami, Monsieur Pickwick, un enquêteur très avisé – l'intéressé effectua une nouvelle courbette – a à nous raconter.

L'incarné retourna les pouces dans la doublure de sa veste et commença son exposé en marchant en rond et en se tournant parfois vers l'archonte, parfois vers Jacques Lien, dont les yeux restaient obstinément écarquillés.

– L'un de nos agents assassins a été éliminé. Le numéro sept.

– Celui que vous remplacez, précisa l'archonte à l'attention de Lien.

– Notre homme était comme vous un agent lettré avant de travailler pour le service Intelligence. Sa dernière mission consistait à infiltrer les membres de l'église du génie biologique suite à des informations alarmantes qui nous sont parvenues à leur sujet. L'évêrêve l'a immergé dans « Clone », l'un des ouvrages diffusés par cette organisation. Vingt cycles se sont écoulés avant que notre assassin se manifeste.

– Vingt cycles ? ! laissa échapper le jeune Lien.

C'était impensable. L'évêrêve permettait, au mieux, une immersion d'un cycle dans un autre territoire. Mais le retour à la réalité était nécessaire. Les chroniqueurs utilisaient l'image des anciens cétacés qui remontaient à l'air libre pour se remplir les poumons, autrefois, pour expliquer cette obligation aux jeunes citoyens lecteurs. Celui qui se lançait dans une histoire effectuait ainsi des allers et retours incessants entre les deux réalités, allers retours facilités par la façon dont fonctionnait l'éverêve, cette pilule rose estampée d'un numéro d'identification et que les cham's fournissaient avec le livre, la machine à rêves.

Une pilule par chapitre, c'était le tarif habituel. Ses effets s'arrêtaient au bout d'un cycle. N'importe comment, aucun citoyen lecteur respectueux de son existence et de sa lignée n'avait jamais essayé de passer outre le délai d'immersion et de demeurer dans une autre réalité. Aucun, en tout cas, n'était revenu pour le raconter. Alors, comment cet assassin avait-il pu tenir aussi longtemps ? Seuls les REV, les rêveurs éveillés pourchassés par Point Final, avaient ce pouvoir. Et il ne s'agissait encore là que de rumeurs.

L'archonte Morganite se pencha vers lui.

– Quelle est, d'après vous, la différence entre les différentes réalités ? lui demanda-t-il, sarcastique.

Lien n'hésita qu'un instant.

– Je sais, comme tout citoyen lecteur de Point Final, quelle dette nous avons envers les ingénieurs de la maison du Verbe. Nous leur devons la Matrice, notre mère à tous, qui nous a fait tels que nous sommes. Et l'éverêve qui ouvre les portes des autres mondes. J'ai entendu parler des colonies implantées dans les gestes nordiques et les terres des vieilles légendes, ainsi que des expériences d'acclimatation d'agents lettres dans les atlas de « l'Observatoire des Mondes Extraordinaires ». Mais... ces expériences, si tant est qu'elles ont eu lieu, sont exceptionnelles. Et un retour à la réalité est toujours nécessaire.

– Et si tel n'était pas le cas ? avança l'archonte.

Un nouvel étourdissement enflamma l'esprit de Jacques Lien. « Si tel n'était pas le cas ? », se répéta-t-il avec le ton grinçant de l'exécuto. Si tous les territoires décrits pouvaient être habités ? Si l'ensemble des mondes inventés se retrouvait viable et sous la juridiction unique de Point Final ? Alors c'en serait fini des villes tours et des vagues d'étouffement qui décimaient la population. Point Final ne serait plus ce monde exsangue et en manque cruel d'espace, cette civilisation qui excellait tant dans le conte et qui avait si piteusement échoué dans la colonisation extraplanétaire.

Lien était un pur produit des généticiens de la maison du Verbe. Il n'en était pas moins conscient des limites de ses créateurs. Si les techniques d'évasion onirique avaient été à ce point perfectionnées c'était en grande partie pour compenser le fiasco de la course aux étoiles. Les derniers

L' entropie est une salope

recensements indiquaient que quelques quatre cents cinquante milliards d'humains vivaient au coude à coude sur une planète aux ressources naturelles quasi épuisées. Même la coûteuse exploitation de son unique satellite ne représentait qu'un sursis bien mince face à l'explosion sociale qui couvait et qui, quand elle aurait lieu, mettrait sans doute la planète à feu et à sang. Point Final était né sur le spectre de la destruction. Et certains prétendaient que l'Histoire fonctionnait par cycles...

Si les mondes racontés pouvaient être colonisés, Point final était sauvé.

– Tel est le cas ? essaya timidement l'agent.

L'archonte sourit, énigmatique.

– Certes non. Mais, autant l'espace peut nous contraindre, autant le Temps peut devenir notre allié.

Jacques Lien ne comprenait pas. Il le fit savoir en haussant les épaules. L'archonte demanda à l'enquêteur de continuer son récit, et Pickwick se planta à nouveau devant l'agent.

– Evidemment, ce que je vais vous raconter à été connu grâce au récit qui en a été fait, récit gardé secret par les censeurs de Point Final qui ont pour règle de mettre à l'index les histoires inachevées.

L'incarné lissa ses sourcils broussailleux. Jacques Lien savait qu'il faisait allusion au compte-rendu des faits et gestes de son prédécesseur, de cet assassin assassiné. Une armée de rédacteurs travaillait dans l'ombre pour coucher sur papier ou sur magnétique les péripéties de chaque agent. Les missions pouvaient ainsi être étudiées ou reprises à l'aide de l'éverêve.

– Les fondamentalistes de l'église du génie biologique sont apparus avec Point Final. Ils ont pris depuis peu une certaine importance. Leurs fidèles sont pour la plupart composés de manœuvres, d'ouvriers des confins et de couveuses qui supportent mal l'expérience de la Matrice. Nous avons saisi des ouvrages dont cette église revendique la paternité. Les agents qui ont exploré « Clone » ou « L'enfant-Homme » en sont revenus... transformés. Les thèses développées sont bien sûr subversives, mais surtout dangereuses et pernicieuses car faisant appel à des notions que nous savons révolues, si tant est qu'elles aient jamais existé, comme celles de chaleur humaine, ou d'amour.

L'incarné ne put s'empêcher de frissonner.

– Non pas l'amour tel que la collection rose de Point Final le propose aux citoyens lecteurs, mais quelque chose de dévastateur et de parfaitement incontrôlable. Bref, passons. Des disparitions de citoyens lecteurs, d'individus familiers de l'église clandestine, nous ont forcé à agir. Numéro sept a été chargé de se faufiler dans ce nid de vipères. Il a pu ... – il jeta un coup d'œil à l'archonte qui lui fit signe de continuer – ...grâce à une version améliorée de l'éverêve qui permet des immersions en apnée de plus de vingt cycles – la déception assombrit le visage de l'agent lettre –, demeurer assez longtemps dans le récit pour trouver la cache de l'imprimeur, remonter jusqu'à un lieu de réunion d'importance, participer à l'une d'elles et identifier un nombre de sympathisants non négligeable, puis visiter le labo du génie organique.

– Le labo ? répéta Jacques Lien.

L'archonte reprit la parole.

– L'église du génie organique est connue dans la maison du Verbe pour travailler sur la chair, au sens le plus trivial du terme. Ses préoccupations sont un peu celles de la Matrice, étant donné qu'elle récupère les insatisfaits qui sortent de nos cuves. Nous savions déjà que ces clandestins maîtrisaient la parthénogenèse. L'église a, de plus, été impliquée dans un trafic de génome humain qui nous a permis de démanteler le réseau sur le continent asiatique. Mais cette fois, notre assassin est tombé sur quelque chose de plus intéressant. Continuez, Monsieur Pickwick.

L'enquêteur eut un sourire pincé à l'adresse de l'exécuto puis se retourna vers l'agent.

– L'entropine, Monsieur Lien, ils ont découvert l'entropine.

L'agent lettre afficha un air ahuri.

– Une solucée physico-chimique que vous, moi, chacun d'entre nous promène avec lui dans ses méandres corticaux. Une hormone complexe que les ingénieurs de la Matrice sont parvenus à synthétiser et à dupliquer. Chaque être vivant en possède sa propre formule... Vous comprenez ? Le Temps est continu. Et il est le même pour tout le monde. Alors, pourquoi ces inégalités de durées d'existence entre les espèces, et entre les individus à l'intérieur des espèces ? Pourquoi les records de longévité des Antarctiques et la faible durée de vie des mineurs d'Hokuza ? Pourquoi l'éphémère porte-t-il si bien son nom alors que le pin vétéran voit les cycles s'ouvrir vierges devant lui ?

– L'entropine, répondit Jacques Lien.

– Le temps d'existence est le même, du chélonien à l'archonte, sauf votre respect, reprit l'enquêteur à l'attention du vénérable.

Il se courba à nouveau devant la tribune de Morganite.

– Sur cette base, l'entropine creuse les différences.

Pickwick s'humecta les lèvres. Il cherchait une image.

– La machine à voyager dans le temps... Nous avons fait une erreur en

L' entropie est une salope

la cherchant autour de nous, ou en essayant de la construire avec nos mains. La machine à voyager dans le temps, c'est nous, Monsieur Lien.

L'enquêteur l'observait avec des yeux brillants. « Bien sûr, d'un point de vue philosophique... » songea l'agent lettre.

– Ces disparitions de citoyens lecteurs..., reprit-il à haute voix en souriant tristement ; il voulait s'accrocher à une donnée réelle.

– Les chimistes du génie organique, sous bonne garde maintenant, le Verbe en soit remercié, sont non seulement parvenus à détecter la présence de cette hormone, mais encore à en transformer la formule. D'après leurs aveux... – l'enquêteur se racla la gorge – ...spontanés, une trentaine de citoyens ont été envoyés dans le futur. Leur existence a été ralentie par rapport à celle qui distingue notre espèce. Un flash pour eux, une génération pour nous.

– Où sont-ils maintenant ? demanda l'agent lettre qui refusait de perdre de vue le côté pratique de la chose.

– Maintenant ? répéta l'enquêteur. Aucune idée. Nous savons simplement que cette manipulation agit un peu comme l'éverêve. Elle a une durée d'effet limitée. L'entropine a une mémoire et se souvient de sa formule originelle. Elle se transforme elle-même au bout d'un certain temps et retrouve sa configuration de base.

– Et le citoyen lecteur alors accélère...

– ...pour retrouver une durée, enfin... un rythme plus humain, ailleurs, là-bas.

L'enquêteur agita la main droite dans le vide. L'image du vestibule sans fin s'imposa à l'esprit de l'agent lettre. L'archonte se pencha vers lui.

– Vous êtes conscient, je l'espère, du poids des révélations qui viennent de vous être faites ?

Lien avait un peu de mal à substituer la notion de vitesse à celle de durée, mais dans l'ensemble, il avait compris comment l'entropine fonctionnait, comme horloge du corps humain. L'archonte continua :

– Vous connaissez nos restrictions en matière d'espace, notre échec en la matière. Imaginez que le Temps nous soit ouvert, que nous puissions essaimer non plus dans n'importe quel espace fictif ou non, mais que nous nous implantions dans d'autres époques encore vierges.

Jacques Lien se rappela les exercices de logique temporelle que son chroniqueur Yann Le Flamand aimait lui soumettre.

– Comment éviterez-vous les paradoxes ?

L'archonte balaya la peccadille d'un revers de la main.

– Cette considération est un luxe qui nous est refusé. Nous verrons bien quand nous serons au pied du mur.

L'esprit du nouvel assassin s'emballa. Le Temps comme terrain de manœuvres. Enquêter dans le futur de Point Final. Visiter son passé. Changer l'Histoire. C'était trop beau pour être vrai. Alors, pourquoi l'exécuto l'avait-il appelé, pourquoi Morganite était-il le seul à parler, et pourquoi ces révélations incroyables, pourquoi lui ?

– Qu'attendez-vous de moi ? demanda-t-il à l'archonte.

Le vieillard afficha un air surpris. Il ne s'attendait pas à ce que le jeune agent réagisse aussi vite. Héliodore, Aigue-Marine et Emeraude étaient affaissés sur leurs pupitres et ne bougeaient plus, formant autant de taches grises dans la vision périphérique de l'agent qui ne quittait pas son interlocuteur des yeux. Il répéta sa question en esprit. Il voulait une réponse. L'archonte ne lui fit pas ce plaisir.

– Vous connaissez l'attachement de la maison du Verbe pour la lignée des Jacques Lien.

Le sang se glaça dans les veines du dernier du nom. L'archonte adoptait le mode historique, celui du réquisitoire.

– Vous vous êtes illustrés bien avant que Point Final n'existe. Vous en avez posé les bases et défendu avec honneur le gène héroïque qui fait encore votre force. Votre arbre a peu d'équivalents.

Le vieillard adopta un masque de douleur feinte.

– Néanmoins, un certain nombre de rapports du service statistique, rapports dont vous avez eu connaissance, ont révélé quelques failles dans l'intérêt que les citoyens lecteurs portent à votre geste.

L'agent lettre ne sentait plus ni son cœur ni sa peau. Ses yeux lui faisaient mal à force d'être rivés sur le juge.

– Les récits des exploits de vos prédécesseurs de la période préhistorique manquent, je le crains, d'une certaine unité. Nous tendons à la perfection, à l'uniformisation du récit. Et ces péripéties à répétition, les intuitions qui traversent parfois les intrigues, déstabilisent fortement le lectorat qui boude vos ancêtres. Le phénomène est nouveau, mais n'espérez pas qu'il s'inverse.

Lien se refusait à desserrer les mâchoires pour balbutier les justifications qu'il sentait monter dans sa gorge.

– Les rédacteurs sont incapables de réécrire le mythe de votre lignée. Le champ est trop vaste. Deux siècles ! Par contre, nous avons eu une idée vous concernant, après la découverte de cette entropine, une idée qui vous permettrait de sauver votre arbre, de conserver le gène héroïque, et d'échapper à l'index, section des oubliés.

L' entropie est une salope

La triple sentence énoncée sur un ton léger... L'archonte était le maître du jeu. Il fit signe à l'enquêteur dont l'agent lettre avait oublié la présence.

– Oui. Euh... Les ingénieurs de la Matrice sont parvenus, comme je vous l'ai expliqué tout à l'heure, à synthétiser et à dupliquer l'entropine humaine. Des expériences ont déjà eu lieu sur de courageux volontaires, accélérés et ralentis. Les seconds ont disparu, et bien sûr les premiers ont vieilli d'une façon pour le moins prématurée. Mais les ingénieurs ont été un peu plus loin encore. En inversant la direction du facteur entropine.

– Je ne comprends pas, laissa tomber Lien.

– Toutes les manipulations s'effectuaient auparavant vers le futur, vers l'aval.

Pickwick arborait un sourire radieux.

– Maintenant, nous pouvons voyager vers l'amont, à la vitesse de notre choix.

L'agent lettre se retourna vers l'archonte. Il venait de comprendre. Le vieillard de l'exécuto répondit enfin à sa question.

– Jeune assassin, nous attendons de vous que vous remontiez votre arbre générations jusqu'à sa source, que vous supplantiez l'individu fondateur, puis le suivant, puis encore le suivant, jusqu'au vingt-deuxième, jusqu'à celui qui a eu l'honneur de recevoir le gène héroïque. Fort de celui-ci, de votre éducation, et de la chronique concernant votre lignée dont vous êtes l'unique dépositaire, nous vous commandons de revivre ces histoires les unes après les autres, de les rendre brillantes et uniformes, de les rendre lisibles pour les citoyens lecteurs de notre temps qui ne vous comprennent plus.

– Soixante-cinq récits à visiter sur deux siècles, Monsieur Lien, reprit l'enquêteur. Deux trois cycles pour chacun. Ce qui nous fait une durée standard d'environ cent cinquante cycles. Un dixième d'existence. C'est faisable. Vous ferez bien sûr l'objet d'un check-up complet dans une cuve de régénération à votre retour. Nous vous fournirons un certain nombre de négentropes correctement paramétrés pour vos sauts temporels vers l'aval. Le saut vers l'amont s'effectuera sur table, dans une salle de la Matrice.

Pickwick était l'image même de la satisfaction. Il avait repris son rôle de conseiller technique et se lavait les mains de toute cette affaire. L'archonte, lui aussi, affichait un air satisfait. Jacques Lien était pâle. Il se tourna une dernière fois vers le protocole.

– Souriez, mon ami, vous allez écrire l'Histoire ! Nous suivrons avec intérêt vos aventures préhistoriques, n'en doutez pas. Vos exploits existent, d'une manière toute virtuelle, dans la Réserve. Ne nous décevez pas. Et surtout, n'oubliez pas, brillant et uniforme numéro sept, brillant et uniforme.

La triple sentence résonna à nouveau dans l'esprit de l'agent. Les portes s'ouvrirent devant deux reîtres dont les carapaces luisantes firent remonter en lui la peur primordiale de l'insecte. Il les suivit sans se retourner, laissant les archontes, la salle du béryl, la maison du Verbe et le gigantesque édifice de Point Final derrière lui pour remonter le vestibule vers la porte de bronze comme s'il remontait le couloir du Temps.

Dès que les portes furent refermées, l'archonte couvrit le décor d'un regard fatigué. Les trois androïdes délabrés n'avaient pas bougé depuis tout à l'heure. L'incarné l'observait avec un air morne et ennuyé. Le vieillard se leva et descendit de la tribune par un escalier en colimaçon. Il passa derrière le pilier qui en constituait l'axe et écarta une tenture. Pickwick le suivit comme son ombre. Ils pénétrèrent dans une pièce assez simple. Un bureau chiffonnier supportait quelques piles de dossiers en souffrance. Des fauteuils club étaient disposés autour d'un tapis à motifs optiques. Un buffet abritait un bar constitué avec goût d'après les étiquettes qui ornaient les bouteilles. Une toile représentait un ancien monarque à cheval, monarque que le peintre avait figé (de même que sa monture) dans une pose parfaitement improbable. L'archonte s'était débarrassé de sa bure. Elle gisait dans un coin de la pièce. Un trois-pièces-en-une à coutures magnétiques l'habillait des pieds à la nuque. La rosette de la légendaire Phalange Cauchemars qui avait, en son temps, posé les bases du terrifiant pouvoir de Point Final dans l'esprit des hommes, était épinglée sur son torse. Pickwick sortit une bouteille de malt du bar. Il remplit deux verres bombés, en tendit un au vieillard et se laissa tomber dans un fauteuil. L'archonte s'assit sur un accoudoir.

– Ce décorum de pacotille..., murmura-t-il en indiquant d'un geste vague la salle du béryl, le vestibule et la volée d'escalier de la maison du Verbe.

– Pacotille, pacotille, chantonna l'incarné. Vous ne pouvez à la fois faire régner l'illusion et vous passez d'un décor, quel qu'il soit.

Il leva son verre.

– Je porte un toast à l'Histoire et à ses enfants chéris qui ont fait de nous ce que nous sommes aujourd'hui.

L'archonte adhéra en silence à la verve pompeuse du personnage de

L' entropie est une salope

fiction. Il essayait d'effacer l'image de ce pauvre Lien empêtré dans les nœuds de sa lignée d'existences. Il étouffa les nuées noires qu'il voyait poindre à l'horizon de sa conscience derrière un fragile rempart de considérations pratiques.

– Où en sommes-nous sur le dossier de la bibliothèque noire ?

– Oh...

L'incarné reposa son verre. L'archonte passait aux choses sérieuses.

– Un Jack a été envoyé. Nous n'avons aucune nouvelle de lui. Les compilateurs essaient de le retrouver dans des récits transversaux. Mais les recherches sont pour l'instant restées vaines.

– Vous m'aviez habitué à l'efficacité, laissa tomber le vieillard.

L'incarné ne se départit pas de sa calme assurance.

– Bien sûr. Mais nous avons, dans cette affaire, le sérieux handicap de perdre contact avec les agents envoyés sur le terrain. Et vous connaissez comme moi l'efficacité limitée de nos prédateurs lorsqu'ils sont abandonnés à eux-mêmes.

– Libris a fini la première histoire, c'est bien ça ?

– Il explorerait la marge pour atteindre la suivante, en effet, concéda l'enquêteur.

– Notre taupe a donc échoué.

– Difficile de lui en vouloir. Talpa est un bon fonctionnaire. Il nous renseignera sur les allées et venues de Beauregard... enfin, de Libris, dans le département Eugénie, tant que nous n'irons pas trop loin dans le régime de la terreur. Nous lui avons déjà donné les preuves de sa non-existence. N'attendez pas de lui qu'il vous adore.

– Vous êtes bien placé pour le savoir ?

L'incarné jeta à l'archonte un regard assassin puis se concentra sur les reflets chatoyants qui dansaient au fond de son verre.

– Le dossier de la bibliothèque noire est peut-être plus complexe que ce à quoi nous nous attendions. Un lien avec un autre cycle a été trouvé.

La nouvelle aiguillonna l'attention du vieillard qui se dispersait.

– Tiens donc ? Comme sur l'affaire Homère ?

– C'est un peu ça. Nous explorons cette piste. Peut-être des portes existent-elles entre ces deux mondes, des portes que nous pourrions utiliser?

L'archonte et l'enquêteur vidèrent leurs verres en silence. L'un et l'autre étaient plongés dans leurs réflexions et laissaient le Temps couler autour d'eux, comme des rochers au fond d'une rivière. Un ricanement nerveux échappa à Pickwick. Le vieillard reposa les yeux sur lui.

– Mais encore ? lui demanda-t-il.

– Je pense à notre jeune agent qui court vers son destin. Quel présent vous avez fait à sa lignée ! C'est bien mieux que le gène héroïque !

– Nous savons à quoi nous en tenir avec les balivernes que je lui ai servies. Nos ingénieurs vont l'envoyer dans les racines de son arbre, c'est un fait. Et les négentropes qu'il emportera lui permettront de sauter de récit en récit et de revenir vers l'époque qui l'a vu naître. Nous sommes d'accord. Mais ces conneries sur la réécriture de ces aventures préhistoriques... L'entropine nous aura au moins appris ça.

– Que le passé ne peut pas changer, qu'il est figé sous le poids de l'Histoâre ?

L'enquêteur appuya le mot avec une mimique appropriée.

– Le pauvre garçon, ricana-t-il en remplissant les verres à nouveau. Tous ses efforts ne vont servir à rien. Les récits de sa lignée n'ont pas bougé d'une virgule, et ne bougeront jamais. Nous le saurions déjà. Je ne sais pas comment il va se débrouiller mais notre Jacques Lien va accomplir à la lettre l'œuvre de ses prédécesseurs. Avouez tout de même que c'est un bon système pour se débarrasser des arbres qui ont cessé d'être productifs ! Nous savons que le gène héroïque est rare, au contraire des courtisans dont la puissance est grandissante. Vous allez pouvoir désigner un nouvel Achille au pied d'argile.

– Pantins ! cracha l'archonte.

– Les temps changent, philosopha l'enquêteur. En fait, ce n'est pas tant ce tour de passe-passe dont Jacques Lien est la victime qui me faisait sourire, mais le présent dont je vous parlais.

– Expliquez-vous. Tout ceci est agaçant.

– Vous l'avez envoyé dans le passé pour revivre une geste dont l'issue se trouve ici. Le voilà immortel. Jacques Lien est devenu un ami du cercle, cyclicum ad vitam.

L'archonte n'y avait pas pensé. Voilà qui rajoutait un peu de panache à cette nouvelle forme de disgrâce. Il vida d'un trait son second verre. « La sentence temporelle », pensa-t-il avec un petit sourire, « Propre, efficace, et politiquement correct. Somme toute, brillant et uniforme. »

Les pensées de Jacques Lien se bousculaient dans son esprit, incohérentes comme toutes les pensées qui l'habitaient depuis son dernier saut vers l'aval. De brusques accès de migraine lui foudroyaient le cerveau. Cette

L' entropie est une salope

saleté de négentrope avait vérolé ses schémas cérébraux. Ses existences, mélangées, formaient maintenant une lignée impossible, un arbre générations malade dont les branches partaient dans des directions aberrantes. Des images défilaient. Il en retirait des mots qu'il mettait bout à bout en phrases sans sens et sans fin. Elles tournaient, accrochées au rouleau compresseur qui broyait sa conscience.

« ... James éverêve dans la maison de l'index l'arbre adéhenne que soixante-trois fois ne meurt Smert Point Final et priez la matrice au pistolet d'or... »

La faim et le froid se saisirent de lui. Il baissa les yeux vers son ventre creux, vide. Un sourire édenté lui creusa les traits. « Le héros sait peut-être pas parler, mais sait encore écrire. » Il était fier de son slogan qui dirigeait maintenant sa vie, l'arme existentielle qu'il s'était taillée lui-même sur le thorax, à coups de lames, devant un miroir et à l'envers, s'il vous plaît. Ce n'était pas le moindre des talents de ceux qui avaient pratiqué le voyage vers la source que de jouer ainsi avec leur image inversée.

Le ciel était gris, d'un beau gris clair. Un ciel à hurler le message. Le prophète n'hésita pas une seconde, une ancienne unité Temps. « L'entropie est une salope ! » gueula-t-il en choisissant un visage au hasard dans la petite foule qui l'entourait. Il se retourna vers le bruit de troupe qui provenait de l'autre côté de la place et baissa les yeux sur le sexe flasque et noir de crasse qui pendait entre ses cuisses. Jacques Lien ne savait plus grand chose, sinon qu'un fantastique son et lumière allait bientôt commencer.

Un point rouge marqua le capuchon de peau tendre. La joie inonda le cœur de l'agent numéro sept à qui le permis de tuer et de se faire tuer avait été confié. Il reprit son souffle pour pousser une dernière fois le cri.

಄

Tables de Matières

Mot de l'éditeur	5
Préface (Philippe Heurtel)	9
Continuité (Fabrice Neyret)	11
Simulation (Roger Espel Llima)	19
Animal (Marc Seassau)	33
A Son Image (François Rebufat)	39
Veloxoper (Albert Aribaud)	71
Fourmiland (Arnaud Chéritat)	77
Guerre Sans Faim (Dominik Vallet)	79
Energie Libre (Jean-Louis Bec)	95
Sur la Même Longueur d'Onde (François Rebufat)	139
Temps de Chien (Marc Seassau)	147
Terrêve (Stéphanie Lebeau)	153
Comment J'ai Sauvé la Terre des Martiens (Pierre-Alexandre Sicart)	165
Mascarade (Hervé Martin)	167
Sonate Posthume (Lionel Ancelet)	189
Star Stress (Arnaud Chéritat)	209
La Voie des Etoiles (Eric Legloahec)	211
L'Entropie est une salope ! (Hervé Jubert)	225

POURQUOI ADHERER A L'ODS

En plus de rassembler toute une « faune de l'espace » passionnée de littératures de l'imaginaire, science-fiction, fantastique, fantasy, etc et tant de chercheurs érudits des univers de l'étrange, l'ODS est une association active qui organise ou coordonne de nombreux événements dans les domaines qui nous intéressent.

C'est un fait que l'activité de publication de fanzines qui était son expression principale à ses débuts a dû être transférée vers notre maison d'édition, EODS, faute de lecteurs assidus dans un secteur qui s'est peu à peu reporté vers le web. Certaines revues ont disparu, d'autres sont nées à cette occasion. Force est de nous adapter au potentiel du lectorat d'aujourd'hui, et nous voilà au XXIe siècle !

Toutefois, tout en nous adaptant, nous tenons, à l'ODS, à préserver cette convivialité qui fut toujours la première motivation de notre existence associative. C'est pourquoi nous poursuivons avant tout l'organisation de rencontres, conférences, congrès, dîners thématiques et autres missions scientifiques autour des thèmes qui nous sont chers. Participer à ces nombreuses activités, les organiser ou permettre à certains invités de venir y présenter leurs travaux, voilà aujourd'hui la vocation de l'ODS. Ainsi, tout au long de l'année, vous êtes conviés à nous rejoindre lors de dîners informels, comme celui du Nouvel Eon en janvier, et toutes sortes de rencontres à thèmes intitulées « on the spot », selon le calendrier de la venue d'auteurs en région parisienne, ainsi qu'à des colloques de haute teneur dont ceux organisés à Rennes-le-Château (ARTBS) ou à Paris comme le Congrès Fortéen, les journées Heuvelmans ou Jacques Bergier, etc, mais aussi à nous rendre visite sur les stands des nombreuses conventions auxquels nous participons.

L'organisation de ces événements et la participation de l'association à ceux organisés par d'autres sont aujourd'hui devenus notre activité principale, car c'est ce qui fait vivre notre univers littéraire et préserve ce caractère unique qui nous plaît. Si certains supports de lecture disparaissent petit à petit au profit de medias plus modernes – du fanzine au webzine, des listes de discussions aux réseaux sociaux, etc. – il reste que nous sommes tous attachés aux livres originaux au format papier, non seulement à l'objet que l'on peut aujourd'hui commander en trois clics, mais surtout à ce qui va autour, c'est-à-dire les rencontres, les discussions, le partage et les possibles collaborations qui s'improvisent au gré des initiatives de nos membres les plus passionnés et, bien entendu, au plaisir de lire !

La participation de chacun à cette fourmillante activité littéraire et autour de la littérature se coordonne le plus simplement possible par le moyen de notre association, et c'est la raison d'être de l'ODS. En y adhérant, et surtout en participant par votre présence et votre concours à ces rencontres, ainsi qu'à la naissance et la réalisation de nouveaux projets, vous nous aidez à prolonger la vie de notre multivers littéraire. Bienvenue à tous et merci pour votre présence !

Emmanuel Thibault, membre du Conseil de AODS.

LES ÉDITIONS DE L'ŒIL DU SPHINX
SARL au capital de 15.245 €
R.C.S. Paris B 432 025 864 (2000 B11249)

36-42 rue de la Villette
75019 PARIS
FRANCE

Mail ods@oeildusphinx.com
http://www.œildusphinx.com
http://boutique.oeilduphinx.com

Tél 09.75.32.33.55
Fax 01.42.01.05.38

Toutes nos parutions sont sur :
http://boutique.oeildusphinx.com

www.ingramcontent.com/pod-product-compliance
Lightning Source LLC
Chambersburg PA
CBHW070732160426
43192CB00009B/1409